航海气象与海洋学

黄 磊　程传林 ◉ 主编

大连海事大学出版社
DALIAN MARITIME UNIVERSITY PRESS

图书在版编目（CIP）数据

航海气象与海洋学／黄磊，程传林主编. — 大连 ：
大连海事大学出版社，2024.12. — ISBN 978-7-5632
-4601-4

Ⅰ. U675.12；P7

中国国家版本馆 CIP 数据核字第 2024LE9256 号

大连海事大学出版社出版

地址：大连市黄浦路523号　邮编：116026　电话：0411-84729665（营销部）　84729480（总编室）

http://press.dlmu.edu.cn　E-mail：dmupress@ dlmu.edu.cn

大连日升彩色印刷有限公司印装　　　　　　**大连海事大学出版社发行**

2024 年 12 月第 1 版　　　　　　　　　2024 年 12 月第 1 次印刷

幅面尺寸：184 mm×260 mm　　　　　　　　　　印张：11.75

字数：294 千　　　　　　　　　　　　　　印数：1～2000 册

出版人：刘明凯

责任编辑：张　冰　　　　　　　　　　　　责任校对：刘宝龙

封面设计：张爱妮　　　　　　　　　　　　版式设计：张爱妮

ISBN 978-7-5632-4601-4　审图号：GS（2024）5053 号　定价：36.00 元

前　言

本书依据中华人民共和国《海船船员考试大纲(2022版)》编写,能够满足海船船员二/三副适任考试科目"航海学"中"航海气象与海洋学"部分的要求。

本书主要介绍与航海关系密切的海洋与气象知识。全书共分为八章,第一章为大气及气象要素;第二章为船舶海洋水文气象要素观测和记录;第三章为大气环流;第四章为海洋学基础知识;第五章为海雾;第六章为天气系统及其特征;第七章为船舶水文气象信息的获取和应用;第八章为船舶气象导航。本书能够帮助读者提高识读、分析水文气象信息及选择最佳天气航线的能力,以保障船舶航行安全,提高社会和经济效益。

本书由中国远洋海运人才发展院黄磊、程传林主编,由大连海事大学张永宁主审,中国远洋海运人才发展院陈建亭和中国气象局气象导航中心张增海参与了本书的编写。具体分工为:程传林和张增海编写第一章;陈建亭编写第二章和第三章;程传林编写第四章和第五章;黄磊编写第六章和第七章;黄磊和张增海编写第八章。全书由黄磊统稿。

本书力求概念清楚,理论正确,重点突出,条理清晰,文字通顺,理论联系实际。在编写过程中,编者参考了大量的专业书籍和互联网共享资料,并从中受益匪浅,恕未能一一列举。由于时间仓促,并受编者水平限制,书中不足和错漏之处在所难免,敬请同行和读者批评指正。

编　者

2024年6月于青岛

目　录

第一章

大气及气象要素

地球表面覆盖的气体,称为大气(Atmosphere)。表示大气状态的物理量(如气温、气压、湿度等)或物理现象(如风、云、雾、雨、雪、霜等)统称为气象要素(Meteorological elements)。

每一个气象要素都体现着天气的一个侧面,例如:气温可以体现大气的冷暖程度;湿度可以体现大气的潮湿程度。在一特定区域,在较短时间内,各种气象要素综合在一起能够反映出一种特定的天气状况。各种气象要素的多年平均特征(其中包括极值),能够反映出一种特定的气候状况。

气象要素可以通过仪器测定和目测估计。测定了气象要素值后,可以依据它们判定当时的天气条件。连续地测定气象要素值就能反映出一段时间内的天气变化。天气变化是一个持续性的过程,在做天气预报时,可以通过分析过去的天气资料来推算判定未来的天气。天气预报是应用多种资料进行综合分析或数理统计做出的。在航海上,天气图是进行天气分析和预报的一种最基本的工具。

要想正确地解释发生在大气中的各种物理现象和物理过程,掌握它们的变化规律,首先必须对大气的成分、结构和基本物理性质有一个大概的了解。

第一节　大气概况

一、大气成分

1.干洁空气

干洁空气(Dry air),又称干纯空气,是组成大气的主要成分,它是多种气体的混合物。观测证明,在离地面 100 km 以内的大气中,各主要气体的组成比例几乎不变,其百分比如下:

氮气占 78%,氧气占 21%,氩气占 0.9%,二氧化碳占 0.03%,臭氧及其他气体占 0.07%。

氮气、氧气和氩气为主要成分,组成比例合计大约为 99.9%;二氧化碳、臭氧及其他气体为次要成分,组成比例合计大约为 0.1%。

干洁空气在地球的常温和常压下总保持气体状态。在地面附近,干洁空气的密度为 1.293×10^3 g/m³,平均分子量为 28.966。

二氧化碳对太阳的短波辐射吸收得很少,能强烈地吸收和放射长波辐射,使地面和大气保持一定的温度。这种现象称为大气的温室效应。

臭氧一般在近地面大气中含量很少,主要存在于距地面 20~25 km 高度处,能够强烈地直接吸收太阳紫外线辐射。这种作用使臭氧层高度上的大气温度显著增高,同时,臭氧层也使地面生物免受过多紫外线辐射伤害。

2.水汽

水汽(Vapour)是实际大气的主要成分之一,它是一种无色、无味、透明的气体。水汽来源于潮湿的陆地、江河湖海等表面的蒸发。大气中水汽含量的多少,随时间、地点和气象条件的不同而有较大的差异。在热带洋面上,空气中的水汽含量可高达空气体积的 4%,而在极地和沙漠地区却可少至空气体积的 0.01% 以下。

含有水汽的空气称为湿空气。湿空气里水汽含量的大小有一个限度,刚好达到这个限度的空气称为饱和湿空气;未达到这个限度的空气称为未饱和湿空气;超过这个限度的空气称为过饱和湿空气。湿空气容纳水汽的最大限度随温度的升高而迅速增大。

水汽与其他干洁空气有着本质的区别,它是自然界中唯一一种在常温和常压下能够发生相变,从而引起各种天气变化的气体。如果没有水汽,自然界中就不会出现云、雨、雪、雾等天气现象。热带气旋之所以能够强烈发展,其能量主要来自水汽凝结释放的潜热。

水汽与二氧化碳一样,能强烈地吸收和放射长波辐射,对地面和大气的温度有较大的影响。水汽与二氧化碳和臭氧都是影响天气及气候变化的重要成分。

大气中的水汽随高度的增加而迅速减少,99%的水汽集中在距地面十几千米的大气层内。云、雨、雪、雾等天气现象几乎都发生在这一范围内。

水汽密度比干洁空气小,水汽的存在使实际大气的密度变得小些。在同一气压条件下,暖湿的空气最轻,干冷的空气最重。

3.微尘

悬浮于大气中的固体、液体粒子,称为微尘,也可称为杂质。它的来源,在海洋上主要是浪花飞溅在空中蒸发留下的微小盐粒;在陆地上主要是灰尘和烟粒等。

微尘主要集中在大气的下层,随时间、地点和气象条件的变化而变化。它对天气的作用以及对航海的影响都很大。大气中的微尘,是水汽凝结的核心,对于成云致雾和降水等天气现象的形成起着重要作用。大气中的微尘还有削弱太阳辐射、阻挡地面辐射,从而保持地面温度的作用。大气中的微尘达到一定程度时,可使能见度变差,直接影响船舶的安全航行。

局部甚至全球范围内大气成分发生有害于人类和各种生物的变化过程称为大气污染。大气污染物种类很多,其中影响范围广、危害较大的,除粉尘外,还有二氧化硫、一氧化碳、一氧化氮、硫化氢、碳氢化合物和氨等。船舶在航行中产生的空气污染物主要包括硫氧化物、氮氧化物和颗粒物。船舶燃烧重油产生的二氧化硫可带来酸雨,氮氧化物可带来光化学烟雾,颗粒物可促进雾霾形成。船舶排放的温室气体主要包括二氧化碳和一氧化氮。

二、大气垂直结构

大气在垂直方向上的分布很不均匀,在不同气层的性质差异很大。世界气象组织(WMO)建议,根据大气的运动状态和温度的垂直变化特点,将大气在垂直方向自下而上依次分为以下五层,如图1-1所示。

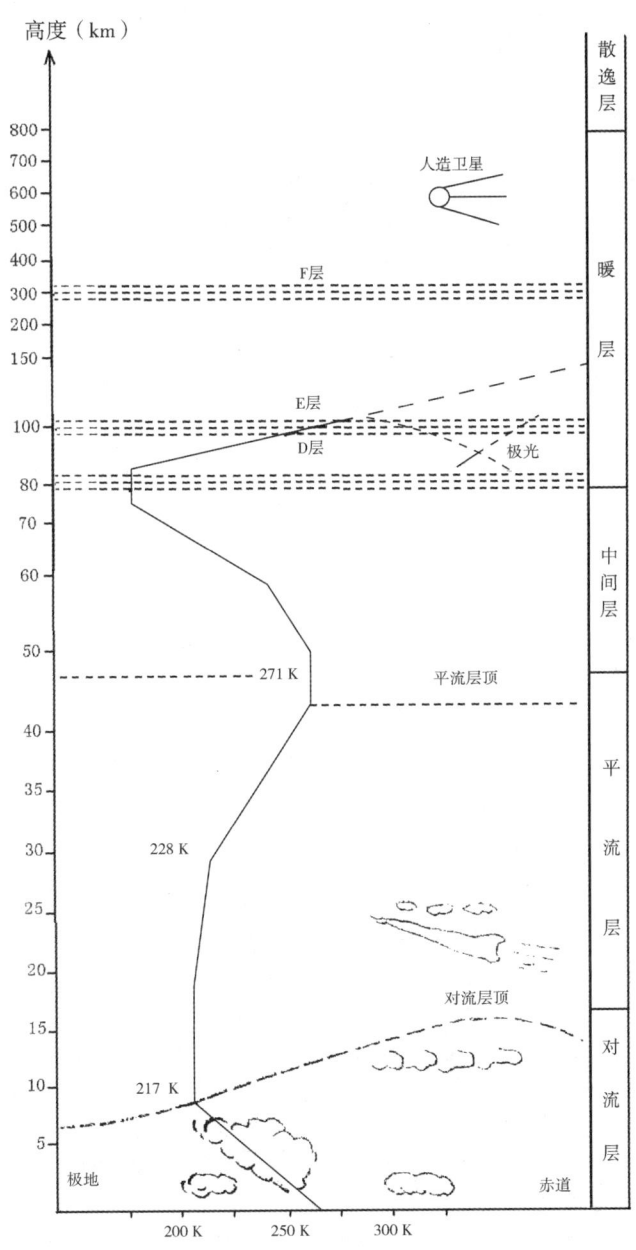

图1-1　大气的垂直结构

1.对流层

对流层(Troposphere)是紧挨着地面的一层,厚度随纬度和季节的变化而变化:在赤道为17~18 km;在中纬度为10~12 km;在高纬度为8~9 km;夏季比冬季厚些。

1)对流层的特征

对流层的厚度不到整个大气厚度的1%,但是这一层集中了大气质量的3/4,包含了大气中几乎所有的水汽,云、雾、雨、雪等天气现象都发生在这一层。除此之外,对流层有三个重要的特征:

(1)气温随高度的升高而降低

在对流层,平均每上升100 m,气温降低0.65 ℃。在对流层,空气的热量来源主要是地面的长波辐射而并非太阳的短波辐射。因而,越接近地面,大气获得的热能就越多,气温也就越高;越远离地面,气温越低。

(2)具有强烈的对流和湍流运动

对流层中气温垂直分布的特征和地面热力性质的非均匀性,有利于形成大规模的强烈的对流运动以及无规则的湍流(又称为乱流、扰流或紊流)运动。空气垂直混合的同时,上下层的热量和水汽得以交换。上升气流中的水汽,由于温度降低而凝结或凝华,形成云、雾、雨、雪等天气现象。

(3)气温和湿度在水平方向上分布不均匀

这主要受纬度和不同的地表性质的影响,一般说来,低纬底比中高纬度温暖、潮湿,海上比内陆潮湿。

2)对流层的分层

进一步根据对流层中大气的运动状态、温度的垂直变化特点和天气现象的变化特征,将对流层分为以下三层。

(1)下层

下层又可以称为摩擦层,厚度距地面1~2 km。下层的摩擦作用随高度的增加而减小,风速随高度的增加而增大,气温有明显的日变化。

(2)中层

从摩擦层顶到约距地面6 km处为中层。在中层,由于摩擦作用的减弱,湍流运动减弱,平流运动增强,大气的运动规律显得较简单清楚,基本表示整个对流层空气的运动趋势。大气中的主要天气现象,如云和降水主要发生在这一层。

(3)上层

上层的高度范围是从距地面6 km处到对流层顶。该层受地面影响很小,气温常年都在0 ℃以下,水汽含量很少。该层风速较大,在中低纬度地区,常出现风速大于30 m/s的强风带,称为急流。

中层和上层几乎不受摩擦作用的干扰,称为自由大气。

2.平流层

从对流层顶向上到大约距地面50 km处的高度范围,称为平流层(Stratosphere)。平流层的下层为同温层,气温随高度变化很小或几乎不变。距地面20 km以上出现逆温层,气温随高度的增加而升高。这是因臭氧层的存在而造成的。平流层中气流以水平运动为主,没有强烈的对流运动。

3.中间层

距地面50~80 km的高度范围,称为中间层(Mesosphere)。中间层气温随高度的增加而迅速下降,再次出现明显的空气对流和乱流现象,故又称为高空对流层。大约80 km高度上存在

一个只有在白天出现的电离层,称为 D 层。

4.热层

距地面 80~800 km 的高度范围,称为热层(Thermosphere),又称为暖层。热层气温随高度的增加而迅速升高,空气处于高度电离状态。不同高度被电离程度不同,其中以距地面 100~120 km 的 E 层和 200~400 km 的 F 层最为显著。它们都能反射短波无线电波,对实现远距离无线电通信具有重要的意义。罗兰-C 等无线电导航仪就是靠电离层的反射作用来实现定位目的的。

5.散逸层

距地面大约 800 km 以上的大气层,称为散逸层(Exosphere),又称外层。散逸层气温随高度的增加而迅速升高,空气相当稀薄,一些高速运动的大气质点可以挣脱地球引力的束缚,克服周围其他大气质点的阻碍,逃逸到宇宙空间中去,散逸层即由此而得名。

 思考题

1.什么是天气和气候?

2.什么是气象要素?

3.简述大气的成分。

4.分别说明水汽、二氧化碳和臭氧的分布与作用。

5.简述大气垂直分层的概况。

6.简述对流层的主要特征,并说明摩擦层和自由大气的划分与特点。

第二节 气温

一、气温与温标

气温(Air temperature)是表示空气冷热程度的物理量。气温的分布及变化与大气稳定度及云、雾、雨、雪等天气现象密切相关。

气温可以观测和度量。定量地表示温度高低的标准称为温标,气象上常用的有摄氏温标(℃)、华氏温标(℉)和绝对温标(K),分别以 0 ℃、32 ℉、273 K 和 100 ℃、212 ℉、373 K 表示纯水的冰点和沸点。

它们之间有如下换算关系:

$$t = \frac{5}{9}(t_F - 32)$$

$$t_F = \frac{9}{5}t + 32$$

式中 t 表示摄氏温标数值,t_F 表示华氏温标数值。

$$T = t + 273$$

式中 T 表示绝对温标数值,t 表示摄氏温标数值。

二、气温直减率

气温直减率,又称气温垂直递减率,反映的是气温随高度降低的快慢程度,通常用 γ 表示。当气温随高度的增加而降低时,$\gamma > 0$;当处于逆温层中,气温随高度的增加而升高时,$\gamma < 0$;当处于同温层中,气温不随高度变化时,$\gamma = 0$。

三、空气增热和冷却方式

空气的增热和冷却可分为两种方式:一种是与外界没有热量交换,称为绝热变化;另一种是与外界有热量交换,称为非绝热变化。研究表明,空气增热和冷却的主要过程是非绝热的。

1.气温的绝热变化

在气温的绝热变化过程中,空气块与外界没有热量交换,由于外界压强的变化,空气块被压缩或膨胀,此时机械能与热能发生转换,空气块出现增热或冷却。

1)干绝热变化

在气温的绝热变化过程中,如果不发生水相变化,称为干绝热变化。在干绝热变化过程中,气温的垂直递减率,称为干绝热直减率,通常用 γ_d 表示。γ_d 值约为 1 ℃/100 m,也就是,在干绝热变化过程中,空气块每上升 100 m,气温约下降 1 ℃;相反,空气块每下降 100 m,气温约升高 1 ℃。

干空气块与未饱和湿空气块在升降过程中没有水相变化,空气块内的气温绝热变化属于干绝热变化。

2)湿绝热变化

在气温的绝热变化过程中,如果发生水相变化,称为湿绝热变化。在湿绝热变化过程中,气温的垂直递减率,称为湿绝热直减率,通常用 γ_m 表示。由于水相变化而引起的热能的改变,能够抵消一部分因做功而导致的热能的变化,因此 γ_m 值比 γ_d 值要小。γ_m 不是一个固定值,通常为 0.3~0.6 ℃/100 m。当水相变化较多时,γ_m 值小;当空气中水汽含量很小,水相变化较少时,γ_m 值增大并趋近于 1 ℃/100 m。地球南北两极、高空等地点,由于水汽含量很小,水相变化较少,因此这些地方的气温直减率大约为 1 ℃/100 m。航海活动中,γ_m 通常取值为 0.5 ℃/100 m 或 0.6 ℃/100 m。

2.气温的非绝热变化

气温的非绝热变化,是指在空气与外界有热量交换的情况下所引起的温度变化。大气热量的初始来源是太阳辐射,下垫面是对流层大气的直接热量来源。对流层大气与下垫面之间的热量交换途径有以下几种:

(1)热传导

空气是热的不良导体,热传导只有贴近地面层几厘米以内才起作用,通常气象上不予考虑。

(2)辐射

自然界中一切温度高于绝对零度的物体,都在时刻不停地以电磁波的形式向外传递能量,这种传递能量的方式称为辐射。地面和大气之间主要通过辐射进行热量交换。

研究表明,物体的温度越高,放射能力越强,辐射出的波长越短;温度越低,放射能力越弱,辐射出的波长越长。任何物体一方面因放射辐射能消耗内能而使本身的温度降低,另一方面又因吸收其他物体放射的辐射能并将其转变为内能而使本身的温度升高。

太阳是一个炽热的球体,因此放射能力较强,辐射出的波长较短。地面和大气温度比太阳表面温度低很多,因此放射能力较弱,辐射出的波长较长。气象学中习惯上把太阳的辐射称为短波辐射,而把地面和大气的辐射称为长波辐射。

太阳的短波辐射能很少直接被大气吸收,大部分穿过大气射向地面,被地面吸收之后再通过地面长波辐射的方式传给大气。地面和大气在获得辐射能的同时,本身又不断地放射出辐射能而冷却。

(3)对流、平流和乱流

在气象上,通常将空气微团的垂直运动称为对流,水平运动称为平流,无规则运动称为乱流(或湍流)。

对流有热力对流和动力对流之分。由于下垫面受热不均匀而引起的空气有规则的升降运动,称为热力对流或热对流。在外力影响下,气流受地形阻挡或另一气流冲击而形成的对流,称为动力对流。对流运动占据的面积通常只有单个云块的大小,但进行得相当剧烈。它伴随着热量的向上输送,将低层热量传输到对流层中上层,直到对流层顶。

平流运动的范围要大得多,持续时间也长得多。从整个地球来看,平流是大气中最重要的热量传递方式。"南风送暖,北风送寒",对局地温度变化的影响甚大。随着空气的水平运动,各种气象属性或物理量都要做水平输送,所以平流的含义是指某物理量的水平输送,如温度平流、湿度平流等。

乱流运动一般只发生在1 km以下的摩擦层中,因为乱流的产生比对流更经常和普遍,所以它是下垫面与空气之间热量交换的重要方式之一。当下垫面受热不均匀的范围和程度较小时,可以形成一些小规模的、不太强的、无规则的空气运动,称为热力乱流。当空气流经粗糙的下垫面时,也能造成空气的无规则运动,称为动力乱流。地面受热越不均匀、地面越是高低不平,乱流发展就越激烈。乱流能使空气在各个方向上得到充分的混合,也使热量、水分和尘埃等得以交换,使之趋于均匀。

(4)水相变化

蒸发吸热,凝结放热。水相变化是空气与下垫面之间、空气与空气之间进行热量交换的重要方式之一。

四、气温随时间的变化

气温随时间具有一定周期性的变化,称为气温的周期性变化。气温以一天和一年为周期的变化,称为气温的日变化和年变化。气温随时间无固定周期的变化,称为气温的非周期性变化。

1.气温的日变化

气温日变化的特点是:一天内有一个最低值和一个最高值。最低值出现在近日出前。最高值在海洋上大约出现在12时30分;在陆上冬季出现在13—14时,夏季出现在14—15时。

一天中最高气温与最低气温之差,称为气温日较差。其大小与以下五个因素有关:

(1)纬度:气温日较差随纬度的增高而减小。

(2)季节:中纬度的气温日较差有明显的季节变化,夏季大,冬季小。这与太阳照射的高度角和昼夜长短有关。

(3)下垫面性质:海洋的气温日较差比内陆的小,且自沿海向内陆逐渐增大,沙漠的最大。

(4)海拔高度:高度越大,气温日较差越小。盆地气温日较差大于高原。

(5)天气状况:晴天的气温日较差比阴天的大。

2.气温的年变化

气温年变化的特点是:一年内月平均气温有一个最低值和一个最高值。在北半球,最高值在陆上出现在 7 月份,在海上出现在 8 月份;最低值在陆上出现在 1 月份,在海上出现在 2 月份。在南半球,最高值在陆上出现在 1 月份,在海上出现在 2 月份;最低值在陆上出现在 7 月份,在海上出现在 8 月份。

一年中月平均气温的最高值与最低值的差,称为气温年较差。其大小与以下三个因素有关:

(1)纬度:气温年较差随纬度的增高而增大,在赤道附近最小,在两极地区最大。

(2)下垫面性质:海洋上气温年较差小,陆地上则较大。从沿海向内陆气温年较差逐渐增大。

(3)海拔:海拔越高,气温年较差越小。

需要注意的是,在赤道地区,气温年较差很小,但一年中却出现两个高值,分别出现在春分和秋分;出现两个低值,分别出现在冬至和夏至。这是赤道地区一年内接受太阳辐射能的年变化造成的。

3.气温的非周期性变化

气温的实际变化情况要比上述的周期性变化复杂,它的变化时刻受到大气运动的影响,这种变化是非周期性的。例如,每当寒潮来临时,气温便下降,过后气温又回升。

气温的日变化规律如无异常,一般预示着好天气。如果气温日变化规律出现异常,则说明天气系统发生移动或演变,天气则将发生变化。

五、气温随高度的变化

在对流层中,气温一般随高度的增高而降低,平均气温直减率为 0.65 ℃/100 m。这是因为在对流层中,空气获得的热量主要是吸收的地面的长波辐射能,所以,离地面越近的空气获得的长波辐射能越多,气温就越高;离地面越远的空气获得的长波辐射能越少,气温就越低。此外,近地面的空气密度大,水汽和杂质多,吸收地面辐射能的效能大,气温高;高空空气密度小,水汽和杂质少,吸收地面辐射能的效能小,气温低。

六、海平面平均气温的分布

海平面平均气温由于受到纬度、海陆分布、地形起伏和洋流等因素的影响,在一年内的不同季节,气温分布是不同的。通常以 1 月代表北半球的冬季和南半球的夏季,7 月代表北半球的夏季和南半球的冬季。图 1-2 和图 1-3 分别表示北半球 1 月和 7 月海平面平均气温分布的特征。在绘制等温线图时,已把温度值订正到同一高度即海平面上,以便消除地形起伏因素的影响,从而把纬度、海陆分布及其他因素更明显地表现出来。从图中可以看出,海平面平均气温主要表现为如下几个特点:

1.在赤道地区较高,向两极逐渐降低,等温线大致与纬圈平行,但并不完全平行。等温线大致与纬圈平行,原因在于太阳辐射增暖地面对气温的影响主要由纬度决定。等温线不完全与纬圈平行,原因在于受到海陆分布、地形起伏和洋流等因素的影响。

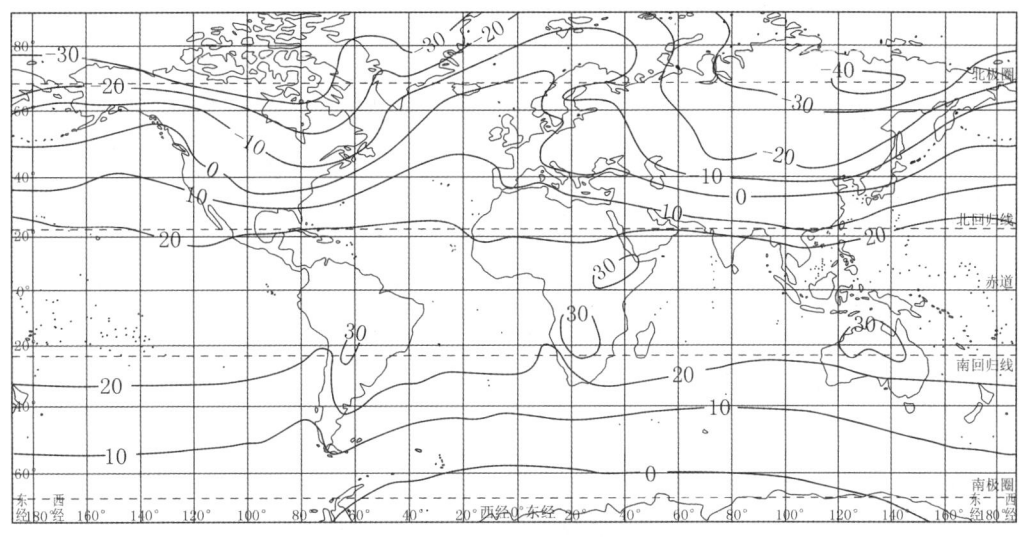

图 1-2 冬季(1 月)海平面平均气温

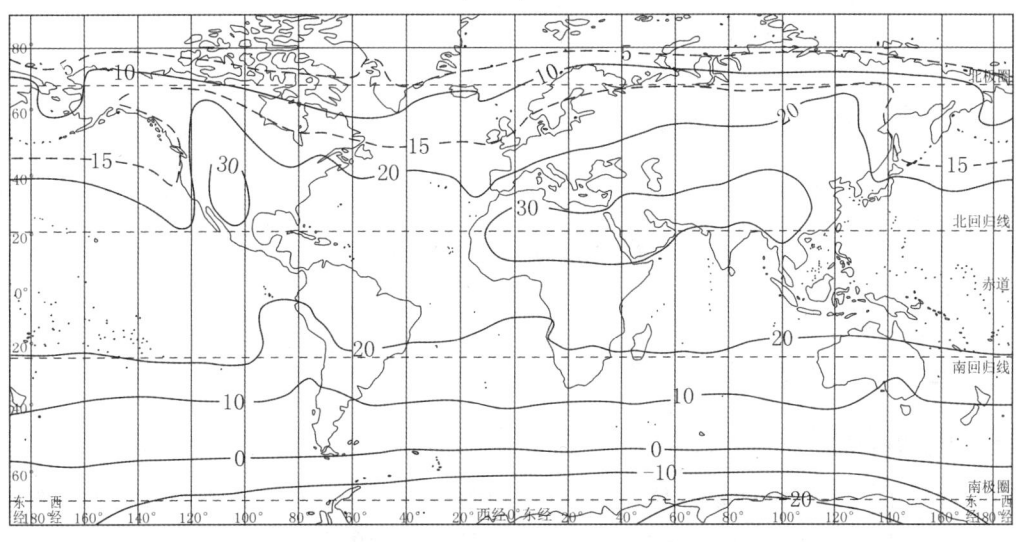

图 1-3 夏季(7 月)海平面平均气温

1)北半球冬季,等温线在大陆上大致向赤道凹陷,在海洋上大致向极地凸起。

海陆热力性质差异对气温分布有一定的影响。海面和陆面是两种热属性很不相同的下垫面,如果吸收同样的热量,海面温度与陆面温度的变化有很大不同:海面变化缓和,陆面变化剧烈。这是因为:(1)海水的容积热容量(1 cm³海水升温 1 ℃所需的热量)较大;(2)水具有流动性;(3)太阳辐射穿透陆地只限于表面一个薄层,在海洋却可达几十米。

2)冬季北大西洋由于受到墨西哥湾暖流的影响,等温线向北突出十分显著。

3)南半球海洋上的等温线大致与纬圈平行。

2.夏半球的等温线较稀疏,冬半球的则较密集。这与冬、夏季高低纬度之间地面所接收的太阳辐射差的不同有关。

3.在南半球,只有 1 个冷极,不论冬夏,最低气温都出现在南极。1967 年在南极极点附近测得-94.5 ℃的低温。在北半球,夏季只有 1 个冷极,最低气温出现在极地地区;冬季有 2 个冷极:1 个在西伯利亚,另 1 个在格陵兰。在西伯利亚东部的奥伊米亚康地区曾测得-72 ℃的

低温。

4.近赤道地区有一最高气温带,1月和7月的平均气温均高于25 ℃,这个高温带称为热赤道。热赤道有南北位移,均移向夏半球,其平均位置在10°N附近。

5.赤道与极地的温差,无论南北半球,冬季约为夏季的2倍。气温年较差由赤道向极地增大,在赤道附近只有1 ℃左右,在极地达35~40 ℃。在纬度相同的情况下,北半球的气温年较差比南半球大,这是由于北半球陆地面积较大(北半球陆地面积占半球面积的39%,而南半球陆地面积只占19%)。正因如此,北半球的平均气温高于南半球,前者为15.2 ℃,后者为13.3 ℃,全球平均气温为14.3 ℃。

 思考题

1.温标有几种表示方法?列出它们之间的关系式。

2.试述长波辐射和短波辐射的定义。大气和地面对太阳短波辐射能的吸收有何不同?

3.空气增温与降温的方式有哪些?

4.什么是气温日较差?影响气温日较差的因素有哪些?

5.什么是气温年较差?影响气温年较差的因素有哪些?

6.简述南北半球海平面平均气温分布概况。

第三节　气压

气压与天气有着密切的联系。当气压降低时,天气经常变坏,而当气压升高时,天气经常转好。因此,气压是做天气和海况预报的重要依据。

一、气压的定义与单位

单位面积上大气柱的质量称为大气压强,简称气压(Pressure)。航海上,气压的常用单位有百帕(hPa)、毫巴(mbar)、毫米汞柱高(mmHg),它们之间的关系式为:

$$1 \text{ hPa} = 1 \text{ mbar} = \frac{3}{4} \text{ mmHg}$$

当气温为0 ℃时,在纬度45°的海平面上,760 mmHg时的大气压称为标准大气压。

二、气压随高度的变化

气压随高度的变化而变化,它变化的根本原因是空气密度和空气柱高度的改变。如果空气密度增大,单位面积上空气柱质量增大,气压就会升高;如果空气柱高度增加,空气柱质量增大,气压也会升高。在同一大气层中,气温越高,密度越小,因此,若气压变化1 hPa,则高温处高度差大于低温处高度差。如果把空气密度视为常量,只考虑气压随高度的变化,则不同高度面上的气压不相同,高度越大,其上的气柱越短,气压就越低。

对任何地点,气压总是随着高度的增加而迅速递减,在地面最大,在大气上界等于零。航海上近似认为高度每增加8 m,气压下降1 hPa。

在气象台短期预报中,一般分析850 hPa、700 hPa、500 hPa三个等压面形势图。850 hPa

等压面高度大约为 1500 m,相当于摩擦层的上界,反映了高空低层大气的状况。700 hPa 等压面高度大约为 3000 m,反映了对流层中下层大气的状况。500 hPa 等压面高度大约为 5500 m,相当于对流层的中层,反映了对流层中高层大气的状况。

三、气压随时间的变化

气压随时间的变化有周期性与非周期性两种。

1.气压日变化

在正常天气情况下,一天中气压有两个峰值,出现在 10 时和 22 时前后;两个谷值,出现在 4 时和 16 时前后。这种周期性的变化,称为气压日变化。

一天中最高气压值与最低气压值之差,称为气压日较差。气压日较差随纬度的增高而减小,低纬度地区气压日较差可达 3~5 hPa,中纬度地区则小于 1 hPa。

2.气压年变化

月平均气压以一年为周期的变化,称为气压年变化。一年中,月平均气压有一个最高值和一个最低值。在大陆上,最高值出现在冬季,最低值出现在夏季;在海洋上,最高值出现在夏季,最低值出现在冬季。

海洋型与大陆型气压年变化的差异是由海陆热力性质的差异引起的。冬季大陆比同纬度的海洋冷,在冷区大气柱收缩,暖区大气柱膨胀,海洋上空有空气流向陆地上空,使陆地上单位面积上的空气柱质量增大,而海洋上则相反,单位面积上的空气柱质量减小。因此,大陆气压高,海洋气压低。夏季则相反,大陆比同纬度的海洋热,于是形成大陆气压低、海洋气压高的情况。

一年中月平均气压最高值与最低值之差,称为气压年较差。对于气压年较差,海洋小于陆地,低纬度地区小于中高纬度地区。

3.气压非周期性变化

气压没有固定周期的变化,称为气压非周期性变化。这种变化是由气压系统的移动及演变引起的。通常在中高纬度地区,由于气压系统活动较频繁,因而非周期性变化明显。正由于气压不规则变化反映了气压系统的移动和演变,所以在天气分析中有特别重要的意义。

气压非周期性变化常用 24 h 变压(某一天某一时刻到次日同一时刻的气压变量),或 3 h 变压(又称气压倾向,是当前气压减去 3 h 前气压的差值)来表示。

四、海平面气压场的基本类型

在海平面上气压相同点的连线,称为等压线。在地面天气图上通过绘制等压线表示的气压区域有以下五种基本类型:

1.低气压

由闭合等压线构成的,中心气压比周围低的区域,称为低气压(Low pressure),或低压。其空间等压面的分布向下凹陷,形如盆地,如图1-4所示。

2.低压槽

由低压向外延伸出来的狭长区域,或一组未闭合的等压线向气压较高一方凸出的部分,称为低压槽(Trough),简称槽。在低压槽中,各条等压线曲率最大处的连线,称为槽线。气压沿

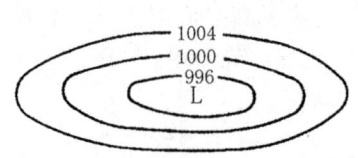

（a）低气压　　　　　　　（b）低气压空间等压面示意图

图 1-4　低气压示意图

槽线最低，向两边递增。槽的尖端，可以指向各个方向，但在北半球中纬度地区大多指向南方。因此，尖端指向北的称为倒槽，指向东西方的称为横槽。槽附近的空间等压面类似山谷，如图1-5所示。

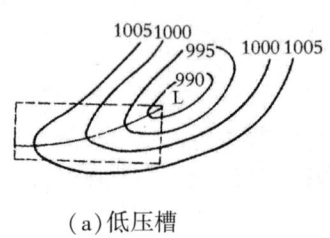　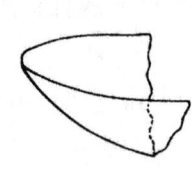

（a）低压槽　　　　　　　（b）低压槽　　　　　　　（c）低压槽空间等压面示意图

图 1-5　低压槽示意图

3.高气压

由闭合等压线构成的，中心气压比周围高的区域，称为高气压（High pressure），或高压。其空间等压面的分布向上凸起，形如山丘，如图1-6所示。

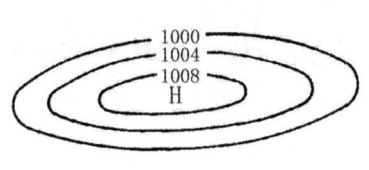

（a）高气压　　　　　　　（b）高气压空间等压面示意图

图 1-6　高压示意图

4.高压脊

由高压向外延伸出来的狭长区域，或一组未闭合的等压线向气压较低一方凸出的部分称为高压脊（Ridge），简称脊。在高压脊中，各条等压线曲率最大处的连线，称为脊线。气压沿脊线向两边递减，脊附近的空间等压面类似山脊，如图1-7所示。

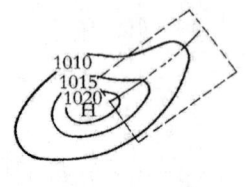　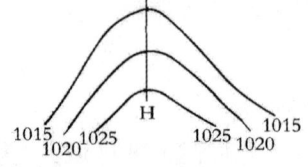　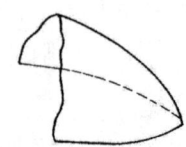

（a）高压脊　　　　　　　（b）高压脊　　　　　　　（c）高压脊空间等压面示意图

图 1-7　高压脊示意图

5.鞍形区

相对并相邻的两个高压和两个低压组成的中间区域，称为鞍形区（Col），简称鞍。其等压线的空间分布形如马鞍,如图 1-8 所示。

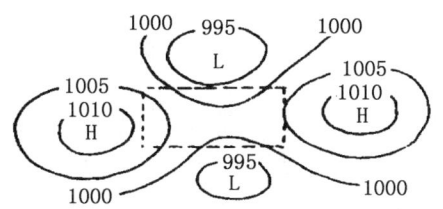

图 1-8　鞍形区示意图

另外,两个低压之间的狭长区域,称为高压带;两个高压之间的狭长区域,称为低压带。

上述几种气压场的基本形式,统称为气压系统。在不同的气压系统中,天气情况是不同的。例如,在低气压区,由于气流辐合上升,容易形成云和降水;在高压区内,由于空气下沉辐散,一般天气晴好。所以,预报这些气压系统的移动与演变,是预报天气的重要内容。

五、气压系统的温压关系

气压系统随高度的变化与温度分布有关。根据气压系统中温度分布的特点,可将气压系统分为温压场对称系统和温压场不对称系统两种。

1.温压场对称系统

温压场对称系统是指系统中水平面上温度中心与气压中心基本重合,等温线与等压线基本平行。这种配置的系统包括暖高压、冷高压、暖低压和冷低压。

2.温压场不对称系统

温压场不对称系统是指气压场中的高低压中心与温度场中的冷暖中心不相重合的系统。

 思考题

1.简述大气压强的概念。

2.什么是单位气压高度差?它的大小受哪些因素的影响?

3.何谓气压日较差?气压日变化规律如何?

4.简述海洋和陆地上气压年变化规律的异同及成因。

5.说明海平面气压场的五种基本形式,并指出其三度空间结构特征。

第四节　湿度

湿度(Humidity)是表示空气中水汽含量多少或空气潮湿程度的物理量。它是决定云、雾、降水等天气现象的重要因子,同时对货物是否会受潮而霉烂变质也有很大影响,因此,必须很好地掌握它的意义和测定方法。

湿度通常有四种表示方法,即水汽压、绝对湿度、相对湿度和露点。

一、湿度的表示方法

1.水汽压

大气中由水汽所产生的那一部分压强,称为水汽压(Vapour pressure),用符号 e 表示,常用单位是百帕(hPa)、毫巴(mbar)、毫米汞柱高(mmHg)。

当温度一定时,大气中水汽含量越多,水汽压越大。因此,水汽压直接反映了空气中水汽含量的多少。

湿空气依据所含水汽的多少可分为未饱和湿空气、饱和湿空气和过饱和湿空气。饱和湿空气的水汽压,称为饱和水汽压,用符号 E 表示。在水面上饱和水汽压 $E_水$ 随温度 t 的变化公式为

$$E_水 = E_0 \times 10^{\frac{7.45t}{235+t}}$$

在冰面上饱和水汽压 $E_冰$ 随温度 t 的变化公式为

$$E_冰 = E_0 \times 10^{\frac{9.5t}{265+t}}$$

式中:$E_0 = 6.11$ hPa,为三相点(0 ℃)时的饱和水汽压;t 为摄氏温度。

显然,对于一定的蒸发表面,它的饱和水汽压只取决于温度。温度越高,所对应的饱和水汽压越大。对于不同的蒸发表面,当温度相同时,饱和水汽压不一定相同。例如:当 $t < 0$ ℃时,冰面上的饱和水汽压比过冷水面上的要小;海面上的饱和水汽压比纯水面上的要小。

2.绝对湿度

单位体积空气中所含水汽的质量,称为绝对湿度(Absolute humidity),用符号 a 表示,常用单位是克/米³(g/m³)。它实际上就是大气中的水汽密度,直接表示空气中水汽含量的多少。

绝对湿度与水汽压在一定条件下,数值上可互相代替。当绝对湿度以 g/m³ 为单位,水汽压以 mmHg 为单位,且 $t = 16$ ℃时,绝对湿度与水汽压数值相等。

3.相对湿度

在相同温度下,空气中的实际水汽压与饱和水汽压的百分比,称为相对湿度(Relative humidity),用符号 f 或 r 表示,其表达式为

$$f = \frac{e}{E} \times 100\%$$

相对湿度的大小直接反映空气距离饱和的程度。f 越小,空气距离饱和程度越远;$f = 100\%$,表示空气饱和。

4.露点

当空气中的水汽含量不变且气压一定时,气温降低,使空气刚好达到饱和时的温度,称为露点温度,简称露点(Dew point),用符号 t_d 表示,其单位与气温相同。露点是表示空气的湿度,而不是表示空气冷热状态的物理量,它表示了空气中所含水汽的多少。

对于饱和时的空气,$e = E$,且 $f = 100\%$。通常利用气温露点差($t - t_d$)表示空气距离饱和的程度,即空气的潮湿程度。当 $t - t_d > 0$ 时,空气未饱和,且差值越大,空气越干燥;当 $t - t_d = 0$ 时,空气饱和;当 $t - t_d < 0$ 时,空气过饱和。

二、湿度的日变化和年变化

这里,主要以绝对湿度和相对湿度为研究对象来讨论地面层空气湿度的日变化和年变化

规律。

1.绝对湿度的日变化和年变化

在近地面层空气中,绝对湿度的日变化比较明显,与温度和乱流运动关系紧密。在海洋、沿海和岛屿上有充足的水源可供蒸发的地区,绝对湿度的日变化与温度一致。一天中有一个高值和一个低值,高值出现在午后气温最高的时候,低值出现在近日出前。在大陆上乱流较强的季节,一天中绝对湿度有两个高值、两个低值。

绝对湿度的年变化与气温年变化趋势一致,一年中有一个高值和一个低值。在北半球,高值出现在蒸发强的7—8月份,低值出现在蒸发弱的1—2月份。在南半球,高值出现在蒸发强的1—2月份,低值出现在蒸发弱的7—8月份。

2.相对湿度的日变化和年变化

相对湿度在一天中也有一个高值和一个低值,但其变化与温度变化呈反位相,高值出现在日出前,低值出现在午后。

相对湿度的年变化可分为两种类型:一种是在季风区,由于水汽压随季节变化幅度较大,相对湿度年的变化与温度的年变化一致,高值出现在夏季,低值出现在冬季。另一种是在内陆,干燥且水汽压变化不大的地区,相对湿度的年变化与温度的年变化呈反位相,高值出现在冬季,低值出现在夏季。

三、大气中水汽的分布和凝结

大气中的水汽主要来自下垫面的蒸发。不同性质下垫面的蒸发情况不同,通常海洋多于陆地,森林多于沙漠。海面蒸发量的大小主要取决于海面上空气的饱和差与风速的大小,饱和差与风速越大,蒸发量越大;反之,蒸发量越小。水汽含量与气温有密切关系,通常,白天大于夜间,夏季大于冬季,低纬度大于高纬度。下垫面上空气中的水汽随风飘溢,不断进行水平输送,同时也随上升气流或乱流向上输送到中、上层大气中。通常离下垫面越高,水汽含量越少。

空气达到饱和发生凝结的途径主要有两种:一是通过蒸发,增加空气中的水汽含量,使空气达到饱和发生凝结;二是通过冷却,使气温下降到露点或以下,空气达到饱和发生凝结。

促使空气冷却,主要有以下三种基本方式。

1.绝热冷却

当空气快速上升时,气温绝热下降。当空气上升到一定高度时,便会达到饱和而发生凝结,发生凝结的高度称为凝结高度。大气中较厚的云层大多是通过这种过程产生的。

2.辐射冷却

晴朗的夜间,由于地面辐射冷却,贴近地面层的空气也随之辐射冷却。当气温降到露点时,气层的水汽在地表凝结成露或霜,在低层凝结成辐射雾。

3.平流冷却

暖湿空气流经冷的下垫面时,受冷的下垫面的冷却作用,气温下降,当气温降到露点时,水汽发生凝结。平流雾主要是通过这种过程产生的。

 思考题

1.直接表示空气中水汽含量多少的湿度物理量有哪些?分别叙述其定义。

2.直接表示空气距离饱和程度的湿度物理量有哪些？分别叙述其定义。

3.简述绝对湿度和相对湿度的日变化和年变化。

第五节　空气的垂直运动和大气稳定度

垂直运动包括上升和下沉运动。空气在垂直运动过程中,体积会发生很大变化,从而引起气温改变、水汽凝结或水滴蒸发。垂直运动可使大气中的水分、热量、尘埃等在垂直方向上发生交换。此外,空气的垂直运动与空气的水平运动相联系,凡是有强烈上升运动的地方往往都伴有低气压和大风、阴雨等恶劣天气。空气的垂直运动有时非常强烈,有时却又非常微弱,其强弱与大气稳定度有直接的联系。

一、空气的垂直运动

1.垂直运动的成因

大气中的任何一个气块,在垂直方向主要受到两个力的作用:一个是重力,方向向下;另一个是垂直气压梯度力,方向向上。当这两个力相等时,大气处于静力平衡状态。当重力与垂直气压梯度力不平衡时,气块就会受到向上或向下的力,从而产生垂直运动。

2.垂直运动的类型

由于引起重力和垂直气压梯度力不平衡的原因不同,垂直运动的速度和范围等情况亦不一样,主要可归纳为以下五种类型。

（1）热对流

热对流是热力作用引起的垂直运动。当气块温度比四周空气温度高时,气块具有上升加速度,产生上升运动;反之,产生下沉运动。此即暖湿空气上升,干冷空气下沉。这类垂直运动的水平范围较小,只有几千米到几十千米;持续时间较短,只有几十分钟到几小时;但垂直速度大,可达 $1\sim10$ m/s,甚至几十米每秒。它可形成雷暴云,产生阵性降水、雷雨大风或冰雹等不稳定性天气。

（2）水平辐散、辐合引起的垂直运动

水平气流辐散、辐合现象主要是地面摩擦作用和局地气压变化引起的。通常,在地面低气压控制区,水平气流辐合,有上升运动;在地面高气压控制区,水平气流辐散,有下沉运动。

（3）锋面上的垂直运动

锋面上的垂直运动是大规模暖空气沿锋面爬升而产生的。其具体运动情况是由冷、暖空气中垂直于锋面的风速大小及锋面坡度决定的,将在本书后面锋面一节中介绍。

（4）地形引起的垂直运动

当宽广深厚的气流遇到独立的山脉阻挡时,它会分成两部分:一部分越山而过;另一部分绕山而行。

当气流遇到横向长条山脉时,大部分气流将越山而过,在山脉的迎风坡上,由于地形的机械抬升作用而产生上升运动,在背风坡上则出现下沉运动。山脉坡度越陡,上升运动越强;气流方向与山脉走向的交角越近于90°,上升运动也越强。若气流绕山脉而行,则在山脉的迎风坡两侧气流辐合,产生上升运动;在背风坡气流辐散,产生下沉运动。在山脉的迎风坡及其两侧,上升气流常形成地形云和降水。

另外,由于海面摩擦力比陆面小,当吹向岸风时,摩擦力增大,风速减小,同时风向偏转,在海岸线附近造成气流辐合,可产生系统性上升运动;当吹离岸风时,摩擦力减小,风速增大,同时风向偏转,在海岸线附近造成气流辐散,可产生系统性下沉运动。

(5)乱流引起的垂直运动

大气中的乱流也能产生垂直运动,可以形成云或雾。

二、大气稳定度

大气稳定度(Atmospheric stability)又称大气静力稳定度或大气层结稳定度,表示周围大气使气块返回或远离起始位置的趋势和程度。如图 1-9 所示,在静止大气中,某一气块受到外力作用在垂直方向产生扰动后,若周围大气有使它返回起始位置的趋势,这种大气层结是稳定的;若周围大气有使该气块更加远离起始位置的趋势,这种大气层结是不稳定的;若该气块随时都能够与周围大气取得平衡,这种大气层结称为中性大气层结。

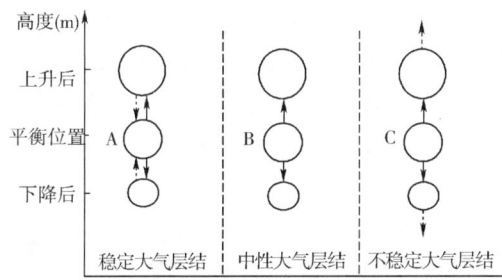

图 1-9　大气稳定度示意图

大气中天气现象种类的不同与大气稳定度有一定的关系。

1.绝对不稳定

当大气处于不稳定状态时,有利于对流发展,产生积状云,出现不稳定性天气,如阵雨、雷阵雨、阵性大风,甚至产生冰雹、龙卷等。

绝对不稳定的情形多发生于夏季的局部地区,陆上热雷雨多发生于午后,海上热雷雨往往发生于后半夜至凌晨前后。

2.条件性不稳定

条件性不稳定是较常见的,在这种情况下,气层稳定与否主要取决于空气湿度。在条件性不稳定情况下,对流发展的重要条件之一就是要湿度足够大。夏季气温高、湿度大,容易形成条件性不稳定的大气层结,因此,经常出现局部雷雨大风天气。

3.绝对稳定

当大气处于稳定状态时,能有效地抑制对流的发展,产生稳定性天气现象,如层云、雾、毛毛雨等。

绝对稳定的情形多发生于逆温层附近。逆温层好像一个盖子,能有效地抑制对流的发展,阻挡水汽和尘埃等向上传送。当近地面层有逆温时,易产生雾、毛毛雨或低云等天气。当逆温出现在空中某高度时,抬升运动引起的上升气流很难突破它,而在其下形成层状云,低层的对流云一般也在此处被阻挡而平衍,只有当低层大气极不稳定时,才有可能突破逆温层。由此可见,大气中的逆温对天气有重要影响。

航海气象与海洋学

三、大气中的逆温

在对流层大气中,一般情况下气温随高度的增加而降低,但也经常在某些层次出现气温随高度的增加不变或反而升高的现象。气象上把气温不随高度变化的大气层称为等温层,而把气温随高度的增加而升高的大气层称为逆温层。在等温层内,气温直减率 $\gamma = 0$;在逆温层内,气温直减率 $\gamma < 0$。从热力学的角度看,无论是等温层还是逆温层,大气层结都是绝对稳定的。如果它们出现在地面附近,则会限制在贴地气层强烈乱流运动的发生;如果它们形成在对流层中某一高度上,则又会阻碍下方垂直运动的发展。

第六节　空气的水平运动——风

大气相对于地球总是在不停地运动,其主要运动方式包括水平运动、垂直运动、有规则的环流运动和无规则的乱流运动。本节介绍的内容就是大气有关的水平运动及其基本规律。空气相对于地面或海底的水平运动称为风(Wind)。风对航海的影响作用很大,航海活动可以获得顺风的便利,也可能因狂风而蒙受损害。对船舶运动影响颇大的海浪和海流主要也是由风直接引起的。在大风浪中航行,船舶会发生剧烈的横摇和纵摇,使船舶难以保持航向,舵效降低,严重失速;还会产生对船体结构十分有害的"中垂"和"中拱"现象,造成货损和船损,甚至有倾覆的危险。由风所引起的"风压差"还能使船舶偏航。综上可见,风是一种对航海有重大影响的气象要素。此外,风对地球上的热量和水分的输送起着重要的作用,它直接影响天气变化。

一、风向和风速的表示方法

风是矢量,既有大小又有方向,分别用风速和风向来表示。

1.风速

单位时间内空气在水平方向上移动的距离,称为风速。常用单位:米/秒(m/s)、节(kn)。航海上近似取 1 m/s=2 kn。

日常生活和实际工作中,习惯用风力表示风的大小。根据风对地面或海面的影响程度确定了不同的风力等级。目前,国际上采用的风力等级是英国人蒲福于 1905 年拟定的,故又称蒲福风级,分为 0 级~12 级共 13 个等级。自 1946 年以后,风力等级又经修改,增加到 18 个等级,即 0 级~17 级,如表 1-1 所示。

表 1-1　风力等级表

风力等级	风名	相当风速			海面状况	海面征象	海面浪高(m)	
		kn	m/s	中数(m/s)			一般	最高
0	无风 Calm	<1	0.0~0.2	0	平如镜子 Calm-glassy	海面像镜子一样平静	—	—
1	软风 Light air	1~3	0.3~1.5	1	微波 Calm-rippled	海面有波纹,但没有白色波峰	0.1	0.1

18

风力等级	风名	相当风速			海面状况	海面征象	海面浪高(m)	
		kn	m/s	中数(m/s)			一般	最高
2	轻风 Light breeze	4~6	1.6~3.3	2	小波 Smooth-wavelets	波纹虽小,但已明显,波峰透明像玻璃,但不破碎	0.2	0.3
3	微风 Gentle breeze	7~10	3.4~5.4	4	小浪 Wavelets	波长较大,波峰开始分裂,泡沫有光,间或见到白色波浪	0.6	1.0
4	和风 Moderate breeze	11~16	5.5~7.9	7	轻浪 Slight	小浪,波长较大,往前卷的白碎浪较多,有间断的呼啸声	1.0	1.5
5	清风 Fresh breeze	17~21	8.0~10.7	9	中浪 Moderate	中浪,波长相当大,白碎浪很多,呼啸声不断,间有浪花溅起	2.0	2.5
6	强风 Strong breeze	22~27	10.8~13.8	12	大浪 Rough	开始成大浪,波浪泡沫飞布海面,呼啸声大作(可能有少数浪花溅起)	3.0	4.0
7	疾风 Near gale	28~33	13.9~17.1	16	巨浪 Very rough	海面由波浪堆积而成,碎浪的白泡沫开始呈纤维状,随风吹散,飞过几个波峰	4.0	5.5
8	大风 Gale	34~40	17.2~20.7	19	狂浪 High	中高浪,波长更大,随风吹起纤维状浪更明显,呼啸声更大	5.5	7.5
9	烈风 Strong gale	41~47	20.8~24.4	23		高浪,泡沫纤维更加浓密,海浪翻卷,泡沫可能影响能见度	7.0	10.0
10	狂风 Storm	48~55	24.5~28.4	26	狂涛 Very high	大高浪,波浪成长型突出,纤维状泡沫更加浓厚,呈片状,海浪颠簸好像槌击,浪花飞起带白色,能见度受影响	9.0	12.5
11	暴风 Violent storm	56~63	28.5~32.6	31	非凡现象 Phenomenal	特高浪,中小型船有时被浪所蔽,波峰边缘被风吹成泡沫,能见度大减	11.5	16.0
12	飓风 Hurricane	≥64	≥32.7	–		空气中充满泡沫和浪花,海面因浪花飞起呈白色状态,能见度剧烈降低	14.0	–
13		72~80	37.0~41.4	39.2				
14		81~89	41.5~46.1	43.8				
15		90~99	46.2~50.9	48.6				
16		100~108	51.0~56.0	53.5				
17		109~118	56.1~61.2	58.7				

风级 B 与风速 v(m/s)的关系为:

$$v = 0.836B^{3/2}$$

2.风向

风向是指风的来向。航海上常用 16 方位法或圆周法,即方位度数(0°~360°)表示风向,见图1-10。前者多用于陆上,后者多用于海上或高空。

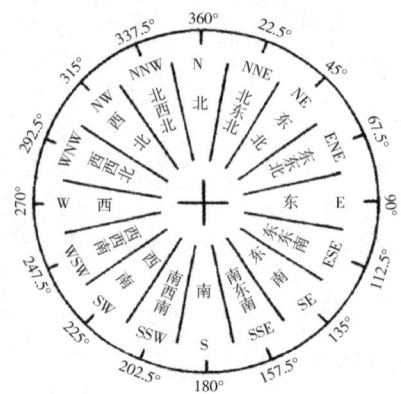

图 1-10 风向表示法

(1)16 方位法

以测站为中心,从北开始,把整个圆周分为 16 等份。

(2)圆周法

风向用度数表示,以测站为中心,从正北 0°开始,顺时针分成 360°等份,正东为 090°,正南为 180°,正西为 270°。

二、作用于运动空气微团上的水平方向的力

根据牛顿定律可知,任何物体的运动都是由于受到外力的作用且合力达不到平衡而产生的。为了揭示风产生的原因,应分析一下作用于运动空气微团上的力:由于空气环绕于地球周围,它所受到的地球引力 $\vec{g}$;由于地球自转而产生的水平地转偏向力 $\vec{A}_n$;地球表面和大气之间在相对运动时产生的摩擦力 $\vec{R}$;由于地球是近似圆形的球体,空气做圆周曲线运动时产生的水平惯性离心力 $\vec{C}$;空气内部的气压分布不均匀而产生的水平气压梯度力 $\vec{G}_n$。以上这些力有水平方向的,也有垂直方向的,但是因为风是指空气的水平运动,所以我们主要分析水平方向的力。

1.水平气压梯度力 $\vec{G}_n$

1)水平气压梯度

水平气压梯度是一个表示气压水平分布不均匀程度的矢量,用符号 $-\dfrac{\Delta p}{\Delta n}\vec{n}$ 表示。其中:Δp 为两相邻等压线之间的气压差;Δn 为两等压线之间的垂直距离;负号表示沿水平气压梯度方向气压是减小的;$\vec{n}$ 表示水平面上等压线法线方向的单位矢量,其大小为1,仅表示方向。

水平气压梯度的单位是 hPa/m,在实际工作中常用百帕/赤道度来表示。1 赤道度等于 60 n mile。水平气压梯度的方向垂直于等压线由高压指向低压,大小等于垂直等压线方向上单位距离内的气压差。如图 1-11 所示,p_1、p_2 为等压线,而且 $p_2 > p_1$,Δn 为等压线之间的垂直距离,箭头指向为气压梯度

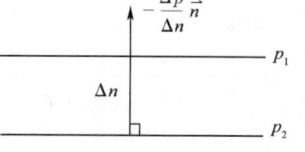

图 1-11 水平气压梯度

方向,其大小为:

$$-\frac{\Delta p}{\Delta n} = -\frac{p_1 - p_2}{\Delta n} = \frac{p_2 - p_1}{\Delta n}$$

显然,水平气压梯度恒大于零。

在地面天气图上任意相邻的等压线的气压差值 Δp 是一定的,因此,它们之间的距离 Δn 越大,则等压线越稀疏,水平气压梯度越小;Δn 越小,则等压线越密集,水平气压梯度越大。因此,从天气图上等压线分布的疏密情况,可以判断水平气压梯度的相对大小。

2)水平气压梯度力

由于水平气压分布不均匀,单位质量的空气块在气压场中所受到的水平方向静压力,称为水平气压梯度力,用符号 $\vec{G}_n$ 表示。

$$\vec{G}_n = -\frac{1}{\rho}\frac{\Delta p}{\Delta n}\vec{n}$$

其大小为

$$G_n = -\frac{1}{\rho}\frac{\Delta p}{\Delta n}$$

以上两式中 ρ 为空气密度。

从上式可以看出,水平气压梯度力的方向与水平气压梯度的方向一致,垂直于等压线,由高压指向低压。水平气压梯度力的大小有以下两个特点:

(1)水平气压梯度力的大小与水平气压梯度数值成正比,空气密度一定时,水平气压梯度越大,即等压线越密集,则水平气压梯度力越大;水平气压梯度越小,即等压线越稀疏,则水平气压梯度力越小。

(2)水平气压梯度力的大小与空气密度成反比,若水平气压梯度数值一定,随着高度的增加,由于空气密度减小,水平气压梯度力增大。

在同一高度上,空气密度随时间和地点的变化都不明显,因此,水平气压梯度力的大小主要取决于水平气压梯度的大小。

实际大气中,只要水平方向上气压分布不均匀,就必然存在气压梯度力作用在空气微团上,使之从高压区向低压区运动。可见,水平气压梯度力是空气产生水平运动的原动力。

2.水平地转偏向力 $\vec{A}_n$

如果空气微团只受到水平气压梯度力的作用,则其将沿水平气压梯度力的方向运动。但是,实际上由观测得知风并不沿水平气压梯度力所指的方向由高压一边直接吹向低压一边,而是不断地偏转它的行进方向:在北半球向行进方向的右方偏转;在南半球则向行进方向的左方偏转。可见,存在一个力在侧面使空气微团发生偏转,这个力就是水平地转偏向力。

水平地转偏向力是由于地球自转运动,参照系发生改变而假想出来的,并不是像水平气压梯度力一样客观存在。下面以实例来解释地转偏向力的产生原因。如图1-12所示,过北极有一个以极点为中心与纬圈平行的随地球沿逆时针方向转动的水平圆盘,圆盘上有一测者观测一物体自 A 点沿半径方向向外移动。若圆盘不运动,经过一段时间后,物体将移动到 B 点。由于圆盘始终随地球转动,当 A 点移动到 A' 点时,物体移动到 B'' 点,$A'B'' \parallel AB$。由于地球这一参照系自转运动的结果,测者测得物体的运动方向发生了改变,并没有移到他认为的目标 B' 点,而是右偏了 $B'B''$ 的距离。

根据力学原理,假定参照系没有发生变化,可以设想为该物体受到一个垂直于运动方向右侧的力而发生运动方向的改变,这个力即为水平地转偏向力,用符号 $\vec{A_n}$ 表示。

在北半球,水平地转偏向力的方向垂直指向空气运动方向的右方,使空气向右偏转。在南半球,水平地转偏向力的方向垂直指向空气运动方向的左方,使空气向左偏转。它只改变空气运动的方向,不改变空气运动的速度。

根据理论推得水平地转偏向力大小的表达式为:

$$|\vec{A_n}| = 2v\omega\sin\varphi$$

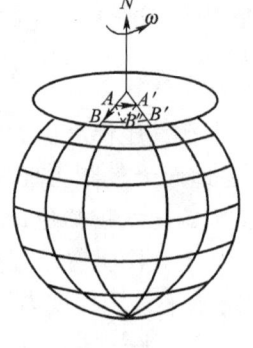

图 1-12　水平地转偏向力的产生

式中:v 是风速;ω 是地球自转角速度,是一常量,大小为 0.000073 rad/s;φ 是纬度。

从水平地转偏向力表达式可以看出:

(1)水平地转偏向力的大小与风速成正比,纬度相同时,风速越大,水平地转偏向力越大。空气在静止时不受其作用。

(2)水平地转偏向力的大小与所在纬度的正弦成正比。在风速相同的情况下,水平地转偏向力随纬度的增大而增大。水平地转偏向力在赤道上为零,在两极最大。

3.水平惯性离心力 $\vec{C}$

当空气块做水平曲线运动时,产生由运动轨迹中心沿曲率半径指向外的力,称为水平惯性离心力,用符号 $\vec{C}$ 表示,如图 1-13 所示。对单位质量空气而言,水平惯性离心力的大小可用下式表示:

$$|\vec{C}| = \frac{v^2}{r}$$

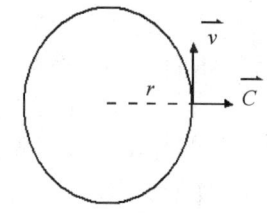

图 1-13　水平惯性离心力

式中:v 表示空气微团运动的线速度;r 表示空气微团运动曲线的曲率半径。

水平惯性离心力的方向始终与风向垂直,自曲线的曲率中心指向外面。水平惯性离心力和地转偏向力相同的是只能改变空气运动方向,不能改变空气运动速度。一般情况下水平惯性离心力很小,特别当空气静止或空气做直线运动时,水平惯性离心力为零。只有当风速很大且曲率半径很小时,例如在台风中心附近或龙卷内部,水平惯性离心力才能达到很大的值。

4.摩擦力 $\vec{R}$

空气在流动时受到的摩擦力包括内摩擦力和外摩擦力。为了简便,在摩擦层的下边界附近,摩擦力可近似表示为:

$$\vec{R} = -k\vec{v}$$

式中:$\vec{v}$ 表示风速;k 表示摩擦系数,k 的大小与下垫面的粗糙程度有关。

从上式中可以看出,摩擦力的大小与风速和摩擦系数成正比。在摩擦层底部摩擦力最大,随着高度的增加,摩擦力逐渐减小。摩擦力的方向与空气运动方向相反。

三、地转风

根据空气微团所受到的上述四种外力作用情况的不同,所形成风的特点也有所区别。

在自由大气中,忽略摩擦力的作用,水平气压梯度力与水平地转偏向力平衡时产生的空气水平等速直线运动称为地转风(Geostrophic wind),用符号 $\vec{v}_g$ 表示。

地转风空气质点受力分析表达式为:

$$\vec{G}_n + \vec{A}_n = 0$$

或

$$|\vec{G}_n| = |\vec{A}_n|$$

1.地转风的形成

下面解释北半球地转风的形成。如图 1-14 所示,在等压线平直分布的情况下,原来静止的空气微团受到水平气压梯度力 $\vec{G}_n$ 的作用由高压流向低压。它刚一运动,地转偏向力 $\vec{A}_n$ 便立即产生,而且始终垂直于空气微团运动方向并指向右方,迫使其右转。发生偏转后的空气微团,在水平气压梯度力沿运动方向的分力作用下,运动速率越来越大,地转偏向力随着运动速率的增大而增大,迫使空气微团向右偏转的程度加大。当地转偏向力增大到与水平气压梯度力大小一致时,二力方向相反,即达到平衡状态,这时空气沿着等压线做水平等速直线运动,地转风由此形成。南半球地转风的形成原理与北半球一致。

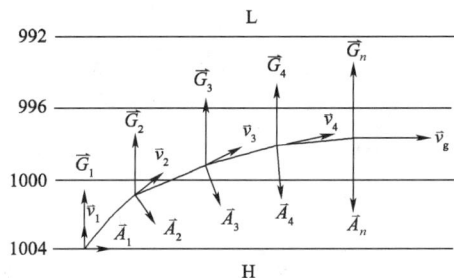

图 1-14　北半球地转风的形成示意图

2.地转风的风向

从图 1-14 可以看出,地转风形成后,风向是由等压线的走向决定的。在地转平衡情况下,风沿着等压线吹。背风而立:在北半球,低压区在左,高压区在右;在南半球,低压区在右,高压区在左。这就是著名的风压定律,又称白贝罗定律。根据风压定律可以由风向判断出高压区和低压区的大致方位。

3.地转风的风速

根据地转风空气质点受力分析表达式

$$|\vec{G}_n| = |\vec{A}_n|$$

可导出

$$-\frac{1}{\rho}\frac{\Delta p}{\Delta n} = 2v_g\omega\sin\varphi$$

从而得到风速表达式为:

$$v_g = \frac{1}{2\rho\omega\sin\varphi}\left(-\frac{\Delta p}{\Delta n}\right)$$

由此式可得出以下结论：

（1）地转风速与水平气压梯度成正比，即等压线越密集的地方，风速越大；等压线越稀疏的地方，风速越小。

（2）地转风速与空气密度成反比，即在气压梯度相同的情况下，越往高空，空气密度越小，风速越大。

（3）地转风速与纬度的正弦成反比，当气压梯度相同时，低纬度地区的地转风速比高纬度地区的大。但是，在赤道上由于 $\sin\varphi = 0$，以至于水平气压梯度力与水平地转偏向力始终无法达到平衡，所以不存在地转风。

4.地转风速的计算方法

若在近地面层，为了处理问题方便，不考虑摩擦力的影响，则可以依据地面图上等压线的疏密迅速计算出海面地转风速。

取 $\vec{A}_n$ n mile，相当于一赤道度，$\rho = 1.293$ kg·m^{-3} 代入地转风速公式

$$v_g = \frac{1}{2\rho\omega\sin\varphi}\left(-\frac{\Delta p}{\Delta n}\right)$$

计算后得到海面地转风速

$$v_n = \frac{4.78}{\sin\varphi}\Delta p_1$$

式中：Δp_1 表示计算点附近每间隔 60 n mile 的气压差；φ 表示计算点的纬度。Δp_1 与 φ 都可以从地面图上量取。

例如，当从地面图上量取得到计算点处 $\varphi = 30°$，$\Delta p_1 = 1.5$ hPa/60 n mile 时

$$v_g = \frac{4.78}{\sin 30°} \times 1.5 \approx 14.3 \; (\text{m/s})$$

四、梯度风

在自由大气中，空气的水平等速曲线运动，称为梯度风（Gradient wind）。梯度风可以看成水平气压梯度力 $\vec{G}_n$、水平地转偏向力 $\vec{A}_n$ 和水平惯性离心力 $\vec{C}$ 三者平衡时的空气水平运动。

梯度风形成后，空气质点受力情况表达式为：

$$\vec{G}_n + \vec{A}_n + \vec{C} = 0$$

在高压区和低压区，空气质点受力情况是有区别的，现以等压线为圆形的低压和高压为例来讨论 $\vec{G}_n$、$\vec{A}_n$ 和 $\vec{C}$ 这三个力是怎样平衡的。

1.空气质点受力分析

（1）低压区

如图 1-15 所示，在低压区中，$\vec{G}_n$ 总是沿着圆形等压线的半径方向自外面指向低压中心，而 $\vec{C}$ 始终沿半径方向自中心指向外面，两者方向正好相反。在一般情况下，空气运动的曲率半径很大，$\vec{C}$ 比 $\vec{G}_n$ 小很多，要使 $\vec{G}_n$、$\vec{A}_n$ 和 $\vec{C}$ 这三个力达到平衡，$\vec{A}_n$ 的方向必须与 $\vec{G}_n$ 相反，三个

力的大小关系为：

$$\left|\overrightarrow{G_n}\right| = \left|\overrightarrow{A_n}\right| + \left|\overrightarrow{C}\right|$$

（2）高压区

如图1-16所示，在高压区中，$\overrightarrow{G_n}$ 总是沿着圆形等压线的半径方向自高压中心指向外面，$\overrightarrow{C}$ 与 $\overrightarrow{G_n}$ 方向一致。要使 $\overrightarrow{G_n}$、$\overrightarrow{A_n}$ 和 $\overrightarrow{C}$ 这三个力达到平衡，$\overrightarrow{A_n}$ 的方向必须与 $\overrightarrow{G_n}$ 和 $\overrightarrow{C}$ 相反，三个力的大小关系为：

$$\left|\overrightarrow{A_n}\right| = \left|\overrightarrow{G_n}\right| + \left|\overrightarrow{C}\right|$$

2.梯度风风向

在北半球 $\overrightarrow{A_n}$ 垂直于空气质点运动方向并指向右，在南半球 $\overrightarrow{A_n}$ 垂直于空气质点运动方向并指向左。因此根据空气质点受力分析可知，低压区中的梯度风 $\overrightarrow{v_c}$ 在北半球沿着等压线按逆时针方向吹［如图1-15（a）所示］，在南半球沿着等压线按顺时针方向吹［如图1-15（b）所示］；高压区中的梯度风 $\overrightarrow{v_a}$ 在北半球沿着等压线按顺时针方向吹［如图1-16（a）所示］，在南半球沿着等压线按逆时针方向吹［如图1-16（b）所示］。

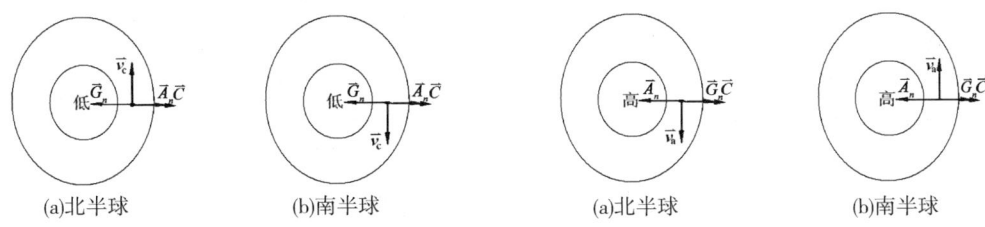

| (a)北半球 | (b)南半球 | (a)北半球 | (b)南半球 |

图1-15　低压区中的梯度风　　　　　图1-16　高压区中的梯度风

3.梯度风风速

1）低压区

根据低压区中空气质点的受力关系

$$\left|\overrightarrow{G_n}\right| = \left|\overrightarrow{A_n}\right| + \left|\overrightarrow{C}\right|$$

将三力的表达式代入，可得到

$$-\frac{1}{\rho}\frac{\Delta p}{\Delta n} = 2v_c\omega\sin\varphi + \frac{v_c^2}{r}$$

式中：v_c 表示低压区中的梯度风速。解这个以 v_c 为未知数的一元二次方程，得

$$v_c = -r\omega\sin\varphi \pm \sqrt{(r\omega\sin\varphi)^2 + \frac{r}{\rho}\left(-\frac{\Delta p}{\Delta n}\right)}$$

在某一个水平气压梯度、纬度、空气密度和空气运动曲率半径之下，只能有一个梯度风速值，因此，必须从上式中去除一个不合理的根。考虑到当 $-\frac{\Delta p}{\Delta n} = 0$ 时，对应的梯度风速为零，去掉上式中带减号的根，最后得到低压区中的梯度风速公式：

$$v_c = -r\omega\sin\varphi + \sqrt{(r\omega\sin\varphi)^2 + \frac{r}{\rho}\left(-\frac{\Delta p}{\Delta n}\right)}$$

从上式可以看出，v_c 的大小与水平气压梯度、纬度、空气密度和空气运动曲率半径有关。由于上式中右边根号内总是正值，所以在低压区中水平气压梯度不受限制，可以取任何值。实际情况是在低压区内，特别是在台风中心附近，等压线非常密集，水平气压梯度非常大，从而风速很大。上式中，当空气运动曲率半径为零时，梯度风速为零，这与实际情况刚好相符，台风中心眼区内风速很小。

2）高压区

根据高压区中空气质点的受力关系

$$\left|\vec{A_n}\right| = \left|\vec{G_n}\right| + \left|\vec{C}\right|$$

将三力的表达式代入，可得到

$$2v_a\omega\sin\varphi = -\frac{1}{\rho}\frac{\Delta p}{\Delta n} + \frac{v_a^2}{r}$$

式中：v_a 表示高压区中的梯度风速。解这个以 v_a 为未知数的一元二次方程，得

$$v_a = r\omega\sin\varphi \pm \sqrt{(r\omega\sin\varphi)^2 - \frac{r}{\rho}\left(-\frac{\Delta p}{\Delta n}\right)}$$

去掉上式中一个不合理的根，最后得到高压区中的梯度风速公式：

$$v_a = r\omega\sin\varphi - \sqrt{(r\omega\sin\varphi)^2 - \frac{r}{\rho}\left(-\frac{\Delta p}{\Delta n}\right)}$$

从上式可以看出，v_a 的大小与水平气压梯度、纬度、空气密度和空气运动曲率半径有关。由于上式中右边根号内的值不能为负值，即必须满足

$$(r\omega\sin\varphi)^2 - \frac{r}{\rho}\left(-\frac{\Delta p}{\Delta n}\right) \geqslant 0$$

亦可写为

$$-\frac{\Delta p}{\Delta n} \leqslant \rho r\omega^2\sin^2\varphi$$

所以在高压区中水平气压梯度受到限制，具有上限值，这正是地面天气图上高压区内等压线分布较稀疏的原因之一。

当水平气压梯度取临界值 $\rho r\omega^2\sin^2\varphi$ 时，得到高压区内最大梯度风速

$$(v_a)_{max} = r\omega\sin\varphi$$

从上式可以看出，高压区内梯度风最大风速与曲率半径和纬度的正弦成正比，因此：

（1）在高压区边缘风速较大，越向中心部分风速越小。

（2）当曲率半径相同时，高纬度地区的梯度风速大于低纬度地区的。

在实际天气图分析中可以发现，一般高压区边缘等压线较密集，风速较大；高压区中心附近等压线较稀疏，风速较小，接近于无风。

梯度风与地转风既有共同点，又有不同之处，两者都是作用于运动空气质点上的水平方向的合力为零时形成的风。梯度风考虑了空气运动路径的曲率影响，它比地转风更接近于实际风。

在纬度、空气密度、水平气压梯度和曲率半径相同的条件下，当梯度风形成时，高压区内 $\left|\vec{A_n}\right| = \left|\vec{G_n}\right| + \left|\vec{C}\right|$，低压区内 $\left|\vec{A_n}\right| = \left|\vec{G_n}\right| - \left|\vec{C}\right|$，当地转风形成时 $\left|\vec{A_n}\right| = \left|\vec{G_n}\right|$。由于地转偏向力与风速成正比，因此，高压区中的梯度风速最大，低压区中的梯度风速最小，即 $v_a > v_g > v_c$。

然而,实际情况是,低压区中的风速通常大于高压区中的风速。这是由于低压区内的气压梯度往往大于高压区内的气压梯度,且低压区的范围往往比高压区小得多,空气运动曲率半径也比高压区小得多。

在风力特别强大的小尺度气压系统中(例如龙卷),由于空气微团的运动轨迹曲率半径很小,地转偏向力比气压梯度力和惯性离心力小很多,可以忽略不计,此时的平衡运动称为旋衡风(Cyclostrophic wind)。旋衡风是梯度风的一个特例,此时的风沿着圆形密集的等压线吹。由于旋衡风已不再考虑地转偏向力的影响,因而在南北半球既可按顺时针方向吹,又可按逆时针方向吹。其受力关系为:

$$\vec{G}_n + \vec{C} = 0$$

或

$$|\vec{G}_n| = |\vec{C}|$$

不论是气旋式还是反气旋式旋转的旋衡风都对应着低压。

五、摩擦层中的风

在近地面层,空气的运动由于受地面摩擦的影响,空气的运动情况与自由大气的运动情况不同,其风向和风速都有变化。

1.摩擦力对风速的影响

在摩擦层中,由于地面摩擦力对风的阻滞作用,实际风速比相应的地转风速要小,通常陆面上的风速(取 $10 \sim 12$ m 高度的风速)为相应地转风速的 $\frac{1}{3} \sim \frac{1}{2}$,海面上风速为相应地转风速的 $\frac{3}{5} \sim \frac{2}{3}$。计算海面实际风速 v_0 时,通常可先用地转风公式计算出地转风速 v_g,然后再乘以 65%求得,即

$$v_0 = v_g \times 65\%$$

2.摩擦力对风向的影响

在摩擦层中,因受摩擦力作用,风不再完全沿着等压线吹,而是斜穿等压线从高压吹向低压。

1)平直等压线气压场中的风向

在平直等压线气压场中,稳定的地面平衡风形成后,水平气压梯度力 $\vec{G}_n$、地转偏向力 $\vec{A}_n$ 和地面摩擦力 $\vec{R}$ 达到平衡,如图 1-17 所示,其受力关系表达式如下:

$$\vec{G}_n + \vec{A}_n + \vec{R} = 0$$

此时,$\vec{G}_n$ 与等压线垂直,$\vec{A}_n$ 与 $\vec{R}$ 的合力 $\vec{F}$ 应与 $\vec{G}_n$ 大小相等、方向相反;$\vec{R}$ 的方向与实际风速 $\vec{v}$ 的方向相反;$\vec{A}_n$ 的方向恒与 $\vec{v}$ 的方向垂直,在北半球指向运动方向的右方,在南半球指向运动方向的左方。空气斜穿等压线由高压吹向低压,风向与等压线之间存在

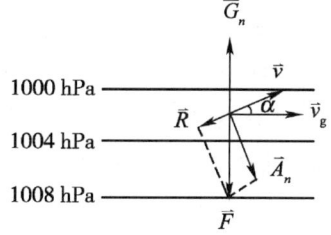

图 1-17 北半球摩擦力对风向的影响

一个交角 α。$\vec{R}$ 越大, α 越大。在海洋上,一般 α 取 $10°\sim20°$;在中纬度地区陆地上,一般 α 取 $35°\sim45°$。在摩擦层中的白贝罗风压定律应表述为:在摩擦层中风斜穿等压线吹,背风而立。在北半球,低压区在左前方,高压区在右后方;在南半球,低压区在右前方,高压区在左后方。

2)弯曲等压线气压场中的风向

在弯曲等压线气压场中,稳定的地面平衡风形成后,水平气压梯度力 $\vec{G_n}$、水平地转偏向力 $\vec{A_n}$、水平惯性离心力 $\vec{C}$ 和地面摩擦力 $\vec{R}$ 达到平衡,其受力关系表达式如下:

$$\vec{G_n} + \vec{A_n} + \vec{C} + \vec{R} = 0$$

在闭合的低压区和高压区中,由于摩擦力的作用,风不再与梯度风一致完全沿着等压线吹,而是在低压区中呈现中心辐合流场,形成气旋;在高压区中呈现中心辐散流场,形成反气旋。在低压区中,在北半球气流绕中心沿逆时针方向向中心辐合,如图 1-18(a)所示;在南半球气流绕中心沿顺时针方向向中心辐合,如图 1-18(b)所示。在高压区中,在北半球气流绕中心沿顺时针方向向外辐散,如图 1-19(a)所示;在南半球气流绕中心沿逆时针方向向外辐散,如图 1-19(b)所示。

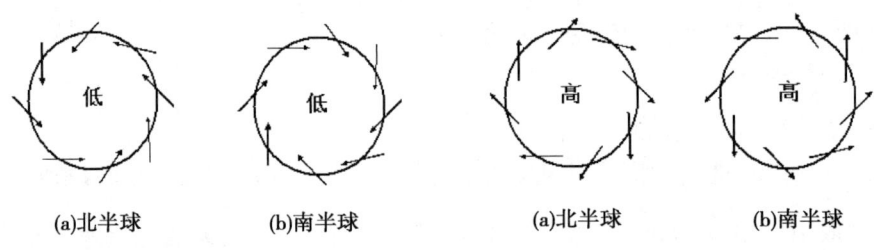

(a)北半球 　　 (b)南半球 　　　　 (a)北半球 　　 (b)南半球

图 1-18　摩擦层低压区中的风　　　　图 1-19　摩擦层高压区中的风

六、风随高度的变化

在摩擦层中风随高度的变化,既受水平气压梯度力随高度变化的影响,又受摩擦力随高度变化的影响。在气压场不随高度改变的情况下,风随高度变化主要是由摩擦力随高度变化而引起的。

1.近地面层

从摩擦层下部边界至 $30\sim50$ m(不超过 100 m)高的气层,称为近地面层。在近地面层,风向随高度的改变不明显;风速随高度的改变主要与气层的稳定度有关,当气层不稳定时,有利于空气上下层的动量交换,使上下层风速差变小;如果气层稳定,则风速随高度的变化要明显一些,例如在逆温层的上下,往往可以观测到较大风速差异。

2.上部摩擦层

从近地面层顶到摩擦层顶的气层,称为上部摩擦层。在这一层中,风速一般随高度的增加而增大,地转偏向力随之增大,在北半球风向随高度的增加逐渐向右偏转,在南半球风向随高度的增加逐渐向左偏转。当高度达到摩擦层顶附近时,风速接近于地转风,风向与等压线相平行。

 **思考题**

1.分别说明水平气压梯度力 $\vec{G}_n$ 和水平地转偏向力 $\vec{A}_n$ 的表达式及其物理意义。

2.推导出地转风公式并讨论其特点。

3.分别叙述自由大气和摩擦层中的风压定律。

4.为什么高压区中部为微风或无风天气,而大风却集中在外围?

第七节 云和降水

云(Cloud)是由大量的小水滴、小冰晶或两者的混合物组成的悬浮在空中的可见聚合体。云的形状千变万化,种类繁多。某一特定类型的云常伴随着一定的天气,云的演变可以指示未来的天气变化,对制作短期天气预报,具有重要作用。云和降水能够降低能见度,对船舶航行安全有很大的影响,如果云浓而高度又小,驾驶员测天、陆标识别和定位等都会遇到困难。因此,了解云的形成原因、基本类型、演变规律和伴随的典型天气等方面的知识对航海具有重要的意义。

一、云的形成及消散

云是在空气饱和后形成的,未饱和湿空气达到饱和状态的途径有两个:一是增加空气中水汽含量;二是降低空气温度。研究表明,单凭蒸发作用增加空气中的水汽含量在多数情况下不足以产生较大厚度内的饱和现象,只有在水汽流入的同时伴有空气冷却过程才有利于云的形成。

因此,云形成的基本条件有三个:一是要有充足的水汽;二是要有大量的凝结核;三是要有使空气中水汽凝结的冷却过程。

在自由大气中,空气的冷却过程主要有以下三种:一是绝热上升;二是乱流交换;三是辐射冷却。

大气中的云是上述三种冷却过程单独或共同作用的结果,在大多数情况下,特别是较高和较厚的云层,绝热上升运动起着主要作用。因此,云的形成和消散可以简单归纳为:

上升运动+水汽→云形成

下沉运动→云消散

二、云的分类

云主要是由空气上升运动形成的,当水汽条件相同时,上升运动的形式不同,所形成的云的类型及伴随的天气也就不同。

1.按云底高度和云形特征分类

按云底高度和云形特征,世界气象组织将云分为高云、中云、低云和直展云四族十属。在实际工作中,我国通常按云底高度把云分为高云、中云、低云三族,再结合云的结构和外形特征划分为十属,每属具体分类如表1-2所示。

2.按云的物理成因分类

从云形成的物理成因和条件方面考虑,按照大气中上升运动的不同特点,表1-2中的云系又可以划分为积状云、层状云和波状云。

表1-2 云的分类

云族	云底高度（m）	云属			主要云类	
		中文学名	国际名	国际缩写	学名	国际简写
高云	>5000	卷云	Cirrus	Ci	毛卷云	Ci fil
					密卷云	Ci dens
					伪卷云	Ci not
					钩卷云	Ci unc
		卷层云	Cirrostratus	Cs	薄幕卷层云	Cs nebu
					毛卷层云	Cs fil
		卷积云	Cirrocumulus	Cc	卷积云	Cc
中云	2500~5000	高层云	Altostratus	As	透光高层云	As tra
					蔽光高层云	As op
		高积云	Altocumulus	Ac	透光高积云	Ac tra
					蔽光高积云	Ac op
					荚状高积云	Ac lent
					积云性高积云	Ac cug
					絮状高积云	Ac flo
					堡状高积云	Ac cast
低云	<2500	层积云	Stratocumulus	Sc	透光层积云	Sc tra
					蔽光层积云	Sc op
					积云性层积云	Sc cug
					堡状层积云	Sc cast
					荚状层积云	Sc lent
		层云	Stratus	St	层云	St
					碎层云	Fs
		雨层云	Nimbostratus	Ns	雨层云	Ns
					碎雨云	Fn
		积云	Cumulus	Cu	淡积云	Cu hum
					碎积云	Fc
					浓积云	Cu cong
		积雨云	Cumulonimbus	Cb	秃积雨云	Cb calv
					鬃积雨云	Cb cap

1)积状云

积状云形成于不稳定自由对流的大气中,故又称对流云。积状云的特点是孤立分散、垂直发展,有水平的底和明显隆起呈圆弧或菜花状的结构。

积状云是大气层结不稳定的标志。根据大气不稳定能量的大小,分别形成以下三种不同特征的积状云:

(1)淡积云

淡积云是在不稳定能量较小的大气中形成的。其云底高度一般在500~1200 m,厚度为几百米到一二千米。淡积云中的上升气流速度不大,一般不超过5 m/s,云中乱流较弱。

（2）浓积云

当大气中具有较大不稳定能量时,淡积云可发展成浓积云。发展成熟的浓积云,厚度可达4~5 km。浓积云中的上升气流速度比淡积云中大得多,可达15~20 m/s,云中乱流也较强。

（3）积雨云

积雨云生成于具有很大不稳定能量并有适当抬升作用的暖湿大气中。其云体厚度很大,在中纬度地区一般为5~8 km,在低纬度地区可达10 km以上,有时伸展到对流层顶。发展旺盛的积雨云顶部呈砧状,这是由对流层顶存在逆温层造成的。积雨云中上升气流速度可达20~30 m/s,最大曾观测到60 m/s,云中乱流十分强烈。

2）层状云

层状云主要是由系统性抬升作用产生的,其中以发生在暖锋面上的云系最为典型,此外,在气旋和低压槽的气流辐合区或迎风坡上也能形成。低层空气乱流和辐射冷却形成的层云也属于层状云。

层状云是大气层结稳定的标志。其特点是水平范围广、云顶较为平坦、形如海面起伏、均匀成层。

根据层状云的云底高度的大小,将其分为卷层云、高层云、雨层云和层云。

3）波状云

逆温层附近经常会产生波动,如果在逆温层下,水汽积聚较多,则在波峰区空气绝热上升冷却而形成云,在波谷处空气绝热下降增温而不会形成云。如果已存在的层状云上发生波动,则在波峰处云层会加厚,在波谷处云层会变薄,原来均匀的层状云就变成波状云。

波状云的出现也是大气层结稳定的标志。其特点是水平范围广,云顶常有逆温,云体由许多呈波浪形的碎云块、云片或云层组成,排列整齐。

根据波状云的云底高度的大小,将其分为卷积云、高积云和层积云。

三、各属云的主要特征

云的形状千变万化,形态各异。尽管如此,各属云具备许多共同的特征。

1.卷云

卷云是具有丝缕状结构、柔丝般光泽的分离散乱的云。云体通常为白色且无暗影,呈丝条状、羽毛状、马尾状、钩状、团簇状、片状、砧状等。

2.卷层云

云体均匀成层,透明或呈乳白色,透过云层日月轮廓清楚,地物有影,常有晕。晕是环绕日月的大光圈,月晕多呈白色,日晕多呈彩色。

3.卷积云

云块很小,呈白色细鳞片状,无暗影,有柔丝般光泽。卷积云常成行、成群排列整齐,很像微风吹拂水面所引起的小波纹。

4.高层云

云体均匀成层,呈灰白色或灰色;云底带有条纹结构,常布满全天。透过云层较薄的部分,可以看到昏暗不清的日月轮廓,看上去好像隔了一层毛玻璃。厚的高层云,则底部比较阴暗,看不到日月。

5.高积云

云块较小,轮廓分明,在厚薄、形状上有很大差异,薄的云块呈白色,能见日月轮廓;厚的云块呈暗灰色,日月轮廓分辨不清。高积云常为呈扁圆形、瓦块状、鱼鳞片或水波状的密集云条。其常成群、成行、成波状排列。在地平线30°以上,大多数云块的视角宽度为1°~5°。有时可出现在两个或几个高度上。

6.层积云

云块一般较大(其视角宽度多数大于5°),在厚薄、形状上有很大差异。层积云常成群、成行或波状排列。云的结构比较松散,呈灰白色或灰色,透过薄的云块,太阳位置可辨,厚的云块比较阴暗。

7.层云

云体均匀成层,呈灰色或灰白色,很像雾,云底很低但不接触地面或海面。

8.雨层云

雨层云低而漫无定形,云体均匀成层,常布满全天,呈暗灰色,能完全遮蔽日月,云底常伴有碎雨云。

9.积云

云体垂直向上发展,底部几乎呈水平,顶部呈圆弧形或圆弧形重叠凸起。云块边界分明,云体之间多不相连。

10.积雨云

云体浓厚庞大,垂直发展极盛,远看很像耸立的高山。云底阴暗混乱,起伏明显,有时呈悬球状结构。云顶由冰晶组成,有白色毛丝般光泽的丝缕结构,常呈砧状或马鬃状。

四、看云识天气

1.卷云

卷云多伴随好天气出现,但出现钩卷云时,则预示着天气系统移近,可能出现阴雨天气。卷云在北方冬季有时可降零星微量的雪。

2.卷层云

卷层云多预示着天气系统将影响本地,在北方冬季有时伴有少量降雪。

3.卷积云

卷积云如与卷云、卷层云相伴出现,预示着将有阴雨大风。

4.高层云

高层云可有连续性或间断性的雨、雪。

5.高积云

薄的高积云预示着晴天;厚的高积云如继续增厚融合成层,表示天气将有变化,甚至产生降水。

6.层积云

层积云可伴随微弱雨、雪出现,不稳定的层积云可带来阵雨。

7. 层云

层云有时会降毛毛雨。

8. 雨层云

雨层云往往造成较长时间的连续性降水。

9. 积云

淡积云一般不降水,是好天气的征兆;浓积云可伴有阵雨。

10. 积雨云

积雨云常有较强的阵性降水,并伴有大风、雷电等现象,有时还会有冰雹,偶尔有龙卷风产生。

五、降水

云中的水分以液态或固态的形式降落到地面,称为降水(Precipitation)。气象上,从降水形态、降水性质、降水量和降水强度等几方面对降水进行了分类。

1. 降水形态

降水从形态上分为液态、固态和混合降水三种类型。

1)液态降水

(1)雨

雨是强度变化缓慢的滴状液态降水,降下时清楚可辨,落在水面上会激起波纹或水花,落在甲板上可留下湿斑。

(2)阵雨

阵雨是指降雨时大时小,或雨水降下和停止都很突然,一日内降水时间不超过 3 h。

(3)毛毛雨

毛毛雨是指水滴随空气微弱运动飘浮下降,肉眼几乎不能分辨其降下情况,迎面有潮湿感,落在水面上无波纹,落在甲板上只是均匀地湿润甲板而无湿斑。

(4)雷雨

雷雨是指降雨时带有闪电和雷声。

(5)冻雨

冻雨又称雨凇,降雨时因温度突然下降,雨滴冻结在物体上。

2)固态降水

(1)雪

雪是低温条件下水汽直接凝结而成的固态降水,一般为六角形的片状或柱状的结晶体,降水强度变化缓慢。

(2)霰

霰是一种白色的不透明的细小颗粒,落地后会反跳,常见于降雪之前。

(3)阵雪

阵性的雪,其性质、降水云层和阵雨相同。

(4)冰雹

冰雹是指坚硬的球状、锥状或形状不规则的固态降水。雹核一般不透明,外面包有透明的

冰层,或由透明的冰层与不透明的冰层相间组成。冰雹大小差异很大,大的直径可达数十毫米,常伴有强雷暴。

3)混合降水

(1)雨夹雪

雨夹雪是指降下的雪是半融状态,或者雨和雪同时降下的降水现象。

(2)阵性雨夹雪

阵性雨夹雪是指具有阵性特点的雨夹雪。

2.降水性质

降水具有不同性质,通常分为连续性、间歇性和阵性降水三种类型。

1)连续性降水

连续性降水来自雨层云和厚的高层云。通常连续性降水历时长,持续 10 h 以上是常见的,强度没有多大变化。当暖锋通过时,这类降水最典型。

2)间歇性降水

间歇性降水多来自层积云和厚薄不均匀的高层云。其降水强度时大时小,时降时止,但变化很缓慢,云和其他要素亦无显著变化。

3)阵性降水

阵性降水通常来自积雨云、浓积云和不稳定的层积云。其降水强度变化很快,具有骤降骤止,天空时暗时亮,持续时间较短,并常伴有强阵风等特点。如为液态,则时大时小,或雨水降下和停止都很突然,一日内降水时间不超过 3 h;如为固态,则为大块雪花、霰或冰雹。

3.降水量和降水强度

降水(包括近地面凝结出的露水)未经蒸发、渗透、流失,在水平面上所积聚的水层深度,称为降水量,以毫米(mm)为单位表示。单位时间内的降水量,称为降水强度,以毫米/小时(mm/h)或毫米/天(mm/d)为单位表示。

我国气象部门规定的降雨的强度可划分为小雨、中雨、大雨、暴雨、大暴雨和特大暴雨等;同样,降雪的强度可划分为小雪(包括阵雪)、中雪、大雪和暴雪几个等级,分别见表1-3和1-4。

表 1-3　降雨量等级表(单位:mm)

等级 时间 长度	零星小雨	小雨	中雨	大雨	暴雨	大暴雨	特大暴雨	阵雨
12 h 总降雨量	<0.1	0.1~5.0	5.1~15.0	15.1~30.0	30.1~70.0	70.1~140.0	>140.0	12 h 内降雨累积时间小于 5 h,降雨量不超过 15 mm
24 h 总降雨量	<0.1	0.1~10.0	10.1~25.0	25.1~50.0	50.1~100.0	100.1~200.0	>200.0	

表 1-4　降雪量等级表(单位:mm)

等级 时间 长度	零星小雪	小雪	中雪	大雪	阵雪
12 h 总降雪量	<0.1	0.1~1.0	1.1~3.0	>3.0	12 h 内降雪累积时间不超过 5 h,降 雪量不超过 3 mm
24 h 总降雪量	<0.1	0.1~2.5	2.6~5.0	>5.0	

 思考题

1.云的形成和消散条件是什么?

2.说明云的国际分类方法并掌握各类云的缩写符号。

3.说明积状云、层状云和波状云的基本特征及成因。

4.说明降水的主要种类和降水性质。

第二章

船舶海洋水文气象要素的观测和记录

一、概述

1. 观测的意义

船舶海洋水文气象观测是组织海上部分商船和渔船对海洋水文气象要素进行观测、记录并编发电报，以弥补海上测站稀疏、资料不足的状况。同时，船舶可依据自己的观测数据，对气象部门发布的天气预报进行补充订正，得到更切合实际的预报结果，以便于本船更好地完成航行任务。显然做好这项工作可以提高海洋天气预报的准确率，对保障船舶安全航行和其他海上作业都具有十分重要的意义。

2. 观测项目、时次、程序

1) 观测项目

观测项目包括气温、湿度、气压、风、云、天气现象和海面有效能见度等气象项目，以及海浪、表层海水温度、表层海水盐度、海发光和铅直海水温度等水文项目。

2) 观测时次

观测时间一律使用世界时，每天按 00、06、12、18 时观测四次，但表层海水盐度观测要求每天 06 时采样一次，海发光观测要求每天在天黑后进行，铅直海水温度观测要求在每天 00 时和 12 时进行。如遇恶劣天气和海况，风、气压和海浪等项目要求加密到每小时观测一次。

3) 观测程序

每次观测应从正点前 30 min 开始至正点结束，观测程序一般由测船自行安排。气象项目观测应安排在正点前 15 min 内进行，其中气压观测应在接近正点时进行。

遇有船只避让等特殊情况不能准时观测时，可在正点后 30 min 内补测完毕，并在记录表中有关栏内注明。因故无法补测时，应注明原因。

3. 观测基本要求和注意事项

船舶水文气象要素观测必须严格遵守国家海洋局制定的《船舶海洋水文气象辅助观测规范》，以确保获取准确的海洋水文气象情报和资料。观测过程中要求注意以下三方面：

1）同时性

测报人员每日需定时校对观测钟表,使之24 h内误差不大于1 min。

2）代表性

船舶观测所获得的资料应能反映出船舶所在海域的水文气象基本情况。

3）准确性

观测中使用的仪器设备,必须是经国家批准生产的或经国家有关机构鉴定确定质量合格的产品,且在仪器检定的有效期内。严禁使用超检仪器进行观测。超检仪器应由船舶测报管理部门送至指定单位检定。观测前巡视检查仪器设备,定期对仪器设备进行维护保养,发生故障应及时排除或更换,并在记录表备注栏内注明。当仪器设备有故障时,应用备用仪器观测或目测;测报管理部门要建立测船测报工作情况的技术档案,并及时按规定认真填写;各测报管理部门对收集的资料要按规定进行处理并按时上报。

观测记录要用黑笔填写在记录簿上,字迹清楚端正,不要涂改。每次观测后应签名。观测记录要妥善保管,到港后要通知测报管理部门到船取回或者暂交有关部门妥善保管。

二、气温与湿度的观测

1.观测仪器

船上通常用干湿球温度表或船舶数字气象仪观测空气温度和湿度。

干湿球温度表,如图2-1所示,由两支并列安置在同一环境中的构造完全相同的温度表组成,其中一支用来测定空气温度,称为干球温度表;另一支球部缠上润湿的纱布,称为湿球温度表。

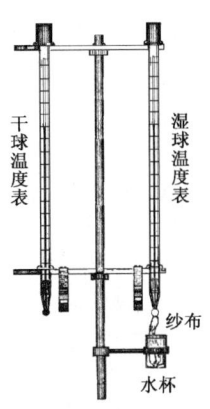

图2-1 干湿球温度表

干湿球温度表应安装在百叶箱内,干球在左,湿球在右,球部距甲板1.5 m高。包扎湿球温度表球部的纱布下部浸到一个带盖的水杯内,杯口距湿球约3 cm,杯中盛蒸馏水,供湿润纱布用。船上因受条件限制,百叶箱一般水平地固定在空气流通、远离热源的驾驶台两侧,箱门方向不得与船头相同。

船舶数字气象仪通常由风向风速传感器、温度湿度传感器、显示器和电缆四部分组成,如图2-2所示。其中温度湿度传感器是测定温度和湿度的关键部分,其结构如图2-3所示。

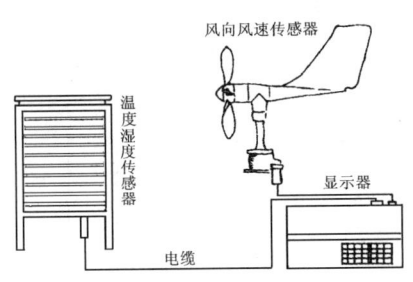

图2-2 XZC2-2型数字气象仪示意图

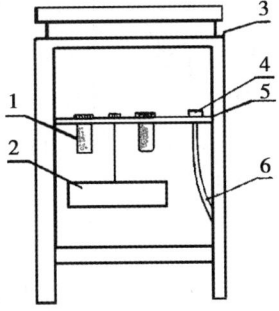

图2-3 温度湿度传感器及百叶箱的结构

1—热电阻;2—水箱;3—百叶箱;4—电缆插座;
5—支架;6—电缆

2.干湿球温度表的测湿原理

干湿球温度表的测湿原理为:当空气中水汽含量未达到饱和时,一方面,湿球因表面水分的蒸发,导致热量消耗从而温度下降;另一方面,湿球表面又从流经湿球的空气中吸取热量。当湿球因蒸发而消耗的热量和从周围空气中获得的热量相平衡时,湿球温度就不再继续下降,这样就维持了相对稳定的干湿球温度差。干湿球温度差值的大小,主要与当时的空气湿度大小有关。空气越干燥,湿球表面的水分蒸发越快,湿球温度降低得越多,干湿球温度差就越大;空气越潮湿,湿球水分蒸发越慢,湿球温度降低得越少,干湿球温度差就越小。因此,我们可以根据干湿球温度值,从理论上推算出当时的空气湿度。在业务工作中,可直接使用湿度查算表(见表2-1),查算水汽压和相对湿度;根据查出的水汽压值,进一步使用露点查算表(见表2-2),查算露点。

表2-1 湿度查算表

t	$t - t'$																				
	0		1		2		3		4		5		6		7		8		9		10
	e	f	e	f	e	f	e	f	e	f	e	f	e	f	e	f	e	f	e	f	e	f
−10	2.6	92	1.6	56	0.6	21																
−9	2.9	93	1.8	59	0.8	26																
−8	3.1	93	2.1	62	1.0	31																
−7	3.4	94	2.3	65	1.3	35	0.2	7			湿											
−6	3.7	95	2.6	67	1.5	39	0.5	12			球											
−5	4.0	96	2.9	69	1.8	43	0.7	17			已											
−4	4.4	97	3.2	71	2.1	46	1.0	22			结											
−3	4.8	97	3.6	73	2.4	50	1.3	27	0.2	4	冰											
−2	5.2	98	4.0	76	2.8	53	1.6	31	0.5	10												
−1	5.6	99	4.4	77	3.2	56	2.0	35	0.8	15												
0	6.1	100	4.9	80	3.7	60	2.5	41	1.4	22	0.2	4										
1	6.6	100	5.3	81	4.1	62	2.9	44	1.7	28	0.6	9										
2	7.0	100	5.8	82	4.5	64	3.3	47	2.1	30	0.9	13										
3	7.6	100	6.3	83	5.0	66	3.7	49	2.5	33	1.3	17										
4	8.1	100	6.8	84	5.5	67	4.2	51	2.9	36	1.7	21	0.5	6								
5	8.7	100	7.3	84	6.0	68	4.7	54	3.4	39	2.1	25	0.9	10								
6	9.4	100	7.9	85	6.5	70	5.2	56	3.9	41	2.6	28	1.3	14								
7	10.0	100	8.6	85	7.1	71	5.8	57	4.4	44	3.1	33	1.8	18	0.6	5						
8	10.7	100	9.2	86	7.8	72	6.3	59	4.9	46	3.6	34	2.3	21	1.0	9						
9	11.5	100	9.9	87	8.4	73	7.0	61	5.5	48	4.2	36	2.8	24	1.5	13						
10	12.3	100	10.7	87	9.1	74	7.6	62	6.2	50	4.8	39	3.4	27	2.0	16	0.7	8				

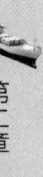

（续表）

t	t-t' 0		1		2		3		4		5		6		7		8		9		10	
	e	f	e	f	e	f	e	f	e	f	e	f	e	f	e	f	e	f	e	f	e	f
11	13.1	100	11.5	88	9.9	75	8.3	64	6.8	52	5.4	41	4.0	30	2.6	20	1.2	9				
12	14.0	100	12.3	88	10.7	76	9.1	65	7.5	54	6.0	43	4.6	33	3.2	23	1.8	13	0.4	3		
13	15.0	100	13.2	88	11.5	77	9.9	66	8.3	55	6.8	45	5.2	35	3.8	25	2.4	16	1.0	7		
14	16.0	100	14.2	89	12.4	78	10.8	67	9.1	57	7.5	47	6.0	37	4.5	28	3.0	19	1.5	10		
15	17.1	100	15.2	89	13.4	78	11.6	68	10.0	58	8.3	49	6.7	39	5.2	30	3.7	21	2.2	13	0.8	5
16	18.2	100	16.3	89	14.4	79	12.6	69	10.8	60	9.2	50	7.5	41	5.9	33	4.4	24	2.9	16	1.4	8
17	19.4	100	17.4	90	15.5	80	13.6	70	11.8	61	10.1	52	8.4	43	6.7	35	5.1	26	3.6	18	2.1	11
18	20.6	100	18.6	90	16.6	80	14.7	71	12.8	62	11.0	53	9.3	45	7.6	37	5.9	29	4.3	21	2.8	13
19	22.0	100	19.9	90	17.8	81	15.8	72	13.9	63	12.0	55	10.2	46	8.5	39	6.8	31	5.1	23	3.5	16
20	23.4	100	21.2	91	19.1	81	17.0	73	15.0	64	13.1	56	11.2	48	9.4	40	7.7	33	6.0	26	4.3	19
21	24.9	100	22.6	91	20.4	82	18.3	73	16.2	65	14.2	57	12.3	50	10.4	42	8.6	35	6.9	28	5.2	21
22	26.5	100	24.1	91	21.8	82	19.6	74	17.5	66	15.4	58	13.4	51	11.5	43	9.6	36	7.8	30	6.1	23
23	28.1	100	25.7	91	23.3	83	21.0	75	18.8	67	16.7	59	14.6	52	12.6	45	10.7	38	8.8	31	7.0	25
24	29.9	100	27.3	91	24.9	83	22.5	75	20.2	68	18.0	60	15.9	53	13.8	46	11.8	40	9.9	33	8.0	27
25	31.7	100	29.1	92	26.5	84	24.1	76	21.7	68	19.4	61	17.2	54	15.1	48	13.0	41	11.0	35	9.1	29
26	33.6	100	30.9	92	28.3	84	25.7	76	23.3	69	20.9	62	18.6	55	16.4	49	14.3	42	12.2	36	10.2	30
27	35.7	100	32.8	92	30.1	84	27.5	77	24.9	70	22.5	63	20.1	56	17.8	50	15.6	44	13.5	38	11.4	32
28	37.8	100	34.9	92	32.1	84	29.3	77	26.7	71	24.1	64	21.7	57	19.3	51	17.0	45	14.8	39	12.7	34
29	40.1	100	37.1	92	34.1	85	31.3	77	28.5	71	25.9	65	23.3	58	20.9	52	18.5	46	16.2	40	14.0	35
30	42.5	100	39.3	93	36.3	85	33.3	78	30.5	72	27.7	65	25.1	59	22.6	53	20.1	47	17.7	42	15.4	36
31	44.9	100	41.7	93	38.5	86	35.5	79	32.5	72	29.7	66	26.9	60	24.3	54	21.8	48	19.3	43	16.9	38
32	47.6	100	44.2	93	41.1	86	37.7	79	34.7	73	31.7	67	28.9	61	26.1	55	23.5	49	21.0	44	18.5	39
33	50.4	100	46.9	93	43.6	87	40.4	80	36.9	73	33.9	67	30.9	61	28.1	56	25.3	50	22.7	45	20.2	40
34	53.3	100	49.7	93	46.2	87	42.9	81	39.8	75	36.1	68	33.1	62	30.1	57	27.3	51	24.6	46	21.9	41
35	56.3	100	52.5	93	48.9	87	45.4	81	42.2	75	38.5	68	35.3	63	32.3	57	29.3	52	26.5	47	23.8	42
36	59.5	100											37.7	63	34.3	58	31.5	53	28.5	48	25.7	43
37	62.8	100											36.9	59	33.7	54	30.7	49	27.7	44		

注：表中 t 为干球温度（℃）；t' 为湿球温度（℃）；e 为水汽压（hPa）；f 为相对湿度（%）。

3.观测方法及注意事项

1）应使视线与温度表水银柱顶端保持同一高度；

2）读数时应屏住呼吸，遮住阳光，迅速准确，先读干球温度，后读湿球温度，先读小数，后读整数，精确到 0.1 ℃；

3）温度读数应按所附检定证书进行器差订正；

4）当湿球纱布冻结时，停止湿球温度的观测；

5）使用测量传感器观测应按照其使用说明，观测干球温度、湿球温度和相对湿度。

4.湿度的查算举例

例 2-1：某日利用干湿球温度表观测温度和湿度，按所附检定证书进行器差订正后的干湿球温度分别为 21.0 ℃和 20.0 ℃，查表求算水汽压、相对湿度和露点温度。

查表 2-1,在横行 $t - t' = 21.0 - 20.0 = 1.0\ ℃$ 和纵行 $t = 21.0\ ℃$ 的交点查出 $e = 22.6\ hPa$,$f = 91\%$;再以水汽压 22.6 hPa 为引数查表 2-2,得露点温度为 19 ℃。

表 2-2　露点查算表

水汽压 e (hPa)	露点 t_d (℃)	水汽压 e (hPa)	露点 t_d (℃)	水汽压 e (hPa)	露点 t_d (℃)	水汽压 e (hPa)	露点 t_d (℃)
1.4	−19	3.5~3.7	−7	7.9~8.4	4	17.7~18.7	16
1.5	−18	3.8~4.0	−6	8.5~9.0	5	18.8~20.0	17
1.6	−17	4.1~4.3	−5	9.1~9.6	6	20.1~21.3	18
1.7~1.8	−16	4.4~4.7	−4	9.7~10.3	7	21.4~22.6	19
1.9	−15	4.8~5.0	−3	10.4~11.1	8	22.7~24.1	20
2.0~2.1	−14	5.1~5.4	−2	11.2~11.8	9	24.2~25.6	21
2.2~2.3	−13	5.5~5.8	−1	11.9~12.7	10	25.7~27.2	22
2.4~2.5	−12	5.9~6.1	0	12.8~13.5	11	27.3~28.9	23
2.6~2.7	−11	6.2~6.3	0	13.6~14.5	12	29.0~30.7	24
2.8~2.9	−10	6.4~6.7	1	14.6~15.4	13	30.8~32.6	25
3.0~3.2	−9	6.8~7.3	2	15.5~16.5	14	32.7~34.6	26
3.3~3.4	−8	7.4~7.8	3	16.6~17.6	15	34.7~36.7	27

三、气压的观测

1.观测仪器

气象台测量气压的标准仪器是水银气压计。船上由于条件限制,观测气压通常使用空盒气压表和能够连续自动记录每时每刻气压的气压计。空盒气压表是利用金属盒的弹性形变与大气压力相平衡的原理制成的,其结构如图 2-4 所示,可分为感应、传动放大和指示三部分。

感应部分是一组有弹性的密闭圆形金属空盒,盒内近似真空,当空盒弹性形变与大气压力相平衡时,空盒就保持一定的形状。传动放大部分能使气压的微小变化通过指针显示出来。指示部分由指针、刻度盘和附属温度表组成,如图 2-5 所示。在空盒底部有一个指针调整旋钮,可校正指针位置,平时不可随便触动,否则将改变仪器整个订正值。

国产空盒气压表应水平安置并固定在温度少变、没有热源、不直接通风处,应有减振装置,并避免太阳光的直接照射。船舶多将空盒气压表放置在驾驶室的海图桌上。

国外生产的空盒气压表可以悬挂在墙壁上使用。

2.观测步骤及注意事项

1)打开盒盖,先读附温,精确到0.1 ℃;

2)用手轻敲一下气压表玻璃面以克服机械摩擦,待指针静止后再读数;

3)读数时视线垂直于刻度面,读取指针尖端所指示的数值,精确到0.1 hPa;

4)读数后,立即进行复读,并且关好盒盖。

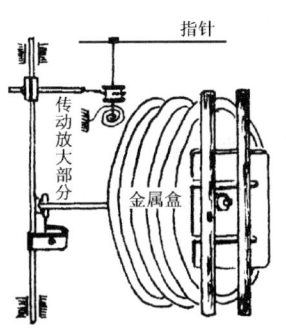

图 2-4 空盒气压表结构原理图

图 2-5 空盒气压表表面

3.读数订正

检定证书

长气字第 0009 号

送检单位 _____

计量器具 ___空盒气压表___

型号规格 ___DYM$_3$___

制 造 厂 ___长春气象仪器厂___

出厂编号 ___1618___

设备编号 ___012___

检定日期 ___2015 年 12 月 16 日___

有效期至 ___2017 年 12 月 15 日___

仪器号码:1618 气压单位:hPa

1.与水银压力表比较得出该表整 10 单位示值修正值如下:

气压	1060	1050	1040	1030	1020	1010	1000	990	980	970
修正值	-0.7	-0.7	-0.7	-0.7	-0.4	0.0	0.0	-0.1	-0.1	0.0
气压	960	950	940	930	920	910	900	890	880	870
修正值	-0.1	-0.2	-0.3	-0.4	-0.4	-0.4	-0.4	-0.4	-0.4	-0.5
气压	860	850	840	830	820	810	800			
修正值	-0.5	-0.8	-1.1	-1.1	-1.2	-1.2	-1.3			

2.温度系数 ___-0.04___ 。

3.测定时环境温度为 ___14.0___ ℃

4.补充订正 ___+0.9___ 。

海上观测的气压读数,需要依据其附带的检定证书,经过以下四项订正才能得到海平面气压:

1）刻度订正

依据所测气压从仪器检定证书上查取相应订正值。

2）温度订正

温度订正是为了订正由温度变化引起的空盒弹性改变而造成的误差。空盒气压表是在0 ℃时与水银气压表校对的，只有该温度时才有正确的读数。订正值 $\Delta P = \alpha \times t$，式中：$\alpha$ 是温度系数，即温度改变 1 ℃时，空盒气压表读数改变值，它可从检定证书上查得；t 为观测到的附属温度。根据《船舶海洋水文气象辅助测报规范》，订正值也可取平均基值 25 ℃乘以由检定证书给出的温度系数。

3）补充订正

补充订正是订正由空盒的残余形变所引起的误差，订正值从检定证书上查得。这种残余形变随时间而变化，因此，空盒气压表必须定期（一般每隔 3~6 个月）与标准水银气压表进行比较，求出空盒气压表的补充订正值。

4）高度订正

经过前三项订正得到的气压即为驾驶室的现场气压，也称本站气压或本船气压。由于在实际工作中近似认为高度每升高 8 m，气压下降 1 hPa，因此高度订正时应加上驾驶室与海平面的气压差值，才能得到海平面气压。通常取高度订正值等于船舶平均吃水线至船上气压表安置处的高度乘以 0.13。

例 2-2：用 1618 号空盒气压表读得附温为 16.5 ℃，气压读数为 990.0 hPa，求本站气压；假定船舶驾驶室距海平面高 24 m，求海平面气压。

（1）刻度订正值从检定证书上查得为 +0.1 hPa；

（2）温度订正值 $\alpha_t = -0.04 \times 16.5 = -0.7$ hPa；

（3）补充订正值从检定证书上查得为 +0.9 hPa；

因此本站气压 $P' = 990.0 + 0.1 + (-0.7) + 0.9 = 990.3$ hPa；

（4）高度订正值为 $24 \div 8 = 3.0$ hPa；

因此海平面气压 $P_0 = 990.3 + 3.0 = 993.3$ hPa。

四、风的观测

风的观测包括风向和风速两项。世界气象组织规定，在有阵风的海面观测记录风时，要采用 10 min 的平均风速及相应的最多风向。我国因测风设备条件所限，采用 2 min 或 1 min 的平均风速及相应的最多风向。风向是指风的来向，海上通常用度数表示，记整数，正北记为0°；风速以 m/s 为单位，记到小数一位。静风时，风速记为 0.0，风向记为 C。

船上测风通常利用船舶气象仪或三杯轻便风向风速表。

1. 利用 XZC2-2 型数字气象仪测风

在前面介绍过的 XZC2-2 型数字气象仪（如图 2-2 所示）组成部分中，风向风速传感器是测定风向和风速的关键部分，其外形是一个类似没有机翼的螺旋桨机体，螺旋桨及尾翼分别是风速和风向的感应部分。在风力作用下，由于尾翼的作用，传感器的头部始终迎着风的来向（即风向），而螺旋桨则同时按左旋方向回转，此时尾翼的方向就是该瞬时的风的去向，螺旋桨转数即反映了该瞬时的风速。风向风速传感器应选择安装在船舶气流畅通、周围无障碍物、便于维修和保养的大桅顶部，安装时应调整风向传感器的 0°与船首方向一致。连接电缆应该牢固地固定在桅杆和所经过的地方。显示器应选择安装在离驾驶室较近、适合观测的位置，并用螺钉固紧。

2.利用三杯轻便风向风速表测风

1）构造

仪器由风向部分（包括风向标、方位盘、制动托套）、风速部分（包括十字护架、风速杯、风速表主体）和手柄三部分组成，如图2-6所示。

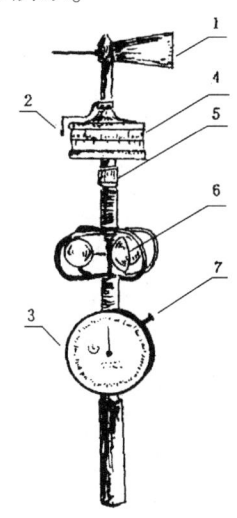

图2-6　三杯轻便风向风速表

1—风向标；2—风向指针；3—风速表刻度盘；4—方位盘；5—制动托套；6—风
速杯；7—启动按钮

2）操作使用

（1）测风时，观测者应站在四周无障碍物的地方，手持仪器，高出头部并保持垂直，风速表刻度盘与当时风向平行；观测者站在仪器的下风方，然后将方位盘的制动托套向下拉并向右转一角度，启动方位盘，使其能自由转动，按地磁子午线的方向稳定下来，注视风向指针约2 min，其最多风向即为观测时的风向。

（2）在观测风速时，待风速杯旋转约0.5 min后，按下启动按钮，启动风速表；待1 min后指针自动停转，再读出风速示值（m/s），将此值从风速检定曲线图中查出实际风速（取一位小数），即得出所测之平均风速。

3.目力测风

当船舶气象仪失灵且无法用其他仪器观测时，必须根据海面状况进行目力测风。测定的风向、风速分别记录在真风向和真风速栏内。

1）风向判定

在离岸较远的海洋上，风浪的来向与风向一致，可用罗经测定风浪的来向作为真风向。

2）风力判定

参照风力等级表中的海面征象进行判定，将判定的风力等级所对应的风速中数值记录在真风速栏内。

4.图解法求真风

在船舶航行时，会产生一种风向与航向相同、风速与船速相等的风，称为船行风，或称船风。这种风的出现使我们在船上用仪器测得的风不是真风（空气对地面的水平运动），而是空

气相对于航行中船舶的水平运动,是真风和船行风两者的合成风,称为视风。视风、船风和真风三者关系如图2-7所示,其公式为:

$$\vec{v}_A = \vec{v}_T + \vec{v}_S$$

式中: $\vec{v}_A$ 表示视风; $\vec{v}_T$ 表示真风; $\vec{v}_S$ 表示船风。

图 2-7 视风、船风和真风三者关系

根据矢量的合成和分解原理,在方格纸上或在海图的罗经花处作图。以方格纸中的一个交点或罗经花的中心为船位点 S,从 S 向与航向相反的方向画船(行)风矢量 SA, SA 的长度表示船速;再从 S 作视风矢量 SB,其长度表示视风速;连接 AB,即为真风矢量,箭头由 A 指向 B 是真风的方向,用量角器从罗经花上可量得真风向,用两脚规量取 AB 的长度,按 SA、SB 同样比例所得到的风速即为真风速。

例 2-3:某船航向 090°,船速 10 kn,测得视风向 055°,视风速 8 m/s,试用图解法求真风。

解:任取一线段 a 作为速度的单位长度 1 m/s,如图 2-8 所示,取一点 S 为船位点,由 S 画船(行)风矢量 SA,方向与船舶运动方向相反, SA 长度由船速决定,船速 10 kn = 5 m/s,故取 $SA = 5a$;再由 S 画视风矢量 SB,视风向为 55°,则视风去向 55°+180° = 235°,即由 S 向 235° 的方向画出视风矢量 SB,其长度为 $8a$;连接 AB 即为真风矢量,箭头由 A 指向 B,用量角器量得真风去向为 198°,故真风向为 18°,用刻度尺量得 AB 长为 $5a$,故真风速是 5 m/s。

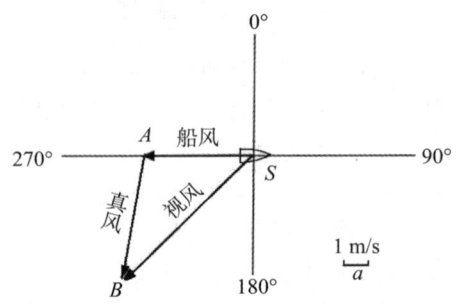

图 2-8 图解法求真风实例示意图

五、云的观测

云的观测主要是判定云状、估计云量和目测最低云的云底高度。云的观测应尽量选择在能看到全部天空和海天线的位置上进行。观测云时,如阳光较强,需戴黑色(或暗色)眼镜,夜间观测时应避开较强灯光。

1.云状的观测和记录方法

云状分为三族十属。观测时,应根据当时云的云底高度、外形特征、结构和色泽,结合所处的纬度、季节、当时的天气现象和云的发展演变过程,参照云图综合判断。

云状按照国际简写字母,分为高、中、低三族记入记录表相应栏内。同族云出现多属时,云量多的云状记在前;云量相同时,记录的先后次序自定。天空无云或某一族无云时,相应栏内为空白;无法判断云状时,相应栏内记"-"。

2.云量的观测和记录方法

云量是指云遮蔽天空视野的成数,即观测者眼睛所看到的视云量。云量的观测包括总云量和低云量。总云量是指观测时天空被云遮蔽的总成数;低云量是指天空被低云所遮蔽的成数。观测时,将全部天空分成 10 等份,全天无云时,总云量记 0;天空有少许云,云量不足 1/20 时,总云量也记 0;天空完全为云所遮蔽时,总云量记 10;天空为云所遮蔽,但从云隙中可见蓝天,则总云量记 10⁻;云占全天 1/10,总云量记 1;云占全天 2/10,总云量记 2,其余依此类推。低云量记录方法与总云量相同。总云量和低云量以分数形式记入记录表相应栏内,总云量为分子,低云量为分母。

天空无云,或者虽有零星云层,但云量不到 2 成时,称为晴;低云量在 8 成以上时,称为阴;中、低云的云量为 1~3,高云的云量为 4~5 时,称为少云;中、低云的云量为 4~7,高云的云量为 6~10 时,称为多云。一般说来,当天空被云掩蔽,颜色发白,地上东西显得明亮时,这种云较高。相反,云色呈灰或灰黑色,显得阴沉,这种云则较低。移动慢的云较高,移动快的云较低。

3.最低云底高度的观测和记录方法

云高是指云底距离海面的垂直高度,在船上一般只用目力估计低云云底高度。观测时,应结合当时的季节、天气条件及不同的纬度进行目测。观测结果以米(m)为单位记入相应栏内。

4.云的夜间观测

夜间应站在没有灯光或灯光比较暗的地方进行观测,根据星光的有无和模糊程度来判断是否有云或有什么云。例如:高云一般都可见星光;卷层云使星光模糊而均匀;卷云使星光有的地方明亮,有的地方模糊。

夜间估计云量时,视星光的能见与否及清晰程度来确定,看不见星光的那部分天空为总云量。夜间在云状和云量能完全确定的情况下,记录方法与白天相同。在不能判断云状时,则估计天空被遮蔽而看不到星光的那一部分作为总云量,云状和低云量栏记"−"。

5.其他特殊情况下的云量、云状的观测和记录

1)当雾使天空的云量、云状无法辨明时,总、低云量记 10,低云状栏内记"≡"。当雾使天空的云量、云状不能完全辨明时,总、低云量记 10,低云状栏内记"≡",可见的云状记相应栏内。

2)当霾使天空的云量、云状全部或部分不明时,总、低云量记"−",低云状栏记"∞",相应栏记录可辨明部分的云状;若透过这些现象能完全辨明云量、云状,则按正常情况记录。

六、海面有效能见度的观测

1.能见度的概念

海面有效能见度的观测,应选择在船上较高、视野开阔的地方进行。视力正常的人能从背景(天空或地面)中识别出具有一定大小的目标物的最大距离,称为能见度(Visibility),以千米(km)或海里(n mile)为单位表示。所谓"能见"就是能将目标物的轮廓从天空或地面背景中分辨出来。

按观测者与目标物所在高度和相对位置,大气能见度可分为水平能见度、斜视能见度和垂直能见度。气象观测中的能见度一般指水平能见度,即水平方向上的有效能见度。所谓"有效能见度"是指四周视野中一半以上范围都能看到的最大水平距离。

能见度的好坏取决于观测者与目标物之间的大气透明度、目标物和它所投影的背景面上的视亮度对比以及观测者的视觉感应能力。大气透明度是影响能见度的直接因子,它随大气及其所含杂质对光的散射和吸收的强弱而变化;间接因子是目标物和它所投影的背景面上的视亮度对比以及观测者的视觉感应能力。

雾是影响能见度最主要的因子,其他如沙尘暴、烟、雨、雪和低云等也能使能见度变得恶劣。例如,在索马里、埃及和几内亚等地沿岸航行时常见因沙尘暴而使海面能见度变坏的情况。

2.海面能见度的等级

根据能见距离的大小,将能见度分成 0~9 共 10 个等级,见表 2-3。能见度好,等级大;能见度差,等级小。但在气候资料和世界各国发布的天气报告中,通常能见度不用等级,而以能见度恶劣(Visibility bad)、能见度不良(Visibility poor)、能见度中等(Visibility moderate)、能见度良好(Visibility good)、能见度很好(Visibility very good)和能见度极好(Visibility excellent)等用语来表示。

表 2-3 海面能见度等级表

等级	能见距离		能见度鉴定	海上可能出现的天气现象
	n mile	km		
0	<0.03	<0.05	能见度恶劣 Visibility bad	特强浓雾
1	0.03~0.10	0.05~0.20		强浓雾或雪暴
2	0.10~0.25	0.2~0.5		浓雾或大雪
3	0.25~0.50	0.5~1.0	能见度不良 Visibility poor	大雾或中雪
4	0.5~1.0	1~2		轻雾或暴雨
5	1~2	2~4	能见度中等 Visibility moderate	小雪、大雨、轻雾
6	2~5	4~10		中雨、小雪、轻雾
7	5~11	10~20	能见度良好 Visibility good	小雨、毛毛雨
8	11~27	20~50	能见度很好 Visibility very good	无降水
9	≥27	≥50	能见度极好 Visibility excellent	空气透明

3.海面有效能见度的观测

海面有效能见度的观测,应选择在船上较高、视野开阔的地方进行。能见度目标物要分布在各个方向、不同距离上。白天应尽可能选以天空等为背景的大小适度的目标物,把勉强可见的目标物的距离(可利用海图等测定)作为能见度。在海洋上,通常以水天线作为目标物进行观测,参照表 2-4。当水天交界线完全看不清楚时,按经验判定。夜间观测时,应先在黑暗处停留至少 5 min,待眼睛适应后,观测远处有一定强度的灯光的能见距离,或根据月光、天黑以前能见度的变化趋势以及当时天气现象和气象要素的变化情况,结合实践经验进行估计。

表 2-4 海面有效能见度参照表

水天线清晰程度	海面有效能见度(km)	
	眼高出海面的高度≤7 m 时	眼高出海面的高度>7 m 时
十分清楚	>50.0	
清楚	20.0~50.0	>50.0
勉强可以看清	10.0~20.0	20.0~50.0
隐约可辨	4.0~10.0	10.0~20.0
完全看不清	<4.0	<10.0

海面有效能见度记录一位小数,能见度不足 0.1 km 时记 0.0。当夜间无星光、无月光而无法进行观测时,相应栏内记"-"。

七、天气现象的观测

天气现象(Weather phenomena)是指发生在大气中或地面上的各种现象,包括降水、视程障碍、大气光象、风暴、积雪、地面凝结和冻结等现象,也包括一些风的特征,它是大气中发生的各种物理过程的综合结果。

现在天气(Current weather)是指在定时观测时或观测之前 1 h 内出现的天气现象。过去天气(Past weather)是指在定时观测之前 6 h 内出现的天气现象。此外,还有一些视区内出现的天气现象应随时观测和记录。在观测天气现象的时间内所观测到的天气现象用相应符号分别记录在现在天气现象栏和过去天气现象栏内。

船舶主要观测记录的天气现象种类及对应符号如表 2-5 所示,其中除前面介绍过的降水和雾外,还包括下列现象:

1.霾

霾是大量极细微的尘粒、烟粒、盐粒等均匀地浮游在空中,使海面能见度小于 10 km 的空气普遍浑浊现象。霾使远处光亮物体微带黄、红色,使黑暗物体微带蓝色。

2.雷暴

雷暴是产生在积雨云中、云与云间或云与地间的放电现象,表现为闪电兼有雷声,有时只闻雷声不见闪电。

3.龙卷

龙卷是一种小范围的强烈旋风,从外观看,是从积雨云(或发展很盛的浓积云)底盘下垂的一个漏斗状云体。

4.沙尘

沙尘是大风扬起大量的沙粒、尘土等均匀地浮游在空中,使水平能见度减小的空气浑浊现象。一般将水平能见度小于 1 km 的沙尘天气称为沙尘暴;在 1~10 km 的沙尘天气称为扬沙;大于 10 km 的沙尘天气称为浮尘。

表 2-5　天气现象种类及对应符号

天气现象	符号	天气现象	符号	天气现象	符号
晴天(云量在 1/4 以下)	○	阵雨	▽̇	雾	☰
半晴(云量为 1/4~1/2)	◐	雷雨	↯	轻雾	☰
云天(云量为 1/2~3/4)	◫	雪	✳	露	⊥⊤
阴天(云量在 3/4 以上)	⬭	阵雪	⛇	霾	∞
天气阴恶	∪	冰雹	▲	龙卷	)(
雨	●	雨夹雪	✳̇	雷暴	↯
毛毛雨	୨	阵性雨夹雪	⛇	沙尘暴	⚡

八、海浪的观测

海浪是船舶海洋水文气象观测的重要项目之一,采用目测的方法进行观测。观测点应选择在视野开阔处,测报规定观测项目包括风浪高、涌浪高和涌浪向。

1.浪高的观测和记录

浪高是指相邻的波峰与波谷间的垂直距离。浪高的单位为米(m)。观测浪高时首先根据浪的特性,区分出风浪和涌浪,各挑选较远处 3~5 个显著大波,分别取平均值作为风浪和涌浪的波高值,精确到 0.1 m,记入风浪和涌浪栏中。若没有风浪或涌浪,栏中为空白。

观测浪高时可利用船体吃水线至甲板的距离作为测定浪高的参考标尺。若波长大于船长,可在船处于波谷时观测前后的波峰高度,以相当于船身高度的倍数(或几分之一)来确定浪高。观测时,如果船体发生倾斜,则应将通过上述过程测得的浪高进行适当的倾角订正。

在实际工作中,根据浪高大小将海浪分为 10 个等级。各浪级名称和对应的浪高如表 2-6 所示。

表 2-6　浪级表

浪级	风浪名称	浪高(m)
0	无浪 Calm-glassy	0.0
1	微浪 Calm-rippled	<0.1
2	小浪 Smooth-Wavelets	0.1~0.5
3	轻浪 Slight	0.5~1.25
4	中浪 Moderate	1.25~2.5
5	大浪 Rough	2.5~4.0
6	巨浪 Very rough	4.0~6.0
7	狂浪 High sea	6.0~9.0
8	狂涛 Very high sea	9.0~14.0
9	怒涛 Phenomenal sea	>14.0

2.涌浪向的观测和记录

涌浪向是指涌浪传来的方向,其单位为度(°)。观测涌浪向时用罗经上的方位仪,使瞄准线平行于离船较远、浪高较大的涌浪波峰线,然后转动 90°,使其对着涌浪来向,则指针读数即为涌浪来向。需要说明的是,海面上可能同时存在从几个方向传来的涌浪,按规定只对其中浪高最大的那列涌浪进行观测。

九、表层海水温度的观测和水样采集

表层海水温度是指海水表面与 0.5 m 深处之间的海水温度,以摄氏度(℃)为单位。

1.表层海水温度的观测和记录

表层海水温度采用表层水温表进行观测。表层水温表是一支安放在金属(或塑料)套管中的普通水银温度表,最小刻度为 0.2 ℃。观测时,先将帆布桶放入海水中感温 1 min 后采水提上,把水温表放入桶中搅动感温 2 min 后读数,读到小数一位。先读小数,后读整数,记在相应栏内。

2.注意事项

1)采水应避开船只排水孔处；

2)冬季采水时,不要把冰块采入或让雪球落入桶中；

3)读数时,应将温度表倾斜,使眼睛与水温表的水银柱头保持在同一水平面上；

4)夜间观测时,应将水温表置于眼睛与光源之间进行读数,尽量不要把水温表提出帆布桶,如实在非提出不可,应保留水杯中的海水；

5)观测完毕,应将水温表和帆布桶用淡水冲洗后放妥；

6)水温表应定期拆卸清洗,以保持刻度清晰和感应部分的清洁；

7)水温表应每 3 年检定一次。

3.水样采集

1)远洋船在返航时,每天 06 世界时观测完表层水温后采集水样一瓶；

2)采用密封性能好的样品瓶,用帆布桶采水,每次采集量至少为 250 mL；

3)装样品时,先倒净瓶中剩余海水,用现采海水冲洗样品瓶及瓶塞两遍,然后灌入海水样品,盖紧瓶塞,记下瓶号；

4)海水样品必须放在室内温度 0 ℃以上的阴暗处,待到港后交至测报管理部门；

5)在特殊情况下,无法采集水样要注明原因。

十、海发光的观测

海发光是指夜间海面出现的浮游微生物的发光现象。观测时站在背光的黑暗处,注视海面浪花或航行航迹浪花上的发光现象。

十一、航海日志内气象海况记录的填写

无论是在航行、抛锚或靠泊中,远洋运输船舶都要保持航海日志的连续记录。对于未参加气象机构统一组织的船舶测报工作的船舶,水文气象观测记录的项目与时次与本章前面介绍的略有不同。

目前在航海工作中,不同的船籍国对航海日志的填写内容要求有稍许差异。通常航海日志需要填写的气象海况记录内容有天气现象、能见度、气压、气温、海水温度、风、云和波浪等。值班驾驶员每次下班前进行观测和记录。根据我国 GB 18093—2000 标准的规定,船舶在航行时每2 h记录一次,停泊期间每日 0800/1200/1600 时各记录一次,必要时(如气象、海况不良或恶劣时)应增加观测和记录次数。具体观测和记录方法如下:

1.天气现象的观测和记录

在中版航海日志中,值班驾驶员填写观测到的天气现象所对应的天气符号;在英版航海日志中,填写天气现象所对应英文单词的第一个字母。例如阴天,在中、英版航海日志中分别填写⊕和字母 O,O 即为阴天所对应的英文单词 Overcast 的第一个字母。

2.能见度的观测和记录

能见度的观测方法与本章前面介绍的方法相同。值得注意的是,在航海日志里需要填写能见度等级,而不是航海上常用的以海里为单位的数值。

3.气压的观测和记录

根据驾驶室空盒气压表的读数,经过相应的订正,填入航海日志,一般精确到整数位,单位是百帕或毫巴。需要引起重视的是,有时船舶驾驶员记录气压时没有进行相应的订正,就直接把气压表的读数填写到航海日志中,这种记录方法是错误的,应该加以改正。

4.气温的观测和记录

通常船舶驾驶台两侧各安装一个干湿球温度表,观测时应该选择下风舷或背太阳一侧的干湿球温度表,观测方法与本章前面介绍的相同。记录单位为摄氏度,船上一般精确到个位数。

5.海水温度的观测和记录

目前大多数船上已经停止了对海水温度的观测,对此项的记录也不做要求;如需要记录这一项,驾驶员一般通过机舱来获取海水的温度,但机舱显示的温度是冷却海水温度,并不是距离海面 1.5 m 深的海水温度。

6.风的观测和记录

目前船舶主要利用风向风速仪进行风的观测,风向和风速的观测记录方法与本章前面介绍的相同。目前很多船上的风向风速仪可以直接显示真风,不需要人工测算真风。

7.云状和云量的观测和记录

云状和云量的观测与记录方法与本章前面介绍的方法相同,云状记入对应的符号,云量记入对应的数字。某些公司的英版航海日志中已经取消了此项的记录。

8.波浪的观测和记录

波浪的观测方法与本章前面介绍的方法相同。在航海日志中,船上多以 8 方位法填写浪向,根据浪级表记录波浪的等级。

气象海况记录的填写举例如下:某日接近船时 1200LT,三副在航海日志中填写气象海况记录准备交班,观测资料为阴天,能见度为 7,气压为 1009 hPa,西北风 4 级,干湿球温度表读数分别为 6.2 ℃ 和 5.8 ℃,天空全部被高层云覆盖,轻浪,浪向西北。气象海况记录的填写如表2-6 和表 2-7 所示:

表 2-6　中版航海日志气象海况记录的填写

观测时间	天气现象	能见度	气压	气温		海水温度	风		云		波浪	
				干	湿		向	级	状	量	向	级
0900												
1000												
1100												
1200	⦵	7	1009	6.2	5.8	/	NW	4	As	10	NW	3

表 2-7　英版航海日志气象海况记录的填写

HRS	MIN	WIND		STATE OF				BAROMETER MB
09		Dir	Force	SEA	SKY	VIS	Air Temp	
10								
11								
12	00	NW	4	3	O	7	6.2/5.8	1009

思考题

1.简述船舶水文气象要素观测的项目、时次和程序。

2.利用干湿球温度表测湿度的原理是什么?

3.计算海平面气压需要哪几项订正?

4.简述真风、视风和船风的概念以及真风的求法。

第三章

大气环流

第一节　概述

一、大气环流概述

　　大气运动的形式多种多样,其空间尺度和时间尺度也不相同。一般把水平尺度在2000 km以上的大气运动称为大尺度运动,也称行星尺度运动。大气环流(General circulation),就是一种全球性行星尺度的大气运行现象,它活动的水平空间范围在几千千米以上。大气环流反映了大气运动的基本状态和基本特征,是各种不同尺度大气运动的基础,各种特定的天气过程都是以某种大气环流状态为背景的。大气环流既存在平均状况也存在瞬时状况,因此,它不仅决定各地区气候的形成及特点,同时还决定各地区的天气类型。

　　大气环流是在热力因子和动力因子的共同作用下形成和维持的。热力因子主要是指太阳辐射随纬度的分布不均匀。动力因子主要包括地球自转、海陆分布和大地形起伏等。其中热力因子是影响大气环流形成和维持的最基本的因子,是大气环流产生的原动力。

1.单圈环流

　　假定地球不自转,且被等深的海水所覆盖,无海陆之分,无地形起伏,忽略其他因子的影响,只考虑单一热力因子的作用,而形成的在赤道和极地之间南北向闭合的热力环流称为单圈环流。

　　由于太阳辐射随纬度分布不均匀,造成地表气温随纬度分布不均匀,赤道地区气温高,空气膨胀上升,极地地区气温低,空气冷却堆积下沉,因此在近地面层,赤道地区形成低压,称为赤道低压带;极地地区形成高压,称为极地高压带,空气自极地流向赤道。赤道地区单位气压高度差大,而极地地区单位气压高度差小,从而造成赤道上空的气压高于极地上空同一高度的气压,高空气流由赤道上空流向极地上空。这样,在赤道和极地之间就形成了南北向的单圈环流,如图3-1所示。

2.三圈环流

　　考虑地球自转的影响,仍假定地表性质均匀,则单圈环流发生改变,如图3-2所示。

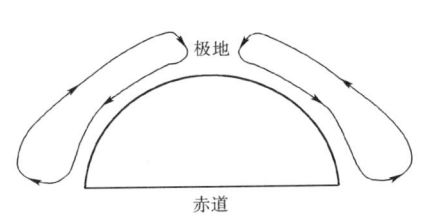

图 3-1　单圈环流示意图

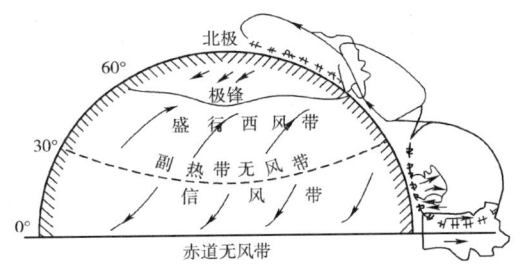

图 3-2　三圈环流示意图

1）低纬度环流圈

当空气由赤道上空向极地流动时,空气基本上沿水平气压梯度方向平行于经圈运行。随着纬度的增加,地转偏向力逐渐增大,气流逐渐向东偏转。在纬度 30°附近,气流逐渐转向纬圈方向,这样就阻碍了自低纬度向高纬度流去的气流继续流动,使空气在此堆积,从而形成一个自上而下深厚的高压带,称为副热带高压带。在近地面层空气自副热带高压带向四周流散,其中向低纬度方向流去的气流在地转偏向力的作用下,在北半球形成东北信风带,在南半球形成东南信风带,信风气流正好补偿了赤道地区上升的空气,于是在低纬度地区形成了一个闭合的经向环流圈,称为低纬度环流圈。

2）中纬度环流圈

在近地面层,自副热带高压向极地方向流去的暖湿气流在地转偏向力的作用下,形成盛行西风带。极地高压辐散的干冷气流在地转偏向力的作用下,形成极地东风带。西风气流与东风气流在纬度 60°附近相遇,由于这两支气流的温度不同,暖湿气流被干冷气流抬升,于是在地面上形成副极地低压带。低压上升气流的一部分流向低纬度,与副热带高压的下沉气流形成的闭合环流称为中纬度环流圈。

3）高纬度环流圈

副极地低压带上升气流的一部分向极地流去,与极地高压的下沉气流和极地东风形成的闭合环流称为高纬度环流圈。

以上即为经圈剖面的罗斯贝三圈环流模式,由此形成了地表的气压带和行星风带。低纬度和高纬度两个环流圈,由于气流流动情况与单圈环流类似,同为暖处上升、冷处下沉,因此一般称之为正环流。而中纬度环流圈,气流流动情况与单圈环流不同,为冷处上升、暖处下沉,因此一般称之为反环流。

第二节　大气活动中心

一、地面气压带和行星风带

从三圈环流的分析得知,在地表性质均匀的情况下,近地面层中由赤道向极地依次出现了赤道低压带、副热带高压带、副极地低压带和极地高压带四个气压带。与此相应,形成了赤道无风带、信风带、副热带无风带、盛行西风带和极地东风带五个行星风带,如图 3-3 所示。

1.地面气压带

1）赤道低压带平均位于南北纬 10°范围内,随季节南北移动。其气候特征是:对流强、平

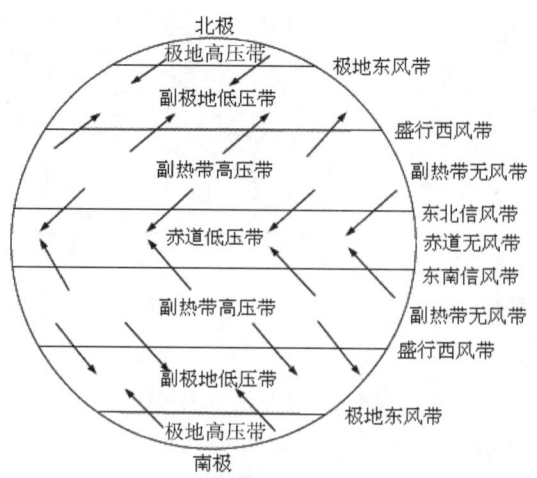

图 3-3　地面气压带和行星风带

流弱、温度高、湿度大、风小、风向不定、天空多积状云、常有阵雨或雷雨。

2）副热带高压带平均位于南北纬 30°附近,其气候特征是:多下沉气流、天气晴朗少云、温暖、微风、能见度良好,陆上干燥、海上潮湿。

3）副极地低压带平均位于南北纬 60°附近,其气候特征是:常出现锋面和气旋,风大、天气恶劣。

4）极地高压带位于两极附近,其气候特征是:终年气压高,干燥、寒冷。

2.行星风带

1）赤道无风带位于赤道附近南北纬 5°之间的地带,地转偏向力非常小,地面风力微弱、对流旺盛、云量多、常有雷雨,这个区域称为赤道无风带。

2）信风带位于副热带高压带与赤道低压带之间,北半球吹东北信风,南半球吹东南信风,常在赤道地区辐合。信风带的气候特征是:风向常年稳定少变,风力一般为 3~4 级,天气晴朗干燥,能见度好。

3）副热带无风带在纬度 30°~35°副热带高压东西向脊线两侧,地面时常微风或无风,气流下沉运动强,下沉增温,闷热少雨。

4）盛行西风带位于副热带高压带与副极地低压带之间。在北半球低层吹西到西南风,在南半球低层吹西到西北风。高空多槽脊活动,地面多锋面和气旋,天气复杂多变。在南半球西风带中,常年盛行强劲的西风,风向稳定、风力很大,故有"咆哮西风带"之称。

5）极地东风带位于极地高压带与副极地低压带之间,北半球吹东到东北风,南半球吹东到东南风。因为地转偏向力的作用比较显著,所以这一地区地面风向以东风为主。空气干冷,天气晴朗少云为主。

二、地面平均环流和大气活动中心

上述地面气压带和行星风带是在假定地表性质均匀的情况下形成的,实际情况因海陆分布、地形起伏而变得非常复杂,理想的气压带和风带均受到不同程度的干扰或破坏。在南半球,因为陆地面积较小,地球表面相对比较均匀,所以气压分布基本呈带状;在北半球,由于陆地面积较大,海陆热力性质差异显著,带状结构受到很大破坏,并且夏季与冬季的气压分布也明显不同,相应的大气水平环流亦有较大差别。

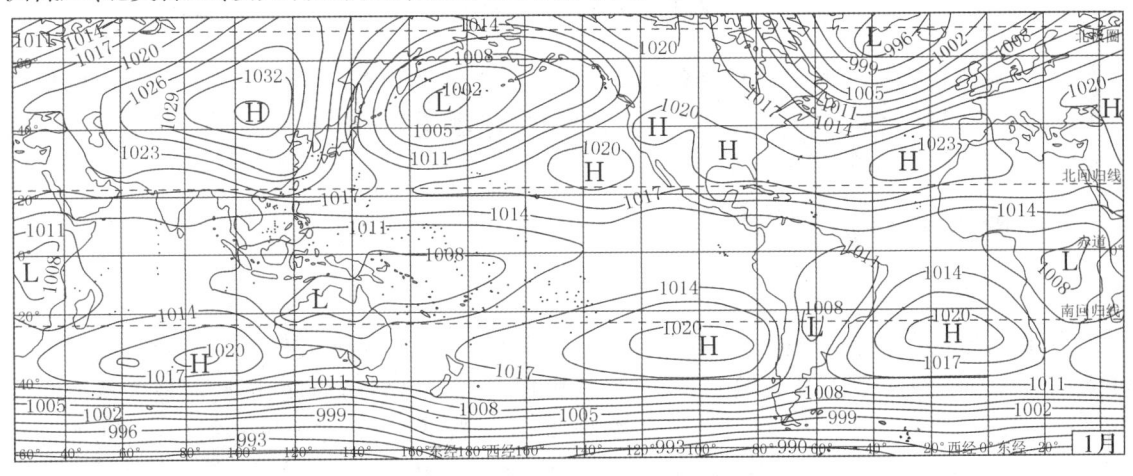

海陆热力性质差异表现在三方面:①辐射性质差异:太阳辐射在陆地只限于一个薄层内,而在海洋里可以达到几十米深。因此,陆地上的温度远比海洋上的温度对太阳辐射敏感得多。②热容量差异:海水的热容量是陆地的热容量的 2 倍,海洋升温和降温速度远小于陆地。③海水具有流动性:海水的流动使热量在较大的范围和较深的层次内均匀分布。

在海陆热力性质差异的影响下,冬季陆上气温低,海上气温高,陆地高压发展,而海洋则为低压控制。夏季,则相反,陆地低压发展,海洋为高压控制。

分析月平均海平面气压图可以看到,全球经常存在着 7~8 个巨大的高、低压区,通常称之为大气活动中心。大气活动中心的形成与下垫面有很大关系。北半球海陆交错,大气冷热源受下垫面影响有巨大的季节变化,所以大气活动中心也随季节有很大变化;南半球陆地面积较小,大气活动中心则相对较为稳定。

全年始终都存在的大气活动中心称为永久性大气活动中心;随季节而改变的称为半永久性大气活动中心。

自北向南,永久性大气活动中心主要有冰岛低压、阿留申低压、北大西洋副热带高压(又称亚速尔高压)、北太平洋副热带高压(又称夏威夷高压)、赤道低压、南大西洋副热带高压、南太平洋副热带高压、南印度洋副热带高压、南半球副极地低压、南极高压。

这些永久性大气活动中心中,除南极高压外,其余主要位于海上。南极大陆由于终年积雪、气温较低,因此一年四季都是高压。

1 月份多年平均海平面等压线图(见图 3-4)显示:1 月份半永久性大气活动中心主要有亚洲高压(又称西伯利亚高压或蒙古高压)、北美高压(又称加拿大高压)、澳大利亚低压、南美低压和南非低压。

7 月份多年平均海平面等压线图(见图 3-5)显示:7 月份半永久性大气活动中心主要有亚洲低压、北美低压、澳大利亚高压、南美高压和南非高压。

图 3-4　1 月份多年平均海平面等压线图

对图 3-4 分析可知:①北半球冬季亚洲高压比北美高压强得多,中心强度为 1036 hPa,北美高压中心强度仅为 1023 hPa;②北半球冬季阿留申低压和冰岛低压发展强盛,阿留申低压中心气压值为 1002 hPa,而冰岛低压中心气压值为 996 hPa;③北半球冬季海上副热带高压范围甚小,位置偏南,强度较弱。

对图 3-5 分析可知:①北半球夏季出现在亚洲南部的印度低压和出现在北美西南部的北美低压中心强度发展强盛,中心强度分别为 999 hPa 和 1011 hPa;②北半球夏季原在海洋上势

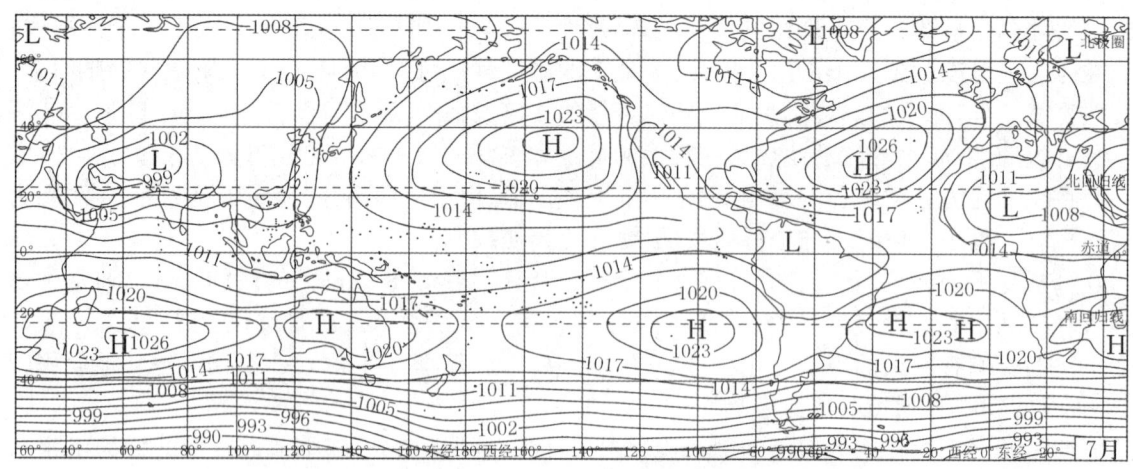

图 3-5　7 月份多年平均海平面等压线图

力很强的阿留申低压和冰岛低压仍然存在,但强度已大为减弱,位置偏北;③北半球夏季海洋上的副热带高压强度增强,范围扩大,位置北移,几乎占据整个北大洋;④南半球海上副热带高压与陆上高压连在一起,呈带状分布,几乎环绕全球,中心气压值超过 1020 hPa。

大气活动中心的介绍未提及北极地区,这是因为冬季北半球冷极出现在格陵兰岛和西伯利亚,北极地区一半为低压区,一半为高压区。低压区连接冰岛低压与阿留申低压,高压区连接北美高压与西伯利亚高压。夏季北极亦无闭合气压系统,主要与北美北部的低压区相连,所以北极地区没有单独的大气活动中心。

第三节　季风

通常,将大范围地区风向随季节有规律转变的盛行风称为季风(Monsoons)。季风的形成及分布主要与海陆分布、行星风带的季节性位移和大地形的影响等因素有关。随着季风的改变,天气和气候的特点也跟着发生变化。

一、季风的成因

1.海陆季风

海陆季风主要是由海陆热力性质差异引起的。夏季,海洋温度较低,而陆地温度较高,海洋上副热带高压加强,陆地上出现低压,水平气压梯度由海洋指向陆地,因此形成了从海洋吹向陆地的夏季季风,如图 3-6(a)所示。冬季,陆地温度较低,而海洋温度相对较高,陆地上形成高压,而海洋上主要为低压所控制,水平气压梯度由陆地指向海洋,因此形成了从陆地吹向海洋的冬季季风,如图 3-6(b)所示。

海陆季风与海陆热力性质差异有关,因此,凡是海陆之间温差大的地方,海陆季风强盛。全球季风最强的区域在热带和副热带之间,这是因为:①在赤道附近海陆温度差异终年都很小,因此海陆季风较小;②在中纬度以上地区,气旋活动频繁,风向变化复杂,季风现象不显著。

2.行星季风

由于行星风带随季节的南北移动而形成的季风称为行星季风。地球上的五个行星风带,

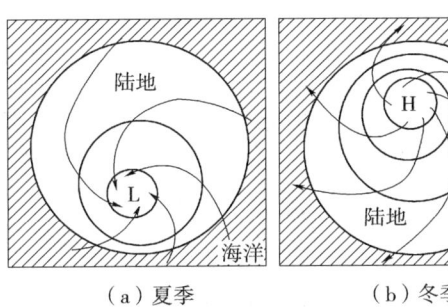

（a）夏季　　　　　　（b）冬季

图 3-6　海陆季风形成示意图

在北半球夏季向北移动,在南半球夏季向南移动,风带边缘地区的风向随冬夏的改变可能会发生约 180°的转向变化,从而形成季风。

例如:7 月,气压带和行星风带北移,赤道辐合带全部到达北半球,一般位于 10°N ~ 15°N 以北;南半球的东南信风越过赤道,在 10°N ~ 15°N 以南地区转向成为西南季风。南亚地区,受陆地高温影响,赤道辐合带甚至移到 25°N 以北,西南季风出现的范围更广。1 月,气压带和行星风带南移,除大西洋外,赤道辐合带移到赤道以南,到达 10°S ~ 15°S;北半球的东北信风越过赤道,在 5°S ~ 10°S 这一狭长地带的大部地区,转向成为西北季风。

就纬度而言,行星季风在赤道和热带地区最明显,因此常称之为赤道季风或热带季风。行星季风区域基本呈带状分布,可以发生在沿海、内陆以及大洋中部。

3.大地形的作用

大地形对季风的形成和强度的影响既包括动力因素,也包括热力因素。例如:青藏高原的平均高度是 4 km,东西宽约 3000 km,南北长约 1600 km。这样一个面积庞大的高原凸出在自由大气层中,除引起动力作用外,它在夏季的热源作用和冬季的冷源作用都是不可忽视的。它的存在对维持和加强南亚夏季季风起了重要作用,是南亚夏季西南季风强盛的重要原因之一。冬季由于其阻挡作用,冷空气进入南亚后强度明显减弱,因此,南亚冬季季风强度较弱。

实际上,某一地区的季风往往是由特定的海陆分布、行星风带的季节性位移和地形起伏等多种因素共同作用的结果。例如,温带和副热带季风的形成除海陆热力性质差异的作用之外,往往还包含行星风带季节性位移的作用;而赤道和热带季风的形成除行星风带季节性位移的作用之外,也包含海陆热力性质差异的作用。较大的地形常常是改变季风强度和方向的不可忽视的因素。此外,各地区由于所处纬度和地理条件等的不同,季风的强度、特点也各有所异。

二、季风区在世界各地的分布

季风区在世界各地的分布很广,如图 3-7 中阴影部分所示,亚洲的东部和南部、东非的索马里沿岸、西非的几内亚沿岸、澳大利亚北部、北美东南沿岸和南美巴西东部沿岸,都是比较著名的季风区,其中以亚洲的季风最为显著、强盛。

1.亚洲的季风

亚洲大陆幅员辽阔,向南伸展的纬度很低。亚洲的季风分布范围很广,如图 3-8 所示,其中东亚和南亚一带季风的成因和气候特征有很大区别。

1）东亚季风

东亚季风影响的范围包括我国东部、朝鲜、日本等地区和附近海域。冬季季风期间盛行偏

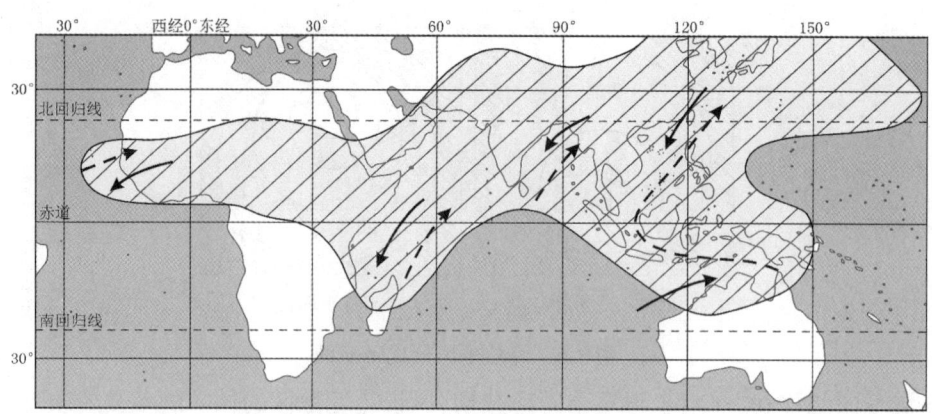

图 3-7　世界上主要季风区的分布

北风,各地冬季季风风向由北向南依次为 NW、N、NE 风。例如,渤海、黄海、东海北部和日本海附近海面多为 NW 风;东海南部和南海多为 NE 风。风力一般为 5~6 级,寒潮南下时,最大风力可达 8~12 级。夏季季风期间盛行偏南风,在中国东部和日本附近洋面吹 SE 风,在华南沿海、南海和菲律宾附近多为 SW 风。夏季季风强度比冬季季风弱,海上风力一般为 3~4 级。

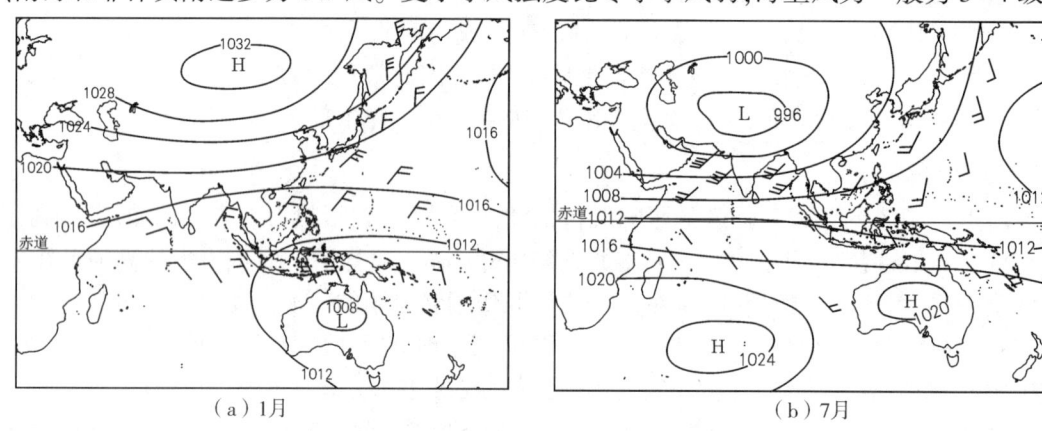

（a）1月　　　　　　　　　　　　　　（b）7月

图 3-8　冬季季风与夏季季风示意图

东亚季风主要是因海陆热力差异而形成的,是世界上最强盛的海陆季风。东亚位于世界上最大的大陆——亚欧大陆的东南部和世界上最大的海洋——太平洋之间,这里气温梯度和气压梯度的季节变化比其他任何地区都显著。冬季,西伯利亚高压盘踞着亚欧大陆,寒潮和冷空气不断爆发南下,高压前缘的偏北风就成为亚洲东部的冬季季风。夏季,亚欧大陆为热低压所控制,同时西太平洋副热带高压北上西伸,这两个高、低压之间的偏南风成为伸向亚洲东部的夏季季风。

东亚季风对我国东部、朝鲜和日本等地的天气和气候影响很大。当冬季季风盛行时,风自陆地吹向海洋,因此这些地区具有低温、干燥和少雨的气候特征;当夏季季风盛行时,风自海洋吹向陆地,所以这些地区表现为高温、潮湿、多雨和多雾的气候特征。

2)南亚季风

南亚季风是世界上最强盛、影响范围最广的季风,季风区域主要包括北印度洋及其周围的东非、西南亚、南亚、中南半岛和东南亚一带,并与东亚季风区域相连。南亚季风以印度半岛和北印度洋表现最显著,因此,又称印度季风。夏季季风期一般从 5 月开始,盛行西南风;从 7 月初至 8 月末,风力达到最强;9—10 月,风力逐渐减小。冬季季风期自 11 月至次年 4 月,盛行东北风。

南亚季风形成的最主要原因是行星风带的季节性位移,此外海陆热力差异和青藏高原大地形的作用也是两个重要的因素。

夏季,气压带和行星风带北移,南半球的东南信风越过赤道进入北半球,受地转偏向力的作用逐渐转变为西南风。与此同时,亚洲南部大陆增温强烈,形成高温低压区,低压中心位于印度半岛北部,而此时南半球为冬季,澳大利亚高压发展,并与南印度洋副热带高压合并加强,位置偏北,使这一地区由南向北的气压梯度加大;南来气流跨越赤道后,受北半球地转偏向力的作用,形成西南风。另外,印度半岛的岬角效应和青藏高原大地形的存在对维持和加强西南风起到了重要的作用。以上四方面的因素造成了夏季的西南风特别强大,北印度洋尤其显著。北印度洋夏季是世界海洋上最著名的狂风恶浪区之一,一般从5月份起,小型船只就停止在该海区航行,从7月初至8月末,风力常达8~9级甚至9级以上,并伴有暴雨,给船舶的安全航行造成一定困难。

冬季,行星风带南移,赤道低压带移到南半球,亚洲大陆高压强大,其南部的东北风就成为亚洲南部的冬季季风。因为亚洲南部远离大陆高压中心,并有青藏高原的阻挡,再加上印度半岛面积相对较小,纬度较低,海陆之间气压梯度较小,所以,冬季季风不强。自11月至次年4月,北印度洋在东北季风的控制下,风力一般为3~4级,被称为北印度洋航海的"黄金季节"。在冬季季风最盛期,季风区可越过赤道转变为西北季风,可影响到10°S以北的海域。

南亚季风和东亚季风一样也是冬季干燥,夏季潮湿,但是它和东亚季风有一个明显差别,即它的夏季季风比冬季季风强。

综上所述可知,东亚季风与南亚季风的主要成因不同,性质也不同,从两区的季风气候特点来看,主要有以下几方面的差别。

①南亚由于北面有喜马拉雅山脉和青藏高原的屏障,冬季季风并不明显,夏季季风强于冬季季风;东亚冬季则受北方冷空气的影响强烈,冬季季风强于夏季季风。

②南亚夏季季风来得很快,气象学上称之为季风爆发,表明它迅速到来。东亚夏季季风到来很慢,4月初夏季的东南季风已见于广东沿海,但到6月底才到达华北北部和东北地区;相反,东亚冬季季风却来得很快,大约不用一个月,即能从渤海扩展到南海。

2.其他地区的季风

1)澳大利亚北部、印度尼西亚和新几内亚岛(伊里安岛)的季风

澳大利亚北部、印度尼西亚和新几内亚岛(伊里安岛)一带的季风,远比亚洲季风弱,夏季季风期间盛行西北风,冬季季风期间盛行东南风,季风形成的主要原因是行星风带的季节性位移和海陆热力差异的影响。西北季风期潮湿多雨,澳大利亚西北沿岸常出现雷暴天气,可以观测到短时5~8级大风和阵雨。

2)西非的季风

从塞内加尔到塞拉利昂的西非沿岸,有西南季风与东北季风交替的现象。夏季东南信风越过赤道变成西南季风,控制着75°W以东、15°N以南的低纬度地区。在塞内加尔约有4个月(5—8月)的西南季风期,其余时间为东北季风。塞内加尔以南西南季风持续的时间加长,到几内亚的西非海岸,几乎一年四季都被西南风所控制。这里的西南季风与印度的西南季风相似,潮湿多雨,在它的控制下是雨季;东北季风来自陆地,干燥少雨,在它的控制下是旱季。

3)北美的季风

在北美大陆南岸和东岸具有类似季风的风向转换现象,但除得克萨斯地区外,并不十分明

显。得克萨斯冬季(10月—次年4月)吹北风,这种风有时十分强大而且寒冷,爆发时能影响到墨西哥沿岸;夏季吹南风。在北美大陆东岸和西北大西洋冬季盛行西北风,而在夏季转为西南风,冬夏风向转变不甚明显。

4)南美的季风

在南美洲,只有巴西东海岸有较明显的季风,从布朗库角到南回归线,7月份为东南风,1月份则为东北风或东风。

第四节 局地环流

由于局地的海陆热力性质差异或地形起伏等热力或动力因素而引起的一定地区的特殊环流,如海陆风、山谷风等,称为局地环流。

一、海陆风

在沿海地区近地面层,白天风由海洋吹向陆地,形成海风;夜间风从陆地吹向海洋,形成陆风。这种随着昼夜交替而有规律变化的风,称为海陆风(Sea and land breeze)。

海陆风是一种因为海陆热力性质差异而形成的小范围的环流,如图3-9所示。在近地面层,白天,由于陆地增热比海洋快,陆上气压低于海上气压,气压梯度由海洋指向陆地,所以形成海风,在某一高度以上风又从陆地吹向海洋;夜晚,由于陆地散热冷却比海洋快,陆上气压高于海上气压,气压梯度由陆地指向海洋,所以形成陆风,在某一高度以上风又从海洋吹向陆地。海风和陆风的转换时间随地区和天气条件而异。通常,海风始于8—11时,到13—15时最强,日落后明显减弱,20时后转为陆风。如果阴天,海风出现的时间要向后延迟,有时到中午12时左右才出现,强度也明显减弱。在海陆风交替时可暂时出现静风,因此在低纬度地区,特别在傍晚无风时,使人有异常闷热之感。

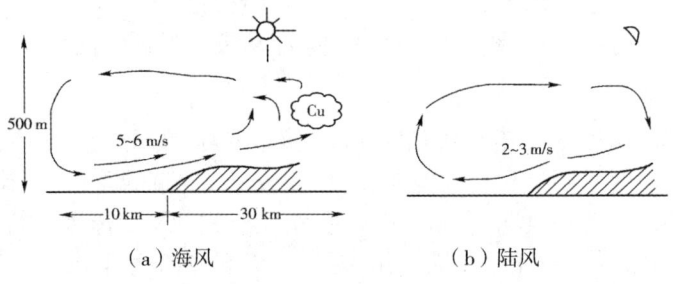

（a）海风　　　　　　　　　　　（b）陆风

图 3-9　海陆风

海陆温差越大,海陆风发展越强。在地面气温日较差大的地区和季节,海陆风现象明显。在低纬度地区,一年四季均可出现;在中纬度地区,海陆风主要出现在夏季;在高纬度地区,只有在夏季晴朗的日子才能见到微弱的海陆风。

海陆风通常出现在大范围气压场比较均匀,即等压线比较稀疏的天气形势下。当大范围气压场的气压梯度较大时,海陆风往往被这种大范围的风场所淹没。

通常海风比陆风强。海风可达3~4级,陆风只有1~2级。海风的水平范围和垂直厚度也比陆风大。在热带地区,海风可深入内陆50~100 km,而陆风入海距离不超过10 km。在热带地区,海风的垂直厚度可达1 km,而陆风一般不超过0.5 km。

海风从海上带来大量水汽,使陆上空气湿度增大,有时会形成雾和降水。海风还可以使陆地气温降低,所以,沿海地区夏季不十分炎热。

海陆风与季风相比较有所不同,海陆风影响的范围小,强度相对较弱,以一天为周期;季风涉及的范围大,强度较强,以一年为周期。

二、山谷风

在山区,白天,风自谷底沿山坡吹向山顶,形成谷风;夜间,风自山顶沿山坡吹向谷底,形成山风。这种随着昼夜交替而有规律变化的风,称为山谷风(Mountain and valley breeze),如图3-10所示。

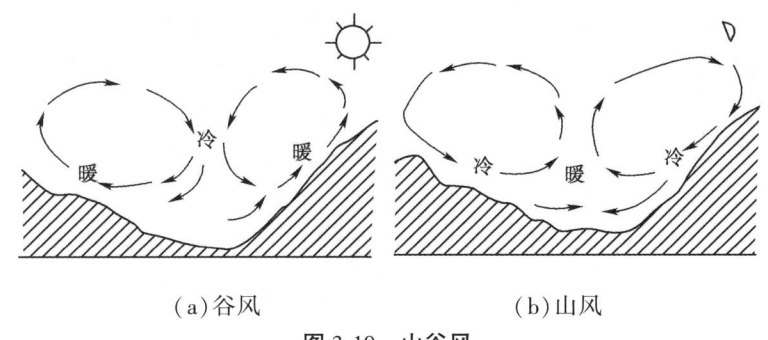

(a)谷风   (b)山风

图 3-10   山谷风

山谷风是由于山顶的气温与山谷上空同高度的气温差异而产生的局地热力环流。白天山顶易受热,它上面的气温比山谷上空同高度的气温高,山顶上的空气受热上升,山谷上空的空气下沉,谷底地面的空气沿山坡爬升,这样就形成了谷风;夜间,山顶散热快,它上面的气温比山谷上空同高度的气温低,山顶上的空气冷却沿山坡下滑,因而形成了山风。

谷风一般在日出后9—10时开始,午后最强;日落后山风开始,逐渐增强,到日出前最强。在背阴的峡谷中,谷风出现的时间会向后延迟,持续时间也会缩短。

通常,谷风比山风强些。山谷风在夏季较明显,在冬季较弱。除山地外,高原和盆地边缘也可能出现与山谷风类似的风。

在我国沿海,不少港口都能观测到明显的海陆风。有些港口因受地形影响,海陆风与山谷风往往同时出现,由于两者作用的叠加,白天的向岸风(海风十谷风)和夜间的离岸风(陆风十山风)都相当显著,例如,秦皇岛和连云港就是如此。

三、地形的动力作用和地方性风

1.地形的动力作用

1)绕流和阻挡作用

当气流遇到孤立的山峰或岛屿时,有绕山峰两侧而过的现象,并且在迎风面风速增大,在背风面风速减小,在背风面还会产生气旋式或反气旋式涡旋,如图3-11所示。绕流和山脉的阻挡作用,使实际风向与根据气压场确定的风向可能发生显著偏差,其差值可达90°甚至180°。

2)岬角效应

因陆地(如山脉尽头或半岛附近)向海中凸出造成气流辐合,流线密集,使风力大为增强,称为岬角效应,如图3-12所示。例如,南非的好望角,是个令航海者生畏的地方,由于岬角效

应助长了咆哮西风带上的狂风恶浪。

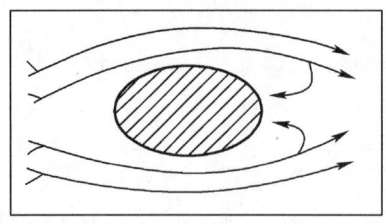

图 3-11　绕流示意图

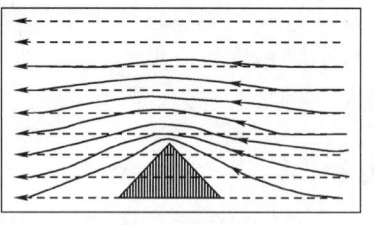

图 3-12　岬角效应示意图

3）狭管效应

通常气流从开阔地区进入喇叭口式地形时,因气流辐合,风速明显加大,风向被迫改变为沿峡谷走向,称为狭管效应,也叫峡管效应。因狭管效应而增强的风,称为峡谷风。我国台湾海峡就是一个狭管效应显著的地区,夏季经常出现西南向大风,冬季经常出现东北向大风,如图 3-13 所示。

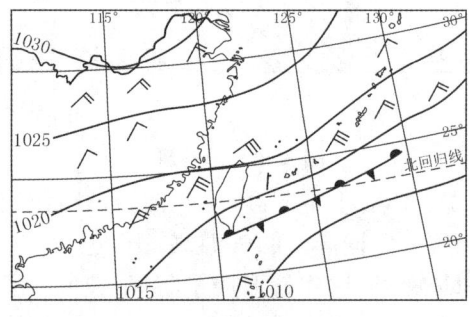

图 3-13　台湾海峡狭管效应示意图

4）海岸效应

海岸附近,因海岸摩擦作用的影响,风速增大或减小,称为海岸效应,如图 3-14 所示。例如,当气流沿海岸线方向吹时,在北半球,如果陆地在气流方向的右侧,流线将会变密,即风力增强;如果陆地在气流方向的左侧,流线将会疏散开来,从而使风力减弱。

在气流被迫绕过与海岸毗连的山脉或高原的地方,海岸效应表现得特别明显。由于气流绕过障碍物的缘故,在海峡、山脉尽头或半岛附近,会产生流线密集的情况而使这里的风力相应增强;反之,在海湾、山脉凹部等处的流线会变疏而使风力减弱。因此,在气流方向与凸出的海岸线(由伸向海中的山脉支脉或高原构成)相切的地方,海岸效应与岬角效应共同作用的结果使风力大增。例如,南非的好望角、南美的合恩角等,海岸效应与岬角效应使西风增强,狂风恶浪令航海者生畏;我国山东半岛的成山角附近海面,偏北风通常比周围要大 1~2 级左右,有中国好望角之称,主要也是这两种效应共同引起的。

2.地方性风

因特殊的地理位置、地形或地表性质等影响而产生的带有地方特性的局部范围的风,称为地方性风。它通常是由地形的动力作用或地表的热力作用引起的。常见的地方性风除了前面介绍的海陆风、山谷风和峡谷风以外,还包括焚风、布拉风等。

1）焚风

焚风是指气流翻过山岭时在背风坡绝热下沉而形成的干热的风,如图 3-15 所示。当气流

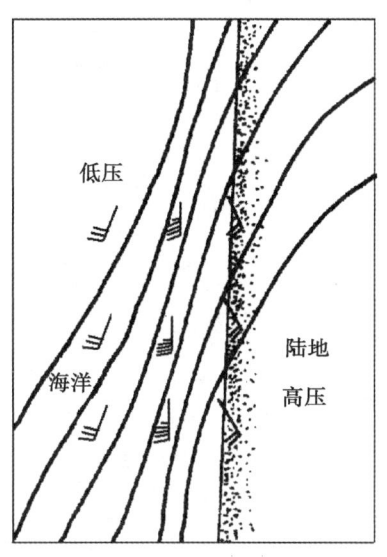

图 3-14　海岸效应示意图

经过山脉时,沿迎风坡上升冷却,在所含水汽达饱和之前按干绝热过程降温,达饱和后按湿绝热直减率(平均为 0.5～0.6 ℃/100 m)降温,并因发生降水而减少水分。过山后空气沿背风坡下沉,按干绝热直减率(1 ℃/100 m)增温,故气流过山后的温度比山前同高度上的温度高得多,湿度也显著减小。亚洲的阿尔泰山、欧洲的阿尔卑斯山、北美的落基山东坡等都是著名的焚风出现区。中国不少地区有焚风,比较明显的如天山南坡、太行山东坡和大兴安岭东坡等。焚风的增温影响甚至在多年月平均气温直减率上也能反映出来。焚风现象全年都可发生,春夏不强的焚风可促使作物、水果早熟,强大的焚风可造成干热风害和森林火灾。冬季强焚风可引起山区雪崩等。

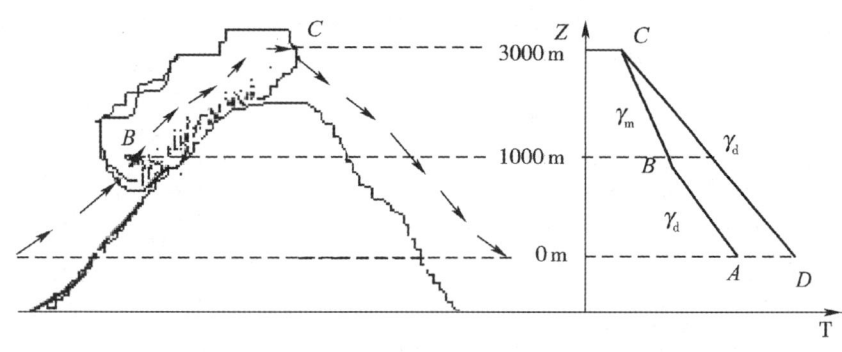

图 3-15　焚风

2)布拉风

从山地或高原经过低矮隘道向下吹刮的寒冷而又干燥的风,称为布拉风。布拉风和焚风一样也是气流过山时沿坡产生的下滑风,但它的性质不像焚风那样干热,而是干冷。这是由于产生布拉风的气流所越过的山脉一般不算太高,下沉增温不明显,当气流沿山坡迅速下滑时位能转化成动能,产生寒冷凛冽的大风。这种风在高加索山脉为冷高压,黑海上为暖低压,越过瓦拉特山脉(海拔 400～650 m)时极易发生。黑海的诺城是世界上布拉风最典型和最频繁的地区,尤其在冬季,其破坏力很大,最大平均风速可达 40～60 m/s,气温可迅速降低到-27 ℃,可造成严重的"船舶积冰"。类似现象在土耳其沿海和亚得里亚海均可出现。

其他地方性风如表 3-1 所示。

表 3-1　其他地方性风

名称	地域	季节	风向	特性
贝拉风（Belat）	阿拉伯半岛南岸	12 月—次年 3 月	N、NW	寒冷干燥的强陆风
布拉克非德风（Brickfielder）	大洋洲南岸	夏	N	热风
可乐诺风（Coronozo）	墨西哥东岸	发生热带低压时	S	强烈的南风
艾艺风（Elephanta）	印度洋棉兰海岸	9—10 月	S、SE	西南季风尾声
地中海季风（Etesian）	地中海东部	夏	N	山风
格烈风（Gregale）	马耳他	冬	NE	强烈
哈麦丹风（Harmattan）	非洲西岸佛得角与几内亚湾间	冬	E	干燥的东风挟带红沙,可吹离海岸数百里,造成能见度障碍
考斯风（Kaus）	波斯湾	12 月—次年 4 月	SE	与夏马风交替
咯新风（Khamsin）	亚丁湾	7—9 月	N	挟带沙尘暴
利凡脱风（Levanter）	直布罗陀海峡	夏	E	常伴潮湿云带,风力强时形成强涡流
拉维奇风（Leveche）	西班牙	常有	SE	干热有沙阵
麦斯楚风（Maestro）	地中海北部		NW、N	干冷
东北风（Northeaster）	北大西洋海岸		NE	强烈
诺色风（Norther）	墨西哥湾	12 月—次年 4 月	N、NW	寒冷、强烈而干燥
诺色风（Norther）	智利	12 月—次年 4 月	N	常伴有气压下降,密云
潘派洛风（Pampero）	南美东海岸、拉普拉塔河口以外海面	7—10 月	N 转 SW	随飑线而来,北风微弱转西南风时,风力突然增至飓风级以上
西洛可风（Sirocco）	意大利、马耳他	夏末	S	暖风,地中海南干燥,地中海北湿热
东南勃斯特风（Southeast Buster）	大洋洲南、东南岸	12 月—次年 4 月（夏）	SE	狂风,狂风前常有热风
夏马风（Shamal）	波斯湾、阿曼湾及沿马直兰海岸	5—11 月	NW	冬季可达 8 级,伴有飑线、雨、闪电,来时无预兆
苏门答腊风（Sumatra）	马来西亚		W	强风
特万特佩克风（Tehuantepecer）	特万特佩克湾		N	强烈
非洲龙卷风（Tornado）	非洲西岸赤道至 10°N	4—5 月 9—11 月		离岸暴风雨
特拉蒙塔那风（Tramontana）	地中海		N	寒冷
文达瓦风（Vendavales）	西班牙直布罗陀海峡		SW	强风
威利瓦风（Williways）	麦哲伦海峡			狂风,无预兆,可持续 1~2 h

四、海面实际风的分布

受气压带和行星风带随季节的南北移动,以及季风的分布和局地环流的影响,海面实际风在各大洋有不同的分布特点。

1.世界海洋风的分布概况

1)热带海洋

在赤道附近为赤道无风带,位置随季节变化而南北移动,无风带内风力小,沿岸的海陆风非常明显。

赤道无风带在太平洋东部常年位于赤道以北,在太平洋西部则一年内南北摆动较大。2月,赤道无风带在东部位于5°N左右,在西部则移到大约10°S,在澳大利亚北部沿海与印度洋上的无风带相接。8月,赤道无风带完全转移到赤道以北,位于10°N左右,在太平洋中部向南凸起,与纬圈不平行。7—9月,赤道无风带在135°E以西的西太平洋上消失。

2月,赤道无风带在印度洋上位于10°S左右,从澳大利亚北部沿海经马达加斯加岛北端至非洲大陆,在大洋的中部向北凸起。7—9月,印度洋上没有赤道无风带。

赤道无风带在大西洋东部和太平洋东部相同,常年位于赤道以北;在大西洋西部,虽然一年中大部分时间位于北半球,但也有时移到赤道以南,在1.5°S至12.5°N范围内摆动。

南北半球信风带平均位置分别在南北纬10°~28°,各大洋信风带的界限随季节变动,信风带最大的特点是风向、风力常年稳定,风力一般为3~4级,最大不超过5级。

热带海洋风的变化主要受热带气旋、热带辐合带和东风波等天气系统移动的影响,可带来12级以上狂风。

2)副热带海洋

在25°N~40°N和25°S~40°S的副热带海洋上,夏季随着副热带高压势力的增强,海面风很小,只有当热带气旋等天气系统影响时,才出现强风;冬季因经常受到冷高压南下和锋面气旋活动的影响,常出现大风。

在大洋西部,北半球冬季常出现大风,在冷空气南下或锋面气旋影响时,风力常在7级以上,大风出现的纬度多高于30°N。

在大洋中部接近40°N处,冬季常伴有7级以上西风,夏季大风较少。

3)中高纬度海洋

在北大西洋和北太平洋的西岸,冬季盛行西北风,特别在大洋的西北部,大风频率平均每月在10天以上;东岸冬季盛行西南风。夏半年(3—10月),这些地区的风很小,海面十分平静。

南半球中纬度地区,因陆地少,三大洋连成一体,气旋通常在50°S~65°S向东或东南方向移动,西风的频率在70%以上,7级以上大风,在40°S~50°S全年各月都可达7~10天或10天以上,故有咆哮西风带之称。

2.海洋上大风的分布

图3-16和图3-17分别为世界各大洋冬夏两季风力大于或等于7级大风的频率分布图,从中可以看出各大洋实际海面大风的分布概况。

冬季,在北太平洋和北大西洋的中高纬度洋面上,由于阿留申低压和冰岛低压强烈发展,加上锋面气旋活动频繁,大风的分布范围广、出现频率高。在30°N以北海域风力≥7级的大

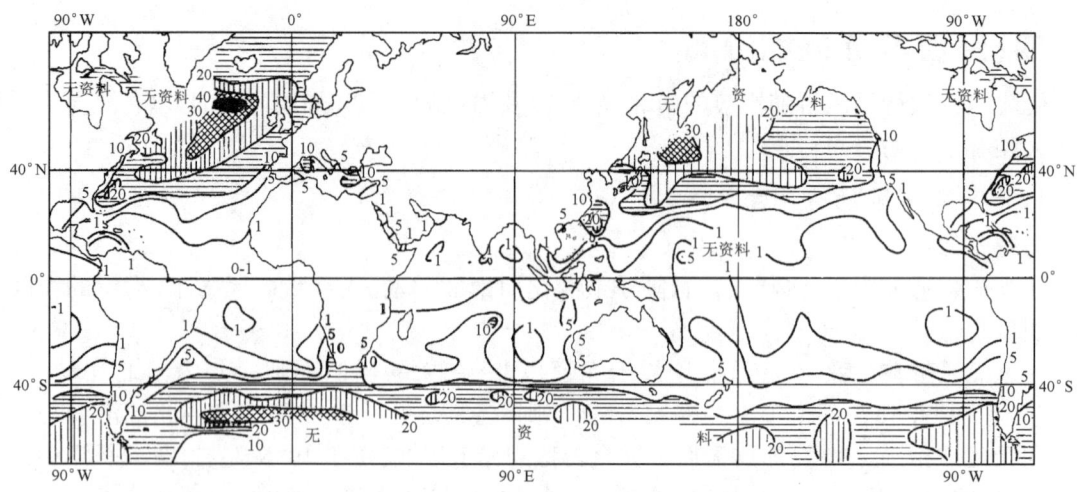

图 3-16　1 月大风(≥7 级)的百分率

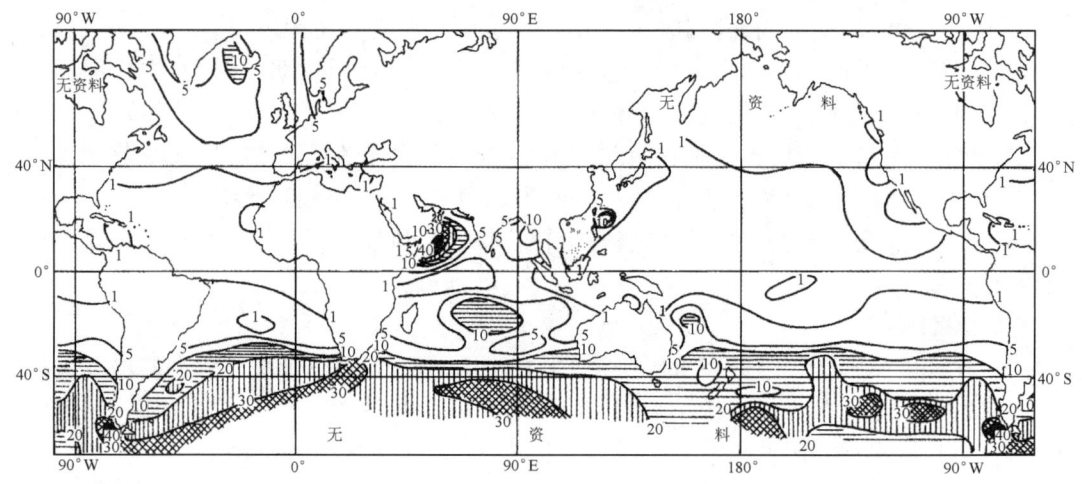

图 3-17　7 月大风(≥7 级)的百分率

风频率高达 10%～20%。北大西洋上的大风频率相对于北太平洋要高。

夏季,在印度洋北部,由于盛行强劲的西南季风,风力经常达 8～9 级。

在南半球 30°S 以南的中高纬度洋面上,全年各月风速都较大,且冬季大风频率和范围比夏季还要大。在处于咆哮西风带中的好望角附近海域,因地形影响风速特别大。

3.中国近海风的分布

我国近海季风显著,每年 9—10 月至次年 3—4 月,干冷的冬季季风从西伯利亚和蒙古高原南下,向南方逐渐减弱,造成我国冬季盛吹西北-东北季风,风向较稳定,风力较强。自北向南风向有由西北向东北顺转之趋势,即渤海、黄海多西北风和北风,东海主要是偏北风和东北风,南海多东北风。

每年 4—9 月,盛吹西南—东南季风,风力较弱,风向也不如冬季季风稳定。渤海、黄海及东海北部为东南季风,东海南部及南海为西南季风。

每年春秋季为季风过渡时期,盛行风不稳定,风向较紊乱。

总的说来,年平均风力≥8 级大风日数在东海沿岸最多,黄海、渤海沿岸次之,南海沿岸最少。此外,台湾海峡大风较多。秋末和冬季我国近海风力较强,大风出现频率在一年中最高。春季是渤海、黄海海区平均风力最强的季节,东海北部风力也较强,但次于冬季。夏季,近海盛行风的风力比冬季弱得多,但是当热带气旋侵袭时风力很强。

 思考题

1.简述大气环流的概念及特点。

2.绘图并说明热力环流的形成过程。

3.绘图并说明三圈环流模式及行星风带和气压带的成因。

4.简述全球永久性和半永久性大气活动中心有哪些。

5.何谓季风? 季风的成因有哪些?

6.东亚季风的形成原因和气候特征是什么?

7.南亚季风的形成原因和气候特征是什么?

8.为什么夏季北印度洋西南风特别强?

9.什么是局地环流?

10.说明海陆风的成因及特点。

11.说明山谷风的成因及特点。

第四章

海洋学基础知识

第一节 海流

海流(Ocean current)是指海水大规模相对稳定的流动,是海水运动的重要形式之一。所谓"大规模"是指它的空间尺度大,具有数百、数千千米甚至全球范围的流动;所谓"相对稳定"是指在较长的时间内,例如一个月、一季、一年或者多年,流动方向、速度和路径大致相似。

海流是矢量,流向是指流的去向,通常以8方位或度数表示;流速是指单位时间内海水流动的距离,常用节(kn)或海里/天(n mile/d)为单位表示。海流的强弱常用平均流速或平均流量表示。

海流流动方向上流速最大点的连线,称为海流的主轴。主轴的分布和变化,对海洋水文状况影响很大。海流的规模常用流幅来表示,流幅是指垂于主轴的水平宽度和上下厚度。

海流运动形态是三维的,既有水平方向的,也有垂直方向的,通常把水平方向的流动称为海流,把垂直方向的流动称为上升流和下降流。

表层海流对船舶航行有直接影响,顺流增速,逆流减速,横流能使航迹发生漂移。海雾的形成与冷、暖海流的分布有密切关系。海流还能带动流冰,十分强大的海流对气候也有显著的影响。

在船舶上,海流的资料可以从航用海图、《世界大洋航路》《航路指南》及各种水流图册等航海图书资料中获取。一般在海图上洋流的标示方法如图4-1所示。图中,箭矢方向代表的是流向;数字代表的是平均流速。

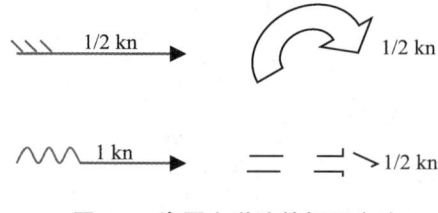

图4-1 海图上洋流的标示方法

根据航海实际需要,本节重点介绍大洋表层海流的成因及分布特点。

一、海流的分类

不同海流在成因、热力性质以及流向与海岸的相对关系等方面有较大区别,下面将从这几个方面对海流进行分类并介绍各类海流的特点。

1.按海流成因分类

形成海流的原因是多方面的,其中最主要的原因是大气环流引起的海面风的水平分布不同,其次是海水密度的水平分布不均匀。海流按其成因大致可分为风海流、地转流、补偿流和潮流四类。

1)风海流

风海流(Wind current)是在海面风的作用下形成的海水水平方向的流动。它是风对海面的切应力、地转偏向力和黏滞摩擦力达到平衡时形成的稳定海流。由于海面风的不同,风海流可分为定海流和风生流。定海流是由大范围盛行风的长期吹刮而引起的流向和流速常年都比较稳定的海流;风生流是由某一短期天气过程形成的风吹刮而引起的流向和流速随当时风向和风速变化的海流。风海流是海洋上最主要的海流,无限深海的风海流称为漂流。

(1)表层风海流的流向

在远离海岸的深海中,表层风海流的流向在北半球偏于风的去向之右约45°;在南半球偏于风的去向之左约45°。在浅海中,流向与水深有关,当水深很浅时,流向与风向几乎一致。

(2)表层风海流的流速

无限深海的表层风海流流速 v_0 的经验公式为:

$$v_0 = \frac{0.0247w}{\sqrt{\sin\varphi}}$$

式中: v_0 以节(kn)为单位; w 为海面风速,以米/秒(m/s)为单位; φ 为纬度。该公式表明,无限深海表层风海流的流速与海面风速成正比,与所在纬度正弦的平方根成反比。

在浅海中,由于海底摩擦的影响,流速表达式相对比较复杂。

(3)风海流随深度的变化

在无限深海中,随着深度的增加,流向在北半球逐渐向右偏转,在南半球逐渐向左偏转,流速逐渐减小。到某一深度时,流向与表层流向相反而流速仅为表层流速的4.3%左右,这一深度称为摩擦深度。观测表明,风海流一般位于洋面以下200~300 m的深度之内。图4-2为无限深海中北半球风海流的流向和流速随深度的变化图,图中曲线为著名的埃克曼螺线(Ekman spiral)。

2)地转流

海洋中压力处处相等的面称为等压面,海洋学中把海面视为海压为零的等压面(以往视为一个大气压,平均压力为1 013.25 hPa)。对于静态海水,处处与重力垂直的面称为水平面。从一个水平面逆重力方向移动单位物体到某一高度所做的功称为重力位势;连接相等重力位势的面称为等势面。理论上静态海洋的表面是一个等势面,实际上海洋表面(等压面)相对于等势面常常发生倾斜。由于海面的倾斜,海水将在水平压强梯度力的作用下产生水平方向的运动,运动一旦开始,水平地转偏向力将随之产生。若不考虑摩擦的影响,海水在水平压强梯度力和水平地转偏向力取得平衡时的稳定水平流动,称为地转流(Geostrophic current),如图

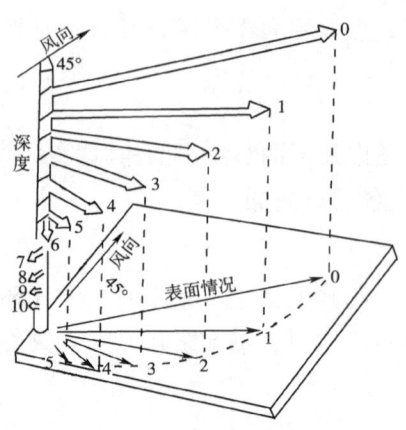

图 4-2　北半球无限深海风海流随深度的变化

4-3 所示。地转流又称梯度流,其形成原因类似于地转风。背地转流而立,在北半球,海流的左侧等压面低,右侧等压面高;在南半球则相反,海流的右侧等压面低,左侧等压面高。

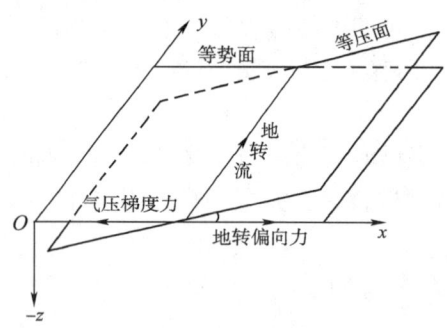

图 4-3　北半球稳定地转流示意图

3)补偿流

海水的流动具有连续性,若某处的海水流失,则必有其他海区的海水流来补偿,这种流称为补偿流。补偿流有水平方向的,也有垂直方向的。垂直方向的补偿流又有上升流(涌升流)和下降流之分。在某些沿岸海区,由向岸风或离岸风造成的增、减水,是形成垂直补偿流的主要原因。因为海水温度一般随深度增加而降低,所以在出现上升流的海区,表层海水温度常偏低。

4)潮流

潮流是伴随潮汐而产生的水质点沿水平方向的周期性流动。在大洋中,潮流的量值极小,可以不考虑,而在近海,潮流的量值不可忽视。

2.按海流热力性质分类

按海流热力性质又可将海流分为冷流、暖流、中性流三类。

1)冷流

冷流是指其水温低于它所流经海域的水温的海流,亦称寒流,通常由高纬度流向低纬度的海流为冷流。

2)暖流

暖流是指其水温高于它所流经海域的水温的海流,通常由低纬度流向高纬度的海流为暖流。

3) 中性流

中性流是指其水温与它所流经海域的水温基本一致的海流,通常沿东西方向流动的海流多属于中性流。

3.按海流流向与海岸的相对关系分类

按海流方向与海岸的相对关系,海流又可分为向岸流、离岸流、沿岸流三类。

二、世界大洋海流模式

世界各大洋的表层海流以风海流为主,其形成和维持主要受大气环流的影响。将世界海洋环流的分布与世界风带的分布加以比较,就可以看出两者之间有密切的关系。综合各大洋海流的基本状况,可以概况出如图 4-4 所示的大洋环流模式,图中划斜线的区域表示大陆。除北印度洋外,太平洋、大西洋和南印度洋的海流分布基本上与此模式类同。

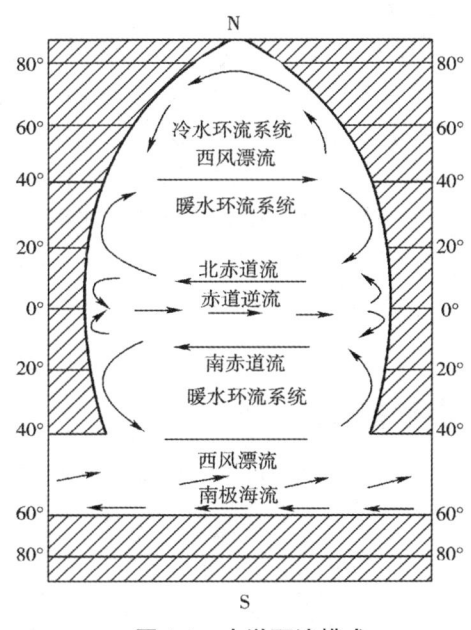

图 4-4 大洋环流模式

1.信风流

在稳定的东北信风和东南信风的作用下,形成了两支强大的信风海流,分别称为北赤道流和南赤道流。这两支海流基本沿纬圈方向流动,其温度与周围水温差不多,属于中性流。

实际上大洋中南北赤道流的位置并不对称于赤道,而是稍稍偏北。只有南印度洋的南赤道流位于 10°S 与南回归线之间。此外,北印度洋的北赤道海流仅在冬季出现。

2.赤道逆流

在南北赤道流之间有一支自西向东流的赤道逆流,它也是一支中性流。赤道逆流的位置与赤道无风带一致,偏于赤道以北,在 3°N~5°N 和 10°N~12°N 之间。

3.西边界流

南、北赤道流流到大洋西岸后分支,小部分向赤道汇入赤道逆流,大部分则转向高纬度一侧,沿着大陆的边缘流动,成为近岸水系和大洋水系之间的边界,称为边界流。大洋的西边界流由于来自热带洋面,水温高,流速大,是较强的暖流,将大量的热量和水汽向高纬度输送。

4.西风漂流

西边界流进入盛行西风带后便形成了基本上从西向东流动的西风漂流。在南半球因无陆地阻隔,形成一个连续水环,三大洋西风漂流彼此相通。

5.东边界流

西风漂流流至大洋的东岸分支,一支主流沿着大陆的西海岸流向低纬度,分别汇入南北赤道流中,这些大洋东部的海流,称为大洋的东边界流。与西边界流相比,东边界流是一支流动缓慢、幅度宽广、影响深度较小的海流,具有寒流性质。

从环流模式图中可以看到,在南北半球中低纬度各形成了一个环流系统,在北半球呈顺时针方向,在南半球呈逆时针方向。由于这一环流系统是在中低纬度地区进行的,水温总的来说较高,所以称为暖水环流系统。

6.高纬度冷水环流和南极海流

在北半球,西风漂流到达大洋东岸向高纬度的分支是暖流,进入极地东风带后,在风系和岸形的影响下,先向西然后在大洋西部折向南行,具有寒流性质。它在大约40°N附近与西风漂流汇合,构成一个逆时针方向的小循环。这个小循环的海水温度较低,特别在大洋西岸,冬季结冰,春夏多浮冰和冰山。所以,这个系统被称为冷水环流系统。

在南半球,在南极大陆周围出现受极地东风影响而产生的自东向西的南极海流,这种海流常被受南极岸形和其他因素影响而发生的地方性海流所切断。

综上所述可知,实际上海洋主要环流系统的形成是盛行风带、地转偏向力、海陆岸形分布等因子共同作用的结果。

三、世界大洋海流分布概况

世界各大洋的主要海流分布如图4-5所示,图中南北流向的海流多以其流经地名来命名。

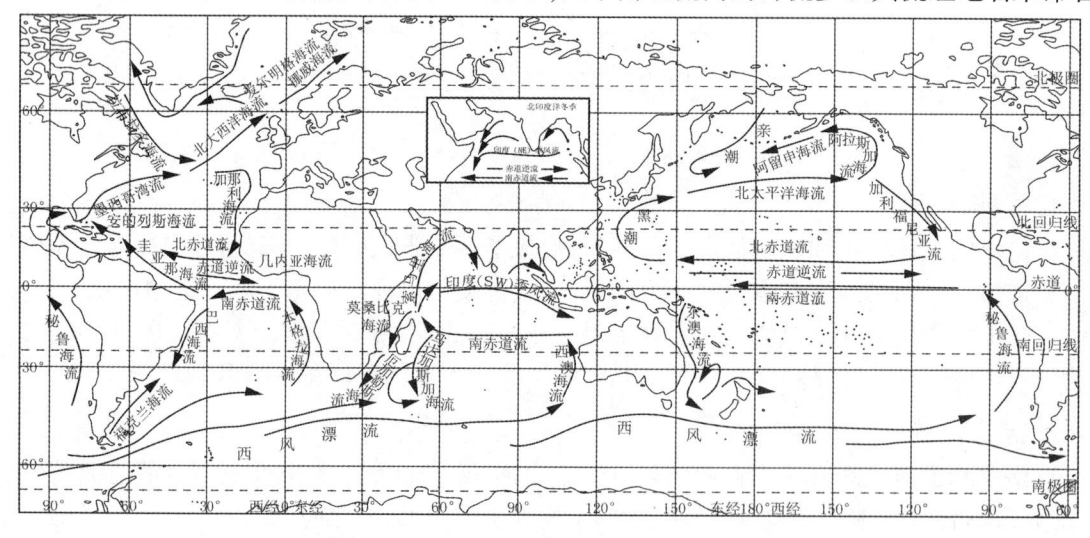

图4-5　世界各大洋的主要海流分布示意图

1.太平洋的主要海流

1)北太平洋

北太平洋中低纬度海域是由北赤道流、黑潮、北太平洋海流和加利福尼亚流所组成的顺时

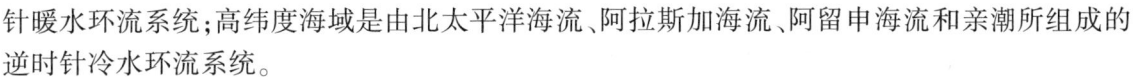

针暖水环流系统;高纬度海域是由北太平洋海流、阿拉斯加海流、阿留申海流和亲潮所组成的逆时针冷水环流系统。

（1）北赤道流

北赤道流从加利福尼亚尖端的东南部洋面开始，从东向西横越太平洋，属于中性流，平均流速为 0.5~0.7 kn，最大流速发生于夏季，为 1~2 kn。该海流所占水域范围是从 10°N 到 20°N~22°N，夏季偏北，冬季偏南。

（2）黑潮

北赤道海流到达菲律宾东岸分支，主流北上称为黑潮。黑潮是太平洋上最强大的暖流，是世界两大暖流之一。黑潮虽是一支比较稳定的强大海流，但其主轴的位置、宽度和流速都有明显的季节性变化。黑潮的温度、盐度都较高，夏季在台湾以东洋面有时水温可达 30 ℃，在日本南部洋面水温达 27~28 ℃；冬季在台湾外海为 22~23 ℃，在日本南部洋面也达 20 ℃。

黑潮在台湾以东洋面的宽度约为 150 n mile，流速为 1~1.5 kn。然后，它越过台湾东部洋面进入东海，沿着大陆架边缘北上，宽度变小，流速有所增加，在琉球以西，流速增至 2~2.5 kn，宽约 80 n mile。黑潮经吐噶喇海峡流出东海，并沿着日本群岛向东北方向流动。在日本九州岛东部海域，流宽约为 80 n mile，流速为 2~2.5 kn。在四国外海，流速急增，表层流速达 3~4 kn，宽约为 110 n mile，且最大流速位置非常接近海岸，距离只有 50 km。

通常，从台湾到 35°N 处这一段称为黑潮。在 35°N 附近，黑潮离开海岸向东流去，至 160°E 这一段称为黑潮续流。这一段又分为两支，在 35°N 附近，主要一支流向正东，在到达 160°E 以前始终保持着明显的暖流特征；另一支继续向东北，可达 40°N 附近，在那里与北方南下的亲潮寒流汇合，并一起转向东流动成为北太平洋海流。

（3）北太平洋海流

北太平洋海流属于中性流，海流较宽，流速较小，为 0.5~1 kn，到达北美西岸分为南北两支。

（4）加利福尼亚流

北太平洋海流的南支称为加利福尼亚流，属于寒流，主流距岸 10 n mile，平均流速约为 0.5 kn。

（5）阿拉斯加海流

北太平洋海流的北支，沿加拿大西海岸进入阿拉斯加湾，形成阿拉斯加海流，属于暖流。

（6）阿留申海流

阿拉斯加海流的一部分沿阿留申群岛南下汇入北太平洋海流，称为阿留申海流。

（7）亲潮

亲潮源自鄂霍次克海和白令海，沿堪察加半岛和千岛群岛向西南流动，在北海道东南大约 40°N 处与黑潮汇合。亲潮是北太平洋水温最低的寒流，是世界大洋里两大冷流之一，它在冬春势力强，流速为 0.5~1 kn，在夏季势力较弱。

（8）赤道逆流

在南北赤道海流之间，3°~5°N 为自西向东流动的赤道逆流，流速为 0.5~1 kn，属于中性流。

2）南太平洋

南太平洋中低纬度海域是由南赤道流、东澳海流、西风漂流和秘鲁海流所组成的逆时针暖水环流系统。

(1)南赤道流

南赤道流属于中性流,其北界大约位于4°N附近,流速在6°S以北为0.4~1.3 kn,有时可达2 kn;在6°S以南,流速减小。

(2)东澳海流

南赤道海流的主流,由新几内亚岛(伊里安岛)折向南流,其中很大的一支在菲尼克斯群岛逐渐折向西南沿澳大利亚东岸前进,直到塔斯马尼亚岛,称为东澳海流,流速在1 kn左右。它在40°S以南与南大洋的西风漂流汇合。东澳海流属于暖流。

(3)西风漂流

南太平洋的西风漂流日流速达10 n mile,沿40°S~50°S纬圈流动,属于冷流。

(4)秘鲁海流

南太平洋的西风漂流自西向东越过南太平洋时,在南美西岸有一分支北上形成秘鲁海流,其流速约为0.5 kn,属于冷流。秘鲁海流相当宽,可能在300 n mile以上,在尚未到达加拉帕戈斯群岛时,就转而向西,汇入南赤道流。

2.大西洋的主要海流

1)北大西洋

北大西洋中低纬度海域主要是由北赤道流、墨西哥湾流、北大西洋海流和加那利海流所组成的顺时针海流系统。高纬度海域主要是由北大西洋海流、爱尔明格海流、东格陵兰海流、西格陵兰海流和拉布拉多海流所组成的逆时针冷水环流系统。

(1)北赤道流

北赤道流源于佛得角群岛,自东向西流动,属于中性流。

(2)圭亚那海流

南赤道流的越过赤道北上的一支,形成圭亚那海流,流速约为2 kn,属于暖流。

(3)安的列斯海流

圭亚那海流与北赤道流汇合后,在安的列斯群岛南端的近海分成两支,其中沿安的列斯群岛的外侧大致向西北方向前进的海流,称为安的列斯海流,属于暖流。

(4)墨西哥湾流

墨西哥湾流,简称湾流,是世界大洋上最强大的暖流,其水温很高,常可达30 ℃以上。湾流沿北美沿岸流至35°N附近后离开海岸,约在哈特勒斯角以南转入深海区。

观测表明,湾流的宽度很小,流速相当大。从佛罗里达海峡出来至哈特勒斯角范围内的湾流,流速为0.5~2 kn,在其中心最高流速可达5 kn,其他部分为0.5~1 kn;在佛罗里达海峡处,由于流线集中,流速极大,大于4 kn的流速并不少见。

湾流的位置经常变动,大量的资料分析表明,湾流的位置变化并非湾流整体迁移,而是在湾流中出现了所谓"弯曲"现象。湾流通过哈特勒斯角后,趋于形成一系列的弯曲和涡旋,其特征是在哈特勒斯角的东边,弯曲得到发展,尤其在风暴之后发展得特别快,它与湾流一起以0.5~1 kn的速度向东北运动。如果弯曲成长得太大了,便与湾流分开,形成单独的涡旋,且很快被周围的海水所包围。涡旋的直径通常是100~300 km,并与湾流两侧的水一起以小于0.5 kn的速度向西南运动。所以,在航线设计和航行中考虑海流因素时,不仅要查阅航海海流图,同时还要接收气象传真图以获取海流最新资料。

(5)北大西洋海流

湾流通过格兰德浅滩后,稍微散开,在40°N附近向东北横过北大西洋,称为北大西洋海

流。北大西洋海流的流速为 1~1.3 kn,它的水温比周围海水温度要高出 8~10 ℃,是显著的暖流,能把大量的热量向北输送,对欧洲的气候产生重大的影响,使爱尔兰岛成为"海中的绿岛",使不列颠沿岸覆盖常绿树,使西欧和北欧的冬季气温比同纬度的亚洲大陆东岸要高出 10 ℃左右。在北大西洋海流的影响下,冬季北大西洋等温线向北突出明显。

(6)加那利海流

北大西洋海流在大洋东部形成几个主要的分支,分别向南和向北流去,向南流的一支称为加那利海流,属于冷流。

(7)挪威海流和爱尔明格海流

北大西洋海流在大洋东部向北流去的几个分支都具有暖流性质,其中几支在不列颠群岛的北部又交汇在一起,进入北冰洋流经挪威沿海,称为挪威海流;另有一支在冰岛南部转向西流,称为爱尔明格海流。

(8)东格陵兰海流和西格陵兰海流

东格陵兰海流沿格陵兰东岸南下,具有冷流性质;西格陵兰海流沿格陵兰西岸北上,具有暖流性质。

(9)拉布拉多海流

拉布拉多海流是沿北美东岸南下的强寒流,是世界大洋上最强大的冷流。其发源于北极水域,水温很低,并将由格陵兰的冰川崩裂而成的大量冰山和流冰带往纽芬兰浅滩。

(10)赤道逆流和几内亚海流

在赤道以北 3°N~10°N,南北赤道流之间有一支自西向东的海流,即大西洋赤道逆流,它向东流入几内亚湾,在几内亚湾的部分称为几内亚海流。

2)南大西洋

南大西洋的海流主要是由南赤道流、巴西海流、西风漂流和本格拉海流组成的逆时针环流系统。

(1)南赤道流

南赤道流由几内亚湾开始,沿着 4°N~10°S 向西流动,属于中性流。

(2)巴西海流

南赤道流在南美的布朗库角附近,因受大陆岸形影响而分为两支,向南流去的一支规模较小,称为巴西海流,流速小于 1 kn,属于暖流。该流南下至 30°S 附近逐渐向左偏转,到 40°S 附近折向东流,和西风漂流汇合。

(3)西风漂流和福克兰海流

西风漂流具有冷流性质,在通过合恩角后,有一支沿南美东岸北上的海流,称为福克兰海流,这是一支夹带着冰山的寒流。它的日流速约为 10 n mile,有时可达 30 n mile。其一部分北上到达33°S的拉普拉塔河口时,与南下的巴西暖流汇合,汇合后大部海水沿西风漂流向东流去。

(4)本格拉海流

南大西洋西风漂流在接近好望角时,一部分沿非洲海岸北上,形成本格拉海流。本格拉海流属于冷流,流速约为 0.8 kn,从岸边起宽达 100 n mile。

3.印度洋的主要海流

1)北印度洋

北印度洋的海流受季风制约,是著名的季风海流区。

冬季东北季风期间(10月—次年 4 月),整个北印度洋洋面主要是流向西南的东北季风流,以 12 月—次年 1 月最为明显。季风流的流速在苏门答腊附近约为 2 kn,在斯里兰卡南部为 2.5 kn,在索马里东部为 2~3 kn。冬季赤道逆流的位置在 5°S 附近,与东北季风流相接,形成了北印度洋冬季反时针方向的环流流系。

夏季西南季风期间(5—9 月),赤道逆流消失,整个北印度洋直到 5°S,均为自西向东的西南季风海流。西南季风海流以 7—8 月最明显,它与南赤道海流构成一个顺时针环流。7—9 月间,索马里海流流速大,从赤道附近到索科特拉岛以南,表层流速一般都在 4 kn 以上,在索科特拉岛南部附近的表层流,曾观测到流速大于 7 kn。

2)南印度洋

南印度洋的海流基本符合南大洋海流模式,主要的表层海流为逆时针方向海流系统。

(1)南赤道流

南赤道流属于中性流,它从澳大利亚西北海岸开始,自东向西横穿南印度洋,其北界通常在 6°S 和 10°S 之间,流速为 1.5 kn,最大流速可达 2.5 kn。

(2)马达加斯加海流、莫桑比克海流和厄加勒斯海流

南赤道流接近马达加斯加岛时,一部分海流转而沿该岛东岸南下,形成马达加斯加海流,最后与西风漂流汇合。另一部分经马达加斯加北部,遇非洲海岸时分为两支,一支沿莫桑比克海岸南下,叫莫桑比克海流,流速约为 1.7 kn;另一支海流从 30°S 往南流速逐渐增大,有时可达 4.5 kn,它在接近非洲岸边处时势力很强,称为厄加勒斯海流,是世界大洋中较稳定的海流之一。以上三支海流都属于暖流。

(3)西风漂流

南印度洋的西风漂流,与南太平洋和南大西洋里的一样,也具有冷流性质。

(4)西澳海流

西风漂流一部分沿澳大利亚北上,成为冷性的西澳大利亚海流。夏季,由于东澳海流有部分经澳大利亚南岸向西转而北上,与西澳冷流汇合,故势力稍强,但仍较秘鲁海流弱,最大流速小于 1 kn。

4.地中海与黑海的海流

地中海海流呈逆时针方向流动,基本上非洲沿海是东流,欧亚沿海是西流。从直布罗陀到 2°W 附近的东流,平均流速在 2 kn 左右。从 1°E 通过西西里岛到塞得港的东流,平均流速在 0.5 kn 左右,从恰纳卡莱海峡(达达尼尔海峡)出来的海流,进入爱琴海后,往南绕过希腊向西而去,流速在 0.5 kn 左右。

黑海的海流也呈逆时针方向流动。由于注入的河水较多,雨量也多,形成流速约为 3 kn 的海流从黑海经伊斯坦布尔海峡(博斯普鲁斯海峡)流入地中海。在达达尼尔海峡通常为西南流,流速为 1~4 kn。刮偏北大风时,在恰纳卡莱附近可达 6 kn。刮西南大风时,会出现逆流,但不多见。在马尔马拉海通常为西流,流速较小。在伊斯坦布尔海峡(博斯普鲁斯海峡)通常为南流,流速为 2~4 kn,刮偏北大风时,流速有时可达 7 kn。图 4-6 为地中海、黑海海流示意图。

5.红海与亚丁湾的海流

红海和亚丁湾的海流受季风影响。在东北季风时期,亚丁湾是西向海流,流速为 1.0~1.5 kn,季风流通过曼德海峡进入红海;在西南季风时期,亚丁湾是东向海流,流速达 2.0 kn,红海海流经曼德海峡流入亚丁湾。

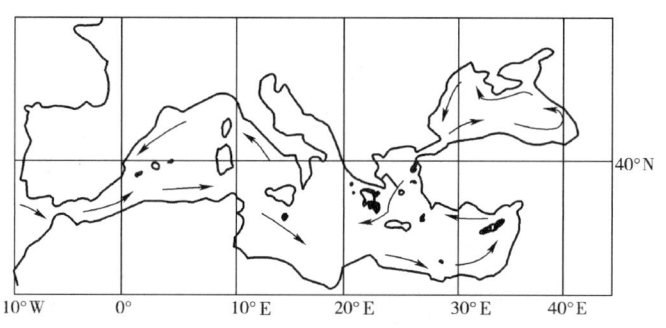

图 4-6 地中海、黑海海流示意图

四、中国近海的海流

1.渤海、黄海和东海的海流

渤海、黄海和东海的海流主要由外海流系和沿岸流系组成,其大致模式如图 4-7 所示。

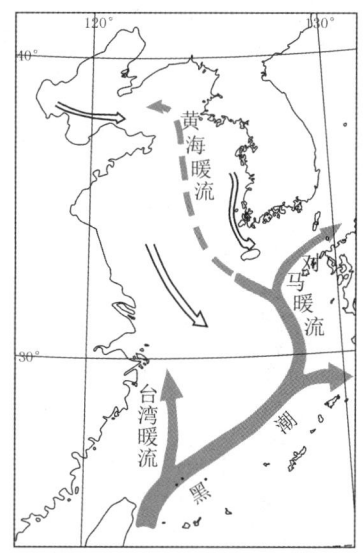

图 4-7 渤海、黄海和东海的海流

1)外海流系

外海流系由黑潮主干及其分支(台湾暖流、对马暖流和黄海暖流)组成。

黑潮自台湾东边进入东海,沿大陆架的边缘北上,流经东海的东南部深水区域,至九州岛南方流出东海。

黑潮在我国台湾东北海域分离出一个小分支,沿浙闽外海北上,可达杭州湾外,然后转折向东与黄海冷水混合而变性,因这支海流从台湾附近而来,所以称为台湾暖流。

黑潮在九州岛西南海域分离出一个小分支,北上经过朝鲜海峡流入日本海,这支海流称为对马海流。

对马海流在济州岛南方分离出一个小分支,从济州岛西南海域进入黄海,成为黄海、渤海海域环流的主干,这支海流通常称为黄海暖流。黄海暖流大致沿着 124°E 经线北上,在北黄海转折,然后通过渤海海峡进入渤海。其流向比较稳定,终年偏北,流速比黑潮和对马海流小,为 0.2~0.3 kn。海流进入渤海之后分为两支:一支入辽东湾构成右旋海流;另一支在渤海南部构成左旋海流。

2)沿岸流系

我国沿岸有许多大小不同的江河入海,构成沿岸流系。沿岸流系主要由辽南沿岸流、辽东沿岸流、渤海沿岸流、苏北沿岸流和闽浙沿岸流组成。

为了保持与外海暖流的交换与平衡,沿岸流系运动的总趋势是由北向南的,同时不断地与外海海水混合,产生许多小漩涡。渤海海峡的海流在一般情况下,终年"北进南出",即从北面流入渤海,从南面流出渤海,流速冬强夏弱。

冬半年沿岸流系具有低温、低盐的性质,在强烈的北向季风的作用下,沿岸流系强度最强,且扩散范围大,在东海可扩展到126°E左右。3—5月份起,沿岸流在整个沿海都由强变弱,并向北收缩;到了夏季7、8月份,几乎整个沿海都为暖水所控制。

2.南海的海流

南海位于热带季风区,其表层海流在季风的作用下,具有季风漂流的特性,海流的方向和强度都随季风而变。夏季南海盛行西南季风,以6—8月最盛,南海的海流主要为东北流,当其到达南海北部时,大部分海水通过巴士海峡流出南海,与南来的黑潮汇合北上;小部分海水继续北上,经过台湾海峡进入东海,如图4-8(a)所示。

冬季南海盛行东北季风,以12月—次年1月最盛,南海大部分区域为西南流,黑潮部分海水经巴士海峡流入南海北部,同来自台湾海峡的沿岸流合并流向西南,主流沿中南半岛南下,形成南海的左旋流,如图4-8(b)所示。

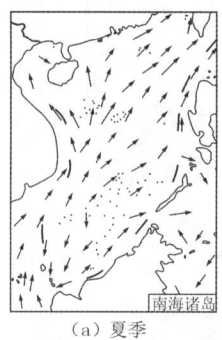 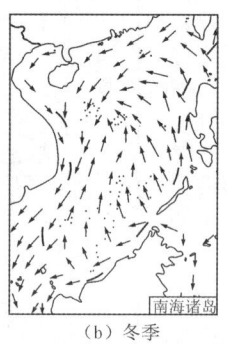

(a)夏季　　　　　　　(b)冬季

图4-8　南海季风流

4月和10月为南海季风转换月份,风向不稳定,海流处于转换之中,比较零乱。不论冬季或夏季,南海西部的海流均比东部的强,强流区在越南近海。

 思考题

1.何谓海流?叙述其成因和分类。

2.说明风海流的流向和流速的确定。其随深度是怎么变化的?

3.什么叫地转流?

4.绘图说明世界大洋海流模式并指出其主要形成因素。

5.简述北太平洋主要表层海流系统概况。

6.简述东中国海的主要表层海流系统。

第二节 海浪

海浪(Sea wave)是海水运动的重要形式,是影响船舶运动的首要环境因素。船舶横摇时货物会产生移动,纵摇时会出现中垂或中拱使船体变形。船舶在大风浪中航行会使航速减慢,严重时会造成船体断裂或倾覆。因此,掌握海浪的有关知识,对航海者来说是至关重要的。

一、波浪要素

波浪具有周期性,波浪特征常用正弦波的周期、波长、波速、波高、振幅等要素来描述。如图 4-9 所示,波面的最高点称为波峰;波面的最低点称为波谷;相邻两波峰(或波谷)之间的水平距离称为波长(λ);相邻两波峰(或波谷)通过某固定点所经历的时间称为周期(T);波形传播的速度称为波速(c),显然 $c = \dfrac{\lambda}{T}$。波峰与波谷之间的铅直距离称为波高(H)。波高的一半称为振幅(a),亦称波幅。振幅表示水质点离开其平衡位置的向上(或向下)的最大铅直位移。波高与波长之比称为波陡(δ),波陡 $\delta = \dfrac{H}{\lambda}$。波向是指波的来向。垂直于波向通过波峰的线称为波峰线。垂直于波峰线的线称为波向线。

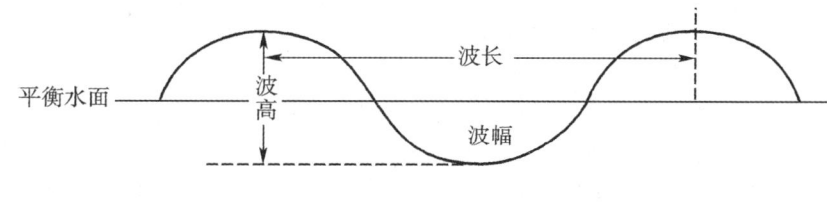

图 4-9 波浪要素

二、波浪的分类

海洋中波浪的种类很多,研究的角度不同,分类方法及称谓也不同。下面介绍按波长相对于水深的关系以及按波浪成因和周期的分类方法,并阐述各类波浪的特征。

1.按波长相对于水深的关系分类

按照波长相对于水深的大小,可以将海洋中的波浪分为深水波和浅水波两种类型。

1)深水波

理论上说,波长远小于水深的波称为深水波,即深水波是在水深为无限的水域中传播的表面波。实际工作中发现,当水深大于 1/2 波长时,海底摩擦对波动的影响可忽略,这种波动具有深水波的特性,因此实用中通常将在水深大于 1/2 波长的水域中传播的表面波定义为深水波。

由于海底摩擦对深水波波动的影响被忽略,因此深水波波速与波长和周期有关,而与水深无关。

2)浅水波

理论上说,波长远大于海深的波称为浅水波。实际工作中发现,当波长大于水深的 20 倍时,海底摩擦对波动的影响显著,因此实用中通常将波长大于水深 20 倍时的波浪定义为浅水波。

由于海底摩擦的影响,浅水波波速只取决于水深,而与波长和周期无关。理论上可以证明,浅水波中海面水质点的运动轨迹为椭圆。

2.按波浪的周期和成因分类

海洋中具有周期从不到 1 s 到大于 1 天的各种波浪,各种波浪的成因不同。波浪按成因和周期可划分为风浪、涌浪、近岸浪、内波、风暴潮、海啸和潮波等。习惯上把风浪、涌浪以及它们形成的近岸浪,合称为海浪。周期为 1~30 s,为重力波,主要以海浪为主;周期为 30 s~5 min,为长周期重力波,多以长涌的形式存在,一般是由风暴系统引起的;从 5 min 到数小时周期的长周期波,主要由地震、风暴等产生;周期为 12~24 h 的波动,主要是由日、月引潮力产生的潮波。

1)海浪

(1)风浪

风直接作用于水面引起,而且直到观测时还处在风力作用下的波浪,称为风浪(Wind wave)。俗语说的"无风不起浪"指的就是风浪。风浪波峰较尖,波长较小,背风面比迎风面陡,波向与风向一致,而且常有浪花出现。

风浪的大小主要取决于风力、风区和风时,此外,还受到海水深度及海域特征等因素的影响。所谓风区是指风向和风速近似一致的风域。风区越长,浪在风区内移行得越远,风浪就越发展。所谓风时是指近似一致的风向和风速连续作用于风区的时间。通常情况下,风时越久,海水所获得的动能越大,风浪就越发展。以上分析表明,风力越大、风区越长、风时越久,风浪就越发展。

风浪的发展具有过渡、定常和充分成长三种状态。假设某一恒定的风吹在风区足够大的大洋上,风浪随风时的增加而增长,风浪的这种状态称为过渡状态。假设某一恒定的风无限期吹下去,风浪由于受风区尺度的限制而趋于稳定不再增长,风浪的这种状态称为定常状态。

风浪的发展不是无限制的,即使风时和风区足够大,但是当波陡接近 1/7 时,波浪开始破碎,波高停止发展。这是因为风传递给风浪的能量,除用于增大波高外,还有相当一部分能量消耗于涡动引起的摩擦上。当风浪能量的收支达到平衡时,风浪就达到极限不再继续增长,风浪的这种状态称为充分成长状态。在风速一定时,风浪充分成长需要一定的临界风时和风区。例如:当风速为 20 kn 时,最小风区为 75 n mile,最小风时为 10 h;当风速为 30 kn 时,最小风区和最小风时分别增加到 280 n mile 和 23 h。

在较大范围内平均深度较小,且深度无显著变化的水域,风浪充分成长所需要的时间要比在深水区中短。这是因为风浪成长至足够的浪高后,海底摩擦将引起能量消耗,从而影响风浪的继续成长。

(2)涌浪

风已平息、减弱或改变方向后所遗留下来的波浪,或者从观测海区外传播到当地的波浪,称为涌浪(Swell)。俗语说的"无风三尺浪"指的就是涌浪。涌浪的特点是波形圆滑、波峰线较长、波向明显、波长较大、波速较大、波向与风向常不一致。

涌浪在传播过程中,能量不断衰减,波高不断减小。通常情况下,波长小的衰减快,波长大的衰减慢。涌浪在波高减小的同时,周期和波长都在逐渐加大。

(3)近岸浪

风浪或涌浪传至浅水或近岸区域后,因受地形影响将发生能量集中,波高增大,波长和周期变小,波向折射、绕射和反射,波面变陡,波浪卷倒和破碎等一系列变化,称为近岸浪(Coastal wave)。在海岸附近破碎的浪称为拍岸浪,如图4-10所示。

图4-10 拍岸浪

当波浪由深水传至浅水时,能量集中在越来越薄的水层内,于是波长和周期逐渐变小,波高增大。受海底摩擦的影响,波谷处的水质点速度比波峰处的水质点速度要慢些,当波陡约为0.7时,波浪就会变得不稳定并发生破碎。

近岸浪折射的结果使波峰线越来越趋于与等深线平行。因此,外海传来的波浪接近海岸时,通常波峰线总是与海岸平行。海浪可以绕过障碍进入被岛屿、海峡或防波堤等遮蔽的水域。绕射进入防波堤的波高会减小。

当海岸线有曲折时,在凸出处由于波向辐合,波高变大,波浪的冲击力加强;在凹进处由于波向辐散,波高变小,波浪的冲击力减弱。因此,通常岬角的受海浪冲击和破坏较大,而海湾内风浪较小。

2)内波

在海洋中,密度相差较大的水层界面上的波动称为内波(Internal wave)。内波在各种深度的海洋中都可产生,其波高比表面波大得多,常达几十米,甚至近百米。

船舶遇到内波现象时,大致会经历两种情况:一是由于船舶前进时带动了上部密度较小的水层,使这个水层在密度较大的水层上滑动,从而形成了内波。这时,船舶的运动能量都消耗在这种内波的形成上了,尽管开足了马力,却很难前进一步,船员们称这样的海面为“死水”。二是当船舶的固定摇摆周期与内波的波动周期重合时,就会出现共振现象,使船舶的摇摆度增大。为了有效地克服“死水”和共振现象,船舶应改变航速,必要时还需适当改变航向,离开产生内波的海区。

3)风暴潮

由热带气旋、温带气旋、寒潮冷高压的强风作用和气压骤变等引起的海面异常升降现象,称为风暴潮(Storm surge),亦称气象海啸。

风暴潮振幅可达数米,能使沿海的局部地区出现显著的增水或减水。当风暴潮波峰与天文潮的高潮重合时,可引起水位暴涨,若强风吹向V字形海湾,海面升高会明显加剧,甚至侵溢陆地,带来严重灾害;而当风暴潮波谷与某地天文潮的低潮相重合时,可引起水位下降,影响船舶航行,甚至使巨轮搁浅。

在浅水区,作用于水面的风对诱发风暴潮的作用一般大于气压变化的作用。在深水区,气压每下降1 hPa,海面约升高1 cm,因此气压骤变是诱发风暴潮的主要因素。

风暴潮可分为温带风暴潮和热带风暴潮两类。前者多发生于春秋季节,中纬度沿海地区;后者多见于夏秋季节,中低纬度沿海地区。

风暴潮最严重的地区是日本沿岸、美国东海岸、墨西哥湾沿岸、太平洋赤道以北的一些群岛和中国沿岸。我国风暴潮多发区有莱州湾、渤海湾、长江口至闽江口、汕头至珠江口、雷州湾和海南岛东北角一带。其中汕头至珠江口和莱州湾是严重多发区。

4）海啸

由海底地震、火山爆发或水下塌陷和滑坡等所激起的海面巨浪，称为海啸（Tsunami）。海啸主要是由浅源地震引起的，故又称地震波。

海啸在外海的主要特征是波长很大，约为几十至几百千米；周期不等，为 2～200 min，最常见的是 2～40 min；波速很大，每小时可以传播几百甚至上千千米；波高不明显，对于大洋中航行的船舶来说，影响不大。当海啸传至近岸时，因海水变浅，波高剧增，可达十余米，有时会冲上沿海地区，造成极大的危害。

世界上有记载的大地震引起的海啸，80%以上发生在太平洋地区。在环太平洋地震带的西北太平洋海域，更是发生海啸的集中区域。世界上最常遭受海啸袭击的国家和地区包括日本、菲律宾、印度尼西亚、加勒比海、墨西哥沿岸和地中海。中国是一个多地震国，但海啸却不多见。

5）潮波

海水在天体引潮力作用下产生的长周期波动，称为潮波（Tidal wave），亦称潮汐波。由此引起的海面周期性涨潮和落潮称为潮汐，所引起的海水周期性水平流动称为潮流。关于潮汐和潮流在《航海学》中有详细介绍。

三、群波和驻波

实际海洋中的波浪十分复杂，其中很多不能直接用简单的正弦波说明。但如将若干正弦波叠加起来，则可以解释许多波动现象。

1. 群波

在一群波中，波浪由小到大，再由大到小有序排列，称为一个群波（Group of waves）。观测表明，实际海浪的波面形状很接近群波。

2. 驻波

由两列波向相反的正弦波叠加，可以得到一种波形不向前传播的波，波面只在原地振动，称为驻波（Standing wave）。在海滨峭壁处常出现驻波，在热带气旋眼区出现的"金字塔浪"亦属于驻波。

四、有效波高

实际海面波高极不规则，连续观测一列波，按波高大小依次排列，其中前 1/3 较大波的平均波高称为有效波高（Significant wave height），以符号 $H_{1/3}$ 表示。

研究表明，一个有经验的观测者目测得到的显著波高与有效波高两者基本一致，因此，$H_{1/3}$ 成为最常用的一种统计波高。此外还可以定义出 $\bar{H}$、$H_{1/10}$、$H_{1/100}$、$H_{1/1000}$ 等统计波高，它们与 $H_{1/3}$ 的关系如下：

$$\frac{\bar{H}}{H_{1/3}} = 0.63 \;;\; \frac{H_{1/10}}{H_{1/3}} = 1.27 \;;\; \frac{H_{1/100}}{H_{1/3}} = 1.61 \;;\; \frac{H_{1/1000}}{H_{1/3}} = 1.94$$

由此可知，$H_{1/3}$ 大于平均波高 $\bar{H}$；在 100 个连续波中有一个大波的波高超过 $H_{1/3}$ 的 1.5 倍稍多些；在 1000 个连续波中有一个大波的波高接近 $H_{1/3}$ 的 2 倍。

波高是船舶观测和预报海浪的主要要素。通常在波浪分析图上绘制等波高线所依据的数值（H_E），是风浪波高（H_W）和涌浪波高（H_S）的合成波高，即 $H_E = \sqrt{H_W^2 + H_S^2}$。式中，$H_W$ 和

H_S分别为海上观测船目测得到的平均显著风浪高和涌浪高。

在波浪预报图中绘制等波高线所依据的数值采用有效波高($H_{1/3}$),它是利用波谱分析等理论方法计算出来的。

五、流波效应和水–气温差对海浪的影响

1.流波效应

理论和实践都证明,海流对波浪有显著影响,称为流波效应。如果浪向和流向成一定的夹角,则波浪通过海流后不仅波高和波长发生变化,而且波浪的传播方向也发生改变。据统计,当海流速度为 2~3 kn,风速为 10~15 m/s 时,在波浪和海流相向或接近于相向的情况下,其波高比无流时大 20%~30%,并产生部分波浪破碎或全部波浪破碎。例如,冬季季风影响黑潮流域时,由于海浪和海流接近于反向,易使波高增大,波向不稳定。航行船舶应注意这种流波效应。当波浪与海流同向时,波长增大,波高减小;当流速与波速比较可以忽略不计时,可不必考虑流的影响。

2.水–气温差对海浪的影响

许多研究表明,在风速相同的条件下,气温低于水温时波高增大。据统计,严冬季节,气温比水温每低 1 ℃,波高平均以 5%的比率增大。因此,当有寒潮时,水–气温差加大,会使海面状况变差。例如,冬季的北太平洋上,在日本以东的黑潮流域,水–气温差可达 5~10 ℃以上,再加上流波效应,有时出现比预料高 2~3 倍的异常大浪,是海事多发的海域,有"魔鬼海域"之称,船舶应尽量避开这个区域。

六、世界大洋主要大风浪区及其成因

大风浪对船舶航行影响很大,分析多年的波浪观测资料可知,世界各大洋上多狂风恶浪的海域主要有以下几个:

1.冬季北大西洋和北太平洋中高纬度海域,尤其是大洋的西部

冬季,在北大西洋和北太平洋中高纬度洋面上,大浪的分布范围广、出现频率高,是两个著名的狂风恶浪海区。在 30°N 以北海域,北太平洋波高大于等于 3.5 m 的大浪频率达到 20%~30%;北大西洋上的大浪频率相对北太平洋要高,波高大于等于 3.5 m 的大浪频率达到 10%~50%。大洋西部大浪频率高于东部;千岛群岛与阿留申群岛之间大浪频率高达 40%;格陵兰、纽芬兰及北欧沿岸的海域,大浪频率高达 50%~60%,狂浪的频率达到 15%。

冬季这两个海域多狂风恶浪,原因主要有三个:一是极地来的东冷风与西风带的西暖风在这两个地区相遇后频生气旋,从而形成狂风恶浪;二是这两个地区是冷暖海流交汇地带,冷流使其上方冷空气变得更冷,暖流使其上方暖空气变得更暖,这样,冷暖空气相遇更容易生成锋和气旋,或促使移动过来的锋和气旋加强;三是这两个地区正好是两个永久性大气活动中心——冰岛低压和阿留申低压的所在地,尤其在冬季低压特别强盛,从而生成狂风恶浪。

2.夏季北印度洋多狂风恶浪

夏季,北印度洋由于盛行强劲的西南风,7—8 月最盛,风力常达 8~9 级或 9 级以上,风浪特别大。阿拉伯海西部大浪频率高达 74%,是世界各大洋中大浪频率最高的海区。

3.南半球的咆哮西风带全年多狂风恶浪

南半球 30°S 以南中高纬度海域为咆哮西风带,终年盛行强劲的西风,为狂风恶浪区。其

中处于世界重要航道上的好望角和合恩角附近海域风浪特别大,海面有时会出现狂浪怒涛,严重影响船舶航行安全。

4.比斯开湾冬季多狂风恶浪

著名的比斯开湾是通往北欧的重要航道,每年 10 月至次年 3 月海况十分恶劣,经常大风怒吼,狂涛汹涌,极不平静。这是因为比斯开湾地处法国西部 45°N 附近盛行西风带中,湾口对着大西洋。冬季北大西洋中高纬度海域为狂风恶浪区,当外海的波浪传入比斯开湾时,因水深变浅和沿岸地形的影响,波高剧增。此外,北大西洋海流一分支沿比斯开湾北岸流入,顺南岸流出,这样当波浪遇到出湾的海流时,流波效应使波高进一步增大。由于以上原因,比斯开湾冬季经常有 10 m 以上的狂涛。

七、中国近海风浪分布特征

我国近海的浪主要受季风制约。

冬季,长江口以北海域盛行偏北季风,渤海和黄海多为西北浪和北向浪。东海和南海盛行东北季风,以东北浪居多,台湾海峡东北浪占优势。

夏季,盛行偏南季风,渤海、黄海和东海以东南浪为主,南海以南向浪为主。

冬季,中国近海大浪区多出现在台湾海峡、成山头附近和台湾以东海域,最高大浪频率出现在台湾海峡。夏季在热带气旋的影响下,通常风浪比冬季要小。

 思考题

1.简述海浪的分类。

2.简述风时和风区的概念,说明风速、风时和风区与风浪成长的关系。

3.何谓涌浪? 说明其传播特点。

4.简述近岸浪的主要特征。

5.冬季北太平洋和北大西洋中高纬度海域大风浪的成因是什么?

6.在什么季节里比斯开湾的风浪比较险恶? 为什么?

7.在什么季节里好望角的风浪比较险恶? 为什么?

8.在什么季节里北印度洋的风浪比较险恶? 为什么?

9.冬季日本关东东部洋面被称为"魔鬼海域"的原因是什么?

第三节 海冰

海冰能封锁航道和港口、破坏港口设施,流冰能切割或碰撞船只,特别是冰山严重威胁船舶航行安全。例如:排水量为 46000 t 的英国巨型邮轮"泰坦尼克"号,首次航行时,于 1912 年 4 月 15 日在大西洋的大浅滩处与冰山相撞而沉没,造成 1490 人死亡,是航海史上迄今最大的悲剧。因此,冬季在高纬度海域航行或在冰山经常活动的海域航行时,必须考虑海冰的影响。要考虑海冰的影响,就必须掌握海冰的形成条件、漂移规律及分布特点。

一、海冰的定义、形成和分类

1.海冰的定义

从广义上讲,海冰是指海洋中各种形式的冰,它既包括海水本身结冰,也包括由大陆冰川、江河流入海洋中的陆源冰。

海冰包括咸水冰和淡水冰,其中咸水冰由海水直接冻结形成,淡水冰多为陆源冰。

咸水冰实际上是淡水冰晶、卤汁和气泡的混合物。海水结冰时,其中的水冻结,盐分被排挤出来,部分来不及流走的盐分以卤汁的形式被包围在冰晶之间的空隙里形成"盐泡"。此外,海水结冰时,还将来不及逸出的气体包围在冰晶之间,形成"气泡"。

2.海冰的形成

海冰的形成与海水温度、盐度和密度等特性有直接的关系。

1)海水的温度、盐度和密度及其分布

(1)海温

海水温度,简称海温,是表示海水冷热程度的物理量,通常以℃表示。

①表层海温分布

表层海温是指海水表面到水下 0.5 m 深的海水温度,其分布与气温分布有相同之处,在赤道附近为高温,随纬度的增高而下降。大洋表层海温的水平分布主要取决于太阳辐射、海陆分布和冷暖海流等因素。南半球的等温线大致与纬圈平行;北半球的大洋西部等温线较密集,东部较稀疏,这是由于大洋西部冷暖海流交汇处温度梯度大,形成等温线密集带,称为海洋锋。

中国近海靠近亚洲大陆,一方面受大陆性气候的影响显著,另一方面受沿岸江河径流的影响较大,再加上水深较小,因此表层海温的分布状况要比大洋复杂一些。2 月份表层海温最低,冬季南北海区温差很大,同纬度沿岸表层海温低于外海。8 月份表层海温最高,夏季南北海区温差较小,同纬度沿岸表层海温高于外海。

②大洋表层海温的日、年变化

大洋表层海温的日变化很小,日较差通常小于 0.4 ℃。在平静无风的天气,虽然要大些,但是最高也不超过 1 ℃。最高海温出现在下午 2—3 时,最低海温出现在早晨 6 时左右。通常纬度越低,日较差越大,冬季日较差较小,夏季较大。

大洋表层海温的年变化,一般比气温的年变化滞后 1~2 个月,北半球月平均最高值出现在 8—9 月,最低值出现在 2—3 月。在赤道、热带海区以及寒带海区年较差较小,一般只有 2~3 ℃;温带海区较大,为 5~10 ℃。

大洋表层海温与气温的日、年变化相比,有两个特点:一是海温的变化幅度比气温小;二是海温的变化位相落后于气温的变化位相,且冬季海温高于气温,夏季海温低于气温。

中国近海表层海温的日、年变化有三个特点:一是沿岸日较差比中央海区大;二是北部海区日较差比南部海区小;三是年较差比日较差大得多。

(2)海水的盐度

海水中含有多种无机盐类,盐度是海水中含盐浓度的一种量度,符号为 S‰。海水的平均盐度为 35‰,对应的冰点为−1.9 ℃。

大洋表层海水的盐度分布同降水量与蒸发量之差的分布相当一致。赤道地区盐度较低,约为 35‰左右;随着纬度的增加,盐度增高,在副热带海区达到最高,为 36‰左右,部分海区为

37‰以上;向两极又逐渐下降,最低值主要出现在极地海区,在34‰以下,主要受融冰和结冰的影响。各大洋边缘处,受大陆径流冲淡的影响,盐度较低。

（3）海水的密度

海水的密度是指单位体积海水的质量,单位为 g/cm³ 或 kg/m³。海水密度是温度、盐度和压力的函数,通常为 1.028 g/cm³。

大洋表层海水的密度分布主要取决于表层海温和盐度的分布。在赤道地区,由于海水的温度高、盐度低,所以密度小。由赤道向高纬度,密度逐渐增大。在副热带地区,虽然盐度很高,但温度也很高,所以密度并不大。最大密度出现在寒冷的极地海区。

2）海冰的形成特点

海水中含有大量的溶解盐,其结冰过程、结冰速度和物理性质等均与纯水不同。

纯水的冰点为 0 ℃,最大密度时的温度为 4 ℃。因此,在上下层海温都降至 4 ℃以后,若水面继续降温,上层水的密度就会减小,小到比下层水小,从而抑制对流,当水面温度降至 0 ℃时就会结冰。

海水结冰除与海水温度和盐度有关外,还与盐度的垂直分布及海深有关。海水冰点和最大密度时的温度都随盐度而变化,盐度越高,冰点越低,最大密度时的温度更低。研究表明,盐度为 24.695‰ 时的冰点和最大密度时的温度值相等。盐度小于 24.695‰ 时的海水结冰过程与纯水相同,而大于 24.695‰ 时的海水结冰过程与纯水则完全不同。盐度大于 24.695‰ 时的海水,其最大密度时的温度低于冰点。因此当表面海水先于下层海水达到冰点时,若未结冰,随着表面温度的不断下降,上层海水密度不断增大,大到比下层海水大,从而引起对流,并将一直持续到海水结冰时为止。

3）海冰的发展阶段

海冰是大气和海洋相互作用的结果,是在一定的海域中,温度下降,低于海冰的冰点后的产物,其生成、发展和消融是一个复杂的物理和化学过程。海冰并不是一时就能够形成的,它的形成过程通常可以分为以下几个阶段（如图 4-11 所示）。

（1）初生冰

当海上气温下降到海水的冰点,或有雪降到低温的海面上时,海水会开始结冰。这时结成的海冰还不是大块形状,而是呈针状、薄片状、糨糊状或绵状。

（2）冰皮

冰皮是由平静的海面直接冰冻结成或者由初生冰继续冰冻而成的海面冰层。它的厚度大概是 5 cm,比较脆,容易被海面的风或海面的水流弄碎,变成长方形的薄冰块。

（3）尼罗冰

当初生冰成长到厚度约有 10 cm 时,称为尼罗冰,这时海冰开始变得比较有弹性,但依然容易断折。

（4）莲叶冰

莲叶冰是直径在 30 cm 和 3 m 之间,厚度在 10 cm 左右的浮冰。在较为平静的海面上,初生冰可以直接冻结为莲叶冰。而大块的冰皮或尼罗冰破碎后也可以形成莲叶冰。莲叶冰的边缘由于与其他冰块碰撞,而形成一圈凸起,而且形状近似圆形,所以仿佛是海面上的一朵朵莲叶,故称为莲叶冰。

（a）初生冰	（b）冰皮	（c）尼罗冰
（d）莲叶冰	（e）灰冰	（f）灰白冰
（g）白冰	（h）一年冰	（i）多年冰

图 4-11　海冰的发展阶段

（5）灰冰、灰白冰和白冰

当寒冷持续时，初生冰、尼罗冰、冰皮和莲叶冰会混杂在一起，厚度继续增加。当厚度增加到 10~15 cm 时，冰面多呈灰色，称为灰冰。灰冰脆而易断，受挤压的时候会折断而重叠，增加厚度。当厚度增加到 15~30 cm 时，冰块颜色从灰色过渡到灰白色，称为灰白冰。而当厚度增加到 30 cm 以上时，色泽变为白色，表面凹凸不平，形状也变得不规则了，这时的浮冰称为白冰。

（6）一年冰

一年冰是指成长期没有超过一个冬季的白冰，一般厚度在 30 cm 以上。

（7）多年冰（老冰）

多年冰是指至少经过了一个夏季的海冰。由于经过夏天受热，表面融解再结冰，使得表面比较光滑。同时，由于夏季融解时冰晶中的盐泡会融合或析出，老冰的盐度会比一年冰的低，而且随着年龄递减。老冰的颜色一般是青色或蓝绿色。

3.海冰的分类和密集度

1）海冰的分类

海冰按运动状态可分为固定冰、流冰和冰山三大类。

固定冰，亦称岸冰，是与海岸、岛屿或海底冻结在一起的冰。当潮位变化时，固定冰能随之发生升降运动。其宽度可从海岸向外延伸数米甚至数百千米。

流冰,亦称浮冰,是自由浮在海面上,能随风、流漂移的冰。它可以由大小不一、厚度各异的冰块形成,但它不包括冰山。浮冰按形态可分为碎冰、饼冰(小于 3 m)、块浮冰(小于 20 m)、小浮冰(20~100 m)、中等浮冰(100~500 m)、大浮冰(500~2000 m)、巨浮冰(大于 2000 m)。

冰山是由大陆冰川或冰架断裂后滑入海洋且高出海面 5 m 以上的巨大冰块。冰山可以是漂浮的,也可以是搁浅的,分为桌状(平顶)冰山、尖顶冰山以及冰岛。在北冰洋和北大西洋以尖顶冰山为主,它是由山谷冰川崩解而形成的,通常其高度大于宽度,具有陡峭的坡度,易倾倒或翻转。冰山淹没的深度,取决于冰山和海水的密度。冰山的密度通常为 $0.86 \sim 0.92$ g/cm³,比海水的密度小,因此形状较规则的冰山,露出海面的体积一般为总体积的 1/10~1/9。

2)海冰的密集度

在当前海冰研究中,常使用十分法来对海面上浮冰覆盖的比例进行度量,即冰量,表征海区浮冰的密集度。

二、船舶接近冰山活动区的征兆

船舶在可能会出现冰山的海域航行时,应注意对海洋气象要素的观测,加强瞭望,同时还要注意雷达回波、接收冰况图及有关部门发布的冰情报告及警报,及时掌握海洋上的流冰动态。当出现以下现象时,可判定船舶接近冰区。

1.海温急剧降低,盐度减小。

2.如在大风浪中航行,突然波浪减弱,或突然海面变得平静,说明其上风方向可能有冰区存在,因为海冰可以阻碍波浪的运动。

3.在开阔的海面上听到本船汽笛的回声,说明可能有矗立的冰山存在。但这种回声不是都能听到的。

此外,船舶在接近冰区时,会见到小块浮冰的出现;会望见冰反射出的光芒;有时会听到冰块互相撞击的响声、海浪在冰中的冲击声或海冰因风浪的压挤而发出碎裂的声音,或冰山的融碎声、倒塌声;在流冰边缘处经常会见到浓雾屏带,这是因为比较温暖的空气移到冰山附近的冷水面时冷却而形成雾;远处有海冰时,在水天线上还可能有海市蜃楼出现。

三、冰山和浮冰的漂移规律

通常认为,冰山和浮冰在风和海流的共同影响下移动,固定冰保持不动。在无风的海域,浮冰和冰山随流漂移,其漂移的速度、方向与流一致。在无流的海域,浮冰和冰山随风漂移。

在北半球,冰山和浮冰的漂移方向,偏离风的去向之右约 28°;在南半球,偏离风的去向之左约 28°。

浮冰的风致漂移速度,不仅与风速大小有关,还与浮冰的密集度和范围有关。非常稀疏的浮冰能有更多的自由空间响应风的影响,而密集的浮冰响应风影响的自由空间非常有限。航海上冰山和浮冰的漂移速度近似取风速的 1/50。

实际漂移运动是风与流引起的漂移运动的合成。冰山水下部分的体积大,受流的影响比风大。此外,冰本身的特征、大气和海洋的热力状况、地形等对浮冰的漂移也有影响。

四、世界大洋冰况

海冰主要分布在高纬度海域,并随季节而变化。冬半年严重,活动范围扩大;夏半年较轻,活动范围向高纬度收缩。

1.北冰洋

北冰洋终年有部分海面被冰覆盖,自人类开始使用卫星记录冰雪融化情况的1978年开始,北冰洋的海冰覆盖面范围呈下降趋势。

2.北大西洋

在欧洲波罗的海和北美哈得孙湾,常年都有固定的岸冰。北大西洋的浮冰和冰山,在格陵兰岛东南海域和纽芬兰东南海域最多。从格陵兰岛西岸滑入巴芬湾的冰山,不仅进入北冰洋,而且平均每年有三百多座冰山,经戴维斯海峡随拉布拉多寒流输送进大西洋,其南界可达40°N,冰山有时甚至可穿越湾流南下至31°N。冰山盛行期是4—6月份,活动仅限于北大西洋西部。

3.北太平洋

北太平洋的白令海、鄂霍次克海、日本海以及堪察加半岛以东海湾、北海道和阿拉斯加湾,一年中都有不同的结冰期。在北太平洋西部,冰山的南界的平均位置在58°N附近。冰川入海形成的小冰山数量不多,仅限于在阿拉斯加湾内活动。

日本近海的浮冰主要来自鄂霍次克海,流冰于1月上旬自库页岛南下,中旬到达北海道沿岸,以后势力增强,2月末到3月达最盛期,3月下旬开始衰退,4月末完全消失。

4.南大洋

南极大陆是世界上最大的冰山源地,在南极大陆周围洋面上经常有22万座冰山在游动,多数冰山在向北漂移中融化掉,因此,南大洋的海冰多为2~3 m厚的一年冰。冰山在55°S以南到处都可遇到,其北界可达45°S~40°S或更低的纬度。

五、中国沿海的冰况

我国近海地区所处地理纬度大都比较低,不易出现结冰现象,唯有渤海和北黄海北部,在位于37°N和41°N之间的海区,每年都有海冰出现。一般情况下,在45°N~50°N以北的海区才能形成海冰。而渤海和黄海北部海冰的出现,主要是由于这一海区深入大陆,深度较小,盐度较低,与外海的水交换少,冬季受来自欧亚大陆的寒流侵袭,气温急剧下降,使近岸海区的海水冻结成冰。在正常的年份,结冰不甚严重,对航海的影响不大。但是在个别异常寒冷的冬天,渤海会出现严重的冰封,如1969年2—3月曾发生严重的冰封,除了海峡附近外,渤海几乎全被冰覆盖。渤海湾的冰厚度达50~70 cm,最厚达120 cm。海上活动几乎完全停止。某万吨级的货船曾被冰挟持,随冰漂移达4天之久。有些船舶被冰挤压得船体变形,船舱进水。类似的情况在1936年和1947年也曾发生过。

除了季节变化和各年的冰情有差异之外,由于海区所处地理位置和水文状况不同,冰情也不一样。在正常年份,渤海和黄海北部从11月中旬到12月中旬,由北向南先后岸边开始结冰;翌年2月下旬至3月中旬,由南向北逐渐消失,冰期为3~4个月。海冰的发展情况可分为初冰期、盛冰期和终冰期。盛冰期在1月中下旬到2月中下旬。此时冰情最严重,威胁着航海的安全。盛冰期,渤海和黄海北部沿岸固定冰的宽度一般在0.2~2 km,其中河口和浅滩区可达5~10 km。冰的厚度,在北部多为20~40 cm,最大在60 cm左右;在南部多为10~30 cm之间,最大约为40 cm。此时渤海和黄海北部流冰的外缘线,除辽东湾外,大致沿10~15 m等深线分布;辽东湾冰情最严重,流冰的外缘线距北岸60~80 n mile,在其他地区一般离

岸15~25 n mile。

渤海和黄海北部流冰漂移的方向多与海岸平行,或与潮流方向接近,流速多在1 kn 以内,最大为2~3 kn。

六、船体积冰的条件及预防

船体积冰又称重冰集结或甲板冰。当气温较低、海上风较强时,波浪的飞沫在空中变成过冷水滴,一碰到船体时便发生冻结,形成船体积冰。船体积冰能压断天线,阻隔通信,严重时可使船舶重心上升,甚至使船舶失去平衡而发生突然倾覆。

船舶在有可能发生积冰的天气条件下的海域航行时,为防止积冰发生,要经常改变航向或者减速,使波浪和飞沫尽量少浸没船体表面。当估计到将会遭遇严重积冰时,船舶应驶往开阔的海域或较暖的水面。因为较冷的大陆气团在海上移动一段较长距离后会发生变性,气温上升。所以,重冰集结现象在开阔的海洋中较少发生。

 思考题

1.简述海冰的漂移规律。

2.船舶接近冰区的征兆有哪些?

3.简述船体积冰对船舶的危害及其应对措施。

第五章

海雾

　　雾(Fog)是在贴近地面的气层中,由悬浮的大量小水滴或小冰晶组成的混合物。雾是影响海面能见度的重要因素,一般会使水平能见度小于 0.5 n mile。使水平能见度在 0.5～5 n mile 的雾。称为轻雾。雾对航海有一定影响,据统计,引起船舶海上碰撞事故最多的海洋气象环境要素便是雾,船舶在雾中航行即使备有雷达等现代化导航仪器,仍有偏航、搁浅、触礁或碰撞的危险。因此,我们需要较准确地做出雾的生消预报。

一、雾的形成

　　雾与云在本质上是一样的,都是发生在大气中的水汽凝结现象,只不过存在的高度不同而已,云悬浮在空中,雾贴近地面,因此可以把雾看成地面上的云。

　　雾形成的途径有两种:一种是通过蒸发或平流输送,增加大气中的水汽含量;另一种是降低空气温度。在这两种途径中,降低空气温度更重要。海洋上的雾的形成往往既有蒸发过程,又有冷却过程。

二、雾的分类与特征

　　按照雾的形成原因,海洋及沿海常见的雾可分为平流雾、辐射雾、锋面雾和蒸汽雾四类。

　　1.平流雾

　　暖湿空气流经较冷的下垫面(水面或陆面)时,受到冷面的影响,近地面层空气冷却降温,水汽凝结成雾,这种雾称为平流雾(Advection fog)。

　　1)基本特点

　　海洋中冷、暖海流交汇处冷流的上方或海陆沿岸,只要风向适当,即空气从暖区吹向冷区,都可能在冷的下垫面上形成平流雾。平流雾是海上出现最多、对航海影响最大的一种雾,故又称为海雾。其基本特点是:

　　(1)浓度和厚度大

　　平流雾的浓度往往很大,能见度恶劣,甚至会出现水平视程小于 50 m 的情况。雾的厚度常可达几十米到几百米,遮天蔽日,严重影响天文、地文定位。

（2）水平范围广

平流雾的雾区通常可达数百甚至数千千米。

（3）持续时间长

平流雾维持五六个小时不消散是很常见的，特别是当暖湿空气较强，且流场稳定少变时，平流雾常常整日不消，甚至维持几天或一周以上。

（4）日变化

平流雾在一天中任何时刻都能产生，在大洋中无明显的日变化，在沿海或岛屿等浅海地区有明显的日变化，往往是夜间浓、白天淡。

（5）年变化

平流雾出现的频率有明显的年变化，春夏多，秋冬少。

（6）随风漂移，常伴有较多的层云

在近岸处，平流雾来临时，往往先见到大片破碎的层云，随后就是贴近海面的大雾涌上岸来。当条件适当时，海雾可伸入内陆几十千米远，然后逐渐消散或抬升为层云、碎层云。

2）形成条件

海上平流雾是低层大气与海洋之间相互作用的产物，是在特定的海洋水文气象条件下产生的。研究结果表明，下列条件有利于雾的形成：

（1）冷的海面和适当的海－气温差

冷的海面是形成平流雾的基本条件，水面温度梯度很大的水域是平流雾最易产生的区域。研究表明，当表层海温低于某个临界值时可能发生海雾，而高于此值时则不能发生海雾。在北太平洋海雾发生的区域大致限于表层海温低于 20 ℃ 的冷海面上，并且 4—9 月海雾的南界随着等温线的季节性北上而相应地从 30°N 向较高纬度推移。在我国海域雾发生的区域也大致与这个水温界限相符，但黄海北部 8 月份的海雾可发生在低于 24 ℃ 的海面上。

适当的海－气温差也是平流雾形成的必备条件之一。大量观测结果表明，长江口外海域和北海道以东洋面，海雾主要集中发生在海－气温差为 0~6 ℃ 的范围内，其中 2~3 ℃ 时雾出现的概率最大。当海－气温差大于 8 ℃ 时，一般不能形成海雾。在日本海和北太平洋，气温高于海面水温 1 ℃ 左右时，雾出现得最多。

（2）适宜的风场

据统计，有平流雾时，风力多在 2~4 级，这是因为风力太大时，乱流强，容易将上层热量向下传递，削弱低层空气的冷却作用，不易生成雾；风力太小时，暖平流弱，暖湿空气的输送量不足，不利于平流雾的形成，而且风力太小时，乱流很弱，仅能使海面上很薄的一层空气冷却，即使形成雾也很薄。

就风向而言，当风向与表层海水等温线梯度的方向大致相同时，最有利于暖湿空气向较冷海面上输送，从而形成雾。我国近海产生平流雾的有利风向范围通常为 S~SE~E，在黄海北部还包括 NE 风，而在英吉利海峡则为 SW 风。

（3）充沛的水汽

当前面条件满足时，空气湿度大是形成雾的关键因素。因此，源源不断的暖湿空气水平输送，对平流雾的生成、发展与维持都是十分重要的。

（4）低层逆温层结

在平流雾的生成和维持过程中，通常在大气低层要有逆温层存在。雾是在稳定的大气层结中生成和维持的，在逆温层中大气层结是绝对稳定的，它能有效地抑制低层大气中对流的发展,就好像一个无形的盖子,阻挡着水汽向高空扩散,从而使水汽和凝结核大量聚集在低层大气中,对雾的形成极为有利。据统计,能见度小于500 m的平流雾中,90%以上在大气低层都有明显的逆温层结存在。

3)消散条件

平流雾的生成和维持是依赖于一定的条件的,一旦这些条件发生逆转或破坏而不复存在,雾即趋于消散。平流雾向消散方向转化的条件有两个:一是风场改变,造成了暖湿空气水平输送中断,例如冷锋过境或风向发生较大角度的转变;二是低层空气增温或风速增大或减小,很多破坏了近地面层大气的稳定状态。

2.辐射雾

在晴朗微风而又比较潮湿的夜间,地面以长波辐射的形式损失热量,地表温度下降,贴近地面的空气冷却降温形成的雾,称为辐射雾(Radiation fog)。

1)基本特点

辐射雾是一种典型的陆雾,在近海和港内经常出现,常影响船舶进出港和装卸货物。其基本特点主要表现在以下几个方面:

(1)日变化

辐射雾有明显的日变化,其通常形成于夜间,日出前最浓,日出后随着气温的增高而减弱消散。除冬季阴天外,辐射雾在午后仍不消散的只是少数。

(2)年变化

辐射雾一年四季都能产生,尤以秋季和冬季为最频。通常,辐射雾冬季消散慢,夏季消散快。如果冬季辐射雾在陆上形成并移至海上,会迅速消散,因为表层海温高于气温;如果夏季在陆上形成并移至海上,会不易消散,因为那时的表层海温常低于气温。

(3)地点

辐射雾的范围不广,它只占据局部地区,多见于峡谷、洼地、湿地或沿海地区。如风向适宜、风力轻和,在沿海地区产生的辐射雾可随风缓慢地移往附近海面,但离岸很少超过10 n mile。

(4)厚度

与平流雾相比,辐射雾厚度较小,在海上来自沿海地区的辐射雾中往往可以见到大船的桅顶。

2)形成条件

晴夜、微风、近地面气层中水汽充沛和大气层结稳定是形成辐射雾的四个主要条件。

3.锋面雾

锋面上的暖气团里产生的降水,在穿过冷气团时,水滴不断蒸发使冷气团中水汽含量增加,空气达到饱和而形成的雾,称为锋面雾(Frontal fog)。因这种雾是伴随降水而产生的,故又称为降水雾或雨雾。

锋面雾对航海的威胁仅次于平流雾。浓度较大、范围较广的锋面雾多出现于锢囚锋两侧和暖锋前。在冷锋后也可产生锋面雾,但浓度不大、范围不广。锋面雾随着锋面和降水区的移动而移动,出现的时刻和强度变化均不受气温日变化的影响。

4.蒸汽雾

寒冷而稳定的空气覆盖在暖水面上,水面蒸发出来的水汽进入近地面冷空气,空气中水汽含量增加达到饱和而形成的雾,称为蒸汽雾(Steam fog)。

蒸汽雾浓度不大、范围不广,多产生于深秋和冬季的清晨,日出后随着气温的上升而慢慢消散,多出现于高纬度沿海、冰缘和冰间较狭窄的水带。蒸汽雾的发生与风速无关,在 5~40 m/s 的风速中均可观测到蒸汽雾的发生,风向改变可使蒸汽雾消散。

由以上对四种雾的分析可以得到以下结论:平流雾和辐射雾都属于冷却雾,它们是由空气冷却降温形成的;锋面雾和蒸汽雾都属于蒸发雾,它们是由空气中水汽含量增加形成的。

三、世界海洋上的主要雾区的分布

从雾的成因和特点分析可知,平流雾主要出现于温带冷暖海流交汇处冷流的上方,是海上出现最多的雾;辐射雾离岸很少超过 10 n mile;锋面雾多出现于中纬度,随锋面移动;蒸汽雾主要发生于中高纬度的海面。因此,雾的高发区集中在高纬度靠近大陆东岸的海洋上,大洋中央和赤道附近的热带海面上几乎没有雾。世界海洋上的主要雾区及出现的季节如下:

1.日本北海道东部至阿留申群岛一带洋面

这一区域常年多雾,是世界上最著名的雾区之一。这里是黑潮暖流与亲潮冷流的汇合处,夏季北太平洋高压强盛,日本以东盛行暖湿的偏南风,从而在冷水面上频频出现广大而浓厚的平流雾。平流雾多出现于夏季 6—8 月份,7 月最盛。冬季这一区域锋面气旋活动十分频繁,多锋面雾。远东和北美间的大圆航线正经过这个雾区,因终年多雾,冬季又多大风浪,对航行极为不利。

2.北美圣劳伦斯湾至纽芬兰附近海面

这一带海面终年多雾,也是世界上最著名的雾区之一。这里是墨西哥湾暖流与拉布拉多冷流的交汇处,春夏季平流雾最盛。雾区范围很大,向东延伸,可达冰岛附近海面,南北跨越 20 多个纬度,覆盖整个北大西洋北部的欧美航线。冬季这个区域锋面气旋活动频繁,多锋面雾。此外,冬季有来自高纬度的强冷空气吹向海面,常有蒸汽雾。

3.挪威、西欧沿岸与冰岛之间海面

这一海域也是常年有雾。这里是北大西洋暖流与冰岛冷流的交汇处,夏季平流雾很频繁。冬季,挪威和西欧沿海的锋面雾也特别多。挪威沿岸多峡谷和港湾,秋冬季节多辐射雾和蒸汽雾。

这一雾区海雾的范围和频率虽比不上北海道以东和纽芬兰附近的海雾,但它对欧美、西欧和北欧航道影响很大。据统计,英吉利海峡和北海水域发生的雾中碰撞事故在世界上堪称榜首。

4.阿根廷东部海面、塔斯马尼亚与新西兰之间的海面和马达加斯加南部海面

这三个海域是南半球的三个平流雾区,分别位于巴西暖流、东澳暖流和厄加勒斯暖流与冷性的西风漂流的汇合处。雾区不广,多发生于南半球的夏季。

5.加利福尼亚沿海、秘鲁和智利沿海、北非加那利海面和南非西岸海面等信风带海洋的东岸

这里流经沿岸的冷流受常年盛行的离岸风的吹刮作用,使下层海水上翻,偶尔有暖湿气流经过冷海面时也会形成平流雾。每年春夏季雾较多,范围和浓度都不大。

6.北冰洋和南极洲沿岸冰缘、冰间水域以及中高纬度陆地东海岸附近海面

冬季来自中高纬度陆地上的冷空气吹刮到海面上,多形成蒸汽雾。

四、我国近海的雾

1.成因

我国近海有两支海流：一支是著名的黑潮暖流；另一支是沿岸流。其中，沿岸流由春至夏，受陆地增温的影响，逐渐变性北退。进入盛夏后，沿岸流的低温性质便隐而不见了。与此同时，黑潮暖流在由春至夏逐渐增强北上。从而，我国沿海这两支冷暖海流交汇海域也逐渐由南向北推移。以上这种海流分布状况，在适宜的风场配合下，为平流雾的产生提供了必要的下垫面。

另外，冬季北方沿海有时会出现蒸汽雾。在秋冬季节河口、港湾或低湿平原的沿海夜间常产生辐射雾，可能移向海面；锋面雾四季都能产生，但春夏季居多。

2.特点

1）南窄北宽

南部海雾宽约一二百千米，舟山群岛一带宽约三四百千米，北部更宽些，如黄海6月几乎全部都是雾区。

2）南少北多

海南岛以南和台湾以东洋面终年受暖流控制，水温较高，雾极少出现。琼州海峡和北部湾西部冬春季节多雾，年雾日（一日中任何时间出现雾，不论持续时间长短，均计为一个雾日）可达20~30天。台湾海峡西部和福建沿海年雾日可达20~35天。闽浙沿岸到长江口一带年雾日增加到50~60天。山东半岛南部成山头和石岛一带海面雾最频，年雾日可达80多天，最长连续雾日超过25天，有"雾窟"之称。渤海湾是我国的内海，暖流不易到达，也不存在水温的不连续带，因而雾很少，仅在渤海海峡附近多些，年雾日可达20~40天。此外，台湾以东洋面和海南岛榆林港以南终年受暖流控制，缺乏冷却条件，因而基本无雾。从中国近海雾日的地理分布来看，成山头、闽浙沿岸、北部湾海域表现为三个相对的多雾中心。

3）南早北晚

雾从春至夏由南向北推延，南海北部沿岸出现最早，始于1月，2—3月最盛；东海4—6月最盛；黄海6—7月最盛。8月，除黄海北部外，我国整个沿海的雾骤然减少。

五、船舶测算海雾的方法

1.干湿球温度表法

根据干湿球读数差值的变化，可以估计海上雾的生消趋势。

1）原理

当空气没有到达饱和时，湿球读数总是低于干球读数。当空气处于饱和状态时，干湿球读数是一样的。空气中的水汽含量越少，空气越干燥，干湿球读数差值就越大。如果水汽含量增多，那么差值将减小。

2）估计海上雾的生消趋势的方法

（1）当干湿球读数差逐渐增大时，表明成雾的可能性减小。

（2）当干湿球读数差值减小趋于一致时，表明向成雾的趋势发展。

（3）干湿球读数一致时出现海雾。但在下雨时干湿球读数也会一致，而海上却没有雾。因此，估计海雾需要与天气形势预报等方法结合起来。

（4）雾形成后,若干湿球读数差值增大,海雾趋向消散。

此方法简单,但实际上有出入。实验证明,海上大气中含有盐粒子,盐粒子是吸湿性凝结核,当相对湿度在 80% ~ 90% 就有可能出现海雾。

2.露点水温图解法

船舶将在沿途不同时刻观测的空气露点和海水表层温度的数值点绘成两条曲线,如图 5-1 所示,图中 t_d 曲线是露点随时间变化的曲线, t_w 曲线是海水表层温度随时间变化的曲线。海水平流雾的生消趋势根据这两条曲线之间的距离变化来判断。

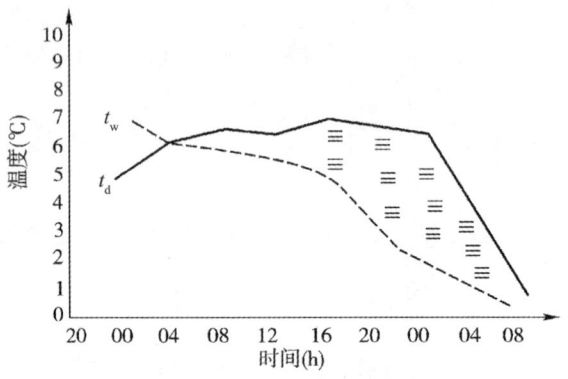

图 5-1　露点水温曲线图

1)海温高于露点时不会生成雾。

2)两条曲线的间距越来越小,说明成雾的可能性越来越大。

3)当两条曲线相交并且露点高于海温时,雾就快产生了。据统计,当 $t_d - t_w \geq 2\ ℃$,且其他条件适当时,常出现海雾。

4)有雾时,如果海温高于露点并且两曲线的间距越来越大,则说明雾正在消散。

六、利用天气形势判断雾

1.平流雾

在海洋上,形成平流雾的天气形势常见的有以下几种:

1)入海变性冷高压西部

在中高纬度从陆地东移入海的冷高压,其西部是偏东南或偏南的暖湿气流,这种气流到达冷海面或冷陆面上,在低层往往形成平流雾。这种情况形成的平流雾,多见于春季和夏季,随着入海高压路径的不同,形成雾的区域也不同。冷高压入海后,其西部能否出现平流雾,还要视具体情况而定。一般地,冷高压厚度越大,在海上滞留时间越长,则越有利于形成平流雾;相反,如果冷高压厚度很小,在海上滞留时间短,则产生平流雾的可能性越小。

2)副热带高压西部

在副热带高压西部偏东或偏南的气流的冷海面上,往往可形成平流雾。由于副热带高压是暖性的深厚系统,维持时间长,所以这种系统形成的平流雾范围广,厚度大,而且维持时间少则 1 ~ 2 天,多则 5 ~ 6 天,有时 6 天以上。

3)气旋和低压槽东部

中高纬度的海上气旋和低压槽东部,地面为偏南或偏西南的暖湿气流,当这种气流到达冷海面上时,可能形成平流雾。如果气旋在入海前其东部已经出现了平流雾,则在它入海后,由于暖湿空气平流区域的扩大和加强,海上平流雾的范围也随之扩大。

2.辐射雾

形成辐射雾的地面天气形势常见的有以下几种:

1)弱高压(脊)

辐射雾多发生在弱高压中心或弱高压脊附近,由于这些地区风微弱,同时多下沉气流,天气一般晴朗少云,只要低层有足够的水汽,就会有辐射雾生成。

2)鞍形气压场或均压场

辐射雾还常出现于鞍形气压场或均压场中。由于这些区域气压梯度小,风微弱,风向不定,如果天气晴朗,低层水汽充沛,便容易形成辐射雾。

 思考题

1.简述雾的定义及其与航海的关系。

2.简述平流雾的形成条件、主要特点和消散条件。

3.简述我国近海雾的特点。

第六章

天气系统及其天气特征

　　一个地区的天气变化,是由大气中移动的各种系统(如气压系统和锋面系统等)引起的,这些系统总称为天气系统。天气系统是天气现象的制造者和传播者,例如:热带低压发展成台风能带来灾害性天气,对航海威胁极大。

　　天气系统具有各种大小不同的尺度,所造成天气现象分布区的尺度也各不相同。最大的天气系统的水平空间范围可以超过 5000 km,最小的还不到 1 km。一般而言,天气系统的水平空间尺度越大,则时间尺度越长;水平空间尺度越小,则时间尺度越短。

　　常见的地面天气尺度的天气系统有:锋面、温带气旋、热带气旋、冷高压、热带辐合带等;常见的高空天气尺度的天气系统有:阻塞高压、切断低压、槽线、切变线、东风波等。

　　要做出天气预报,首先必须掌握天气系统的活动情况。本章将介绍几种主要天气系统的基本概念和天气模式。

第一节　气团

一、气团的定义、形成及变性

　　1.气团的定义

　　气团(Air mass)是指气象要素(温度、湿度和大气稳定度)水平分布比较均匀的大范围的空气团。气团的水平范围可达几百到几千千米,垂直范围可达几到十几千米,在这样大的范围内,水平方向物理性质比较均匀,各地的气温、湿度和天气变化很小,而在这个区域的边缘地带,气温、湿度的变化往往很大,天气现象变化也比较激烈。

　　2.气团的形成

　　大气的热量来源主要是地球表面,空气的水分来自地球表面水分的蒸发,地球表面温度和湿度的状况对气团的形成与变性具有重要作用,因此形成气团需要以下外界条件和物理过程:

　　1)外界条件

（1）大范围的下垫面性质相对均匀的地理区域,例如:广阔的海洋、冰雪覆盖的陆地、浩瀚的沙漠等。

（2）具备适当的环流条件,使得大范围的空气能在源地上有较长的停留时间,以便有足够的时间获得与下垫面相应的温、湿特性。例如:亚洲北部的西伯利亚和蒙古地区、北美的加拿大地区,冬季常被冷高压控制,是形成干冷的极地大陆气团的源地;我国东南广大的海洋上常有太平洋高压存在,是形成暖而湿的热带海洋气团的源地。

2）物理过程

在性质比较均匀的下垫面上空停留或缓慢移动的空气,主要通过乱流、对流、大范围垂直运动、辐射以及凝结和蒸发等物理过程与下垫面交换热量和水汽,获得比较均匀的物理属性而成为气团。

3.气团的变性

在一定的条件下,气团离开源地移向与源地性质不同的下垫面,在移动的过程中,由于与新的下垫面进行热量和水汽的交换,气团的物理性质和天气特点会逐渐发生变化,这个过程叫气团的变性,变了性的气团又称为变性气团。

对于不同的气团来说,气团变性的快慢是不同的。即使是同一气团,其变性的快慢还和它所经下垫面的性质与源地性质差异的大小有关。一般而言,冷气团移到暖的地区变性较快,因为在这种情况下,冷气团的低层受热后趋于不稳定,乱流和对流容易发展,能很快地把下垫面的热量传到上层去;相反,暖气团移到冷的地区则变性较慢,因为它的低层变冷后趋于稳定,乱流和对流不易发展,其冷却过程主要是通过缓慢的辐射作用进行的。从陆地移入海洋的气团容易因海面蒸发而变湿,可是从海洋移入陆地的气团变干就慢得多了。此外,当气团所经下垫面的性质与源地性质差异较大时,气团属性容易改变,变性快些;反之,就变性慢些。气团变性的快慢与天气过程的长短和天气变化的激烈程度有直接的联系。

二、气团的分类与特征

气团有不同的分类方法,主要有地理分类法和热力分类法两种。

1.地理分类法:根据气团形成的源地不同而划分,如表6-1所示。

表6-1 气团的地理分类与特征

地理分类		源地	特征
冰洋气团	大陆性	极地冻结冰面	寒冷,干燥,晴朗,低层常有强逆温层,气层稳定
	海洋性	极地未封冻洋面	
极地气团	极地大陆气团	中高纬度陆地	冬季:寒冷,干燥,晴朗,低层常有逆温层,气层稳定。夏季:温度升高,水汽含量增加,多云,逆温层消失,稳定度减小
	极地海洋气团	中高纬度海洋	温暖,潮湿,阴雨,稳定度减小
热带气团	热带大陆气团	副热带地区陆地	高温,干燥,晴朗少云,气层不稳定
	热带海洋气团	副热带地区海洋	温暖,潮湿,天气较好,低层不稳定,中层常有逆温
赤道气团		赤道洋面	炎热,潮湿,气层不稳定,天气闷热,多阵雨和雷暴

2.热力分类法

根据气团温度与气团所经过的下垫面的温度对比来划分。

1)冷气团

冷气团是指温度低于下垫面的气团,气团气层不稳定。冬季,冷气团水汽含量少,只出现一些淡积云甚至无云,气温、风等气象要素一般有明显的日变化,夜间,由于低层辐射冷却,冬季大陆上可形成辐射雾;夏季,水汽含量多,常形成积云和积雨云,出现阵雨和雷暴天气。

2)暖气团

暖气团是指温度高于下垫面的气团,通常气层稳定。如果暖气团中水汽含量多,常形成层云、层积云,并下毛毛雨、小雨(雪),有时会形成平流雾。如果暖气团中水汽含量较少,天气则比较好。

三、影响我国的气团

影响我国的气团一般是变性气团,冬季以变性极地大陆气团和变性极地海洋气团为主;夏季则以变性热带海洋气团和变性热带大陆气团为主;春、秋季节则是几类气团交替的时候,变化较多。

1.冬季

全国各地均受变性极地大陆气团的影响,这类气团常在西伯利亚、蒙古一带地区加强南下影响控制全国。这种气团在天气图上,表现为一个强大的冷性高压,高压中心在西伯利亚、蒙古一带,也可以南下东移,冷高压范围有时可达整个东亚地区。在这种气团的控制下,长江口以北海面常是天气寒冷、晴朗、风力不大。大约在长江口以南,也可产生阴沉的低云、雾和毛毛雨。当它与来自南海一带的变性热带海洋气团相遇时,常形成多雨天气,冬季华南地区常见这种天气。当变性极地大陆气团迅速南下时,常形成寒潮大风天气。

2.夏季

夏季主要受变性热带海洋气团和变性热带大陆气团的控制。变性热带海洋气团,形成于副热带高压带的洋面上,在这种气团的控制下,天气闷热,常有局地雷阵雨,当它的前缘与变性的极地大陆气团相遇时,常造成大片的充沛降水。在变性热带大陆气团的控制下,天气炎热干燥,常是晴空万里,在其持久控制下的地区,易形成旱灾。变性赤道气团多控制20°N以南的海面,在它的控制下,天气炎热,潮湿,多雷阵雨。变性赤道气团也常伴随台风或热带低压北上,其湿热的空气带来充沛的降水。

3.春、秋季节

春、秋两季是过渡季节,气团也处于过渡阶段,春季变性极地大陆气团和变性热带海洋气团势力相当、互相推进,因此,锋系和气旋活动频繁,降水丰富,著名的梅雨就是这两种气团相持的结果。

在秋季,变性极地大陆气团开始占统治地位,所以天气秋高气爽,同时,也会有几次冷空气侵袭。在夏秋之交,变性赤道气团多与台风同来,其活动范围仅限于黄河流域以南,很少侵入华北。

由此可见,在冷、暖气团的过渡地区,天气变化比气团内部剧烈得多,这个过渡地区就是我们下节要讨论的锋。

思考题

1.气团形成的外界条件和物理过程是什么？
2.简述地理分类法中各种气团的主要天气特征。
3.简述冷气团和暖气团的定义及天气特征。
4.简述影响我国东部沿海地区的主要气团及其主要天气特征。

第二节　锋

一、锋的概念

两个冷暖性质不同的气团在移动过程中相遇,在它们之间所形成的狭窄的倾斜过渡带,称为锋(Front)。锋的空间结构如图6-1所示,其水平宽度在近地面层中约为数十千米,在高层可达200~400 km,或者更宽一些。锋的长度可延伸数百千米至数千千米。

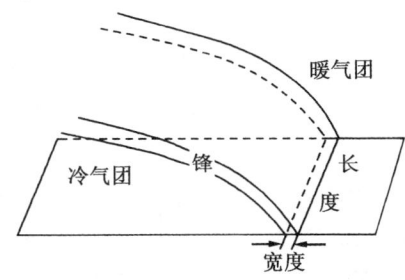

图6-1　锋的空间结构

锋的宽度比长度小很多,可以将锋近似地看成一个几何面,称为锋面。空间锋面与地面的交线,称为锋线。在移动方向上,锋线之前为锋前,锋线之后为锋后,锋线过境为锋过境。

锋在空间总是倾斜的,并随高度的上升向冷空气一侧倾斜。

二、锋的分类

按照不同的需要,锋有不同的分类方法。

1.根据组成锋的气团地理类型分类

分隔冰洋气团和极地气团的锋称为北极锋或南极锋,旧称冰洋锋;分隔极地气团和热带气团的锋,称为极锋(Polar front)。其中主要影响中高纬度广大地区的是极锋,本书所介绍的锋都属于极锋。这些主要气团之间的锋统称为主锋。在冰洋气团和极地气团内部,由于各部分的变性程度不同,也会出现锋,这种现象在极地气团内部比冰洋气团内部多见,为了区别于主锋,人们把这些锋称为副锋。

2.按锋的移动情况分类

由于不同性质的冷暖气团相遇时势力强弱不同,所以锋的推移趋势也不同。锋按移动情况可以分为冷锋、暖锋、静止锋和锢囚锋四类。

1）冷锋

冷、暖气团相遇,冷气团起主导作用,推动锋面向暖气团一侧移动,这种锋称为冷锋(Cold front)。冷锋过境后,冷气团占据了原来暖气团所在的位置,如图 6-2 所示。根据冷锋的移动速度快慢,可分为一型冷锋和二型冷锋。一型冷锋又称甲型冷锋或缓行冷锋,移速较慢,冷气团势力较弱。二型冷锋又称乙型冷锋或急行冷锋,移速较快,冷气团势力较强。

2）暖锋

冷、暖气团相遇,暖气团起主导作用,推动锋面向冷气团一侧移动,这种锋称为暖锋(Warm front)。暖锋过境后,暖气团占据了原来冷气团所在的位置,如图 6-3 所示。

3）静止锋

冷、暖气团势力相当,锋面移动缓慢或几乎呈静止状态,这种锋称为准静止锋或静止锋(Stationary front)。实际上,静止锋形成后,有时冷气团占主导地位,有时暖气团占主导地位,使锋面来回摆动,如图 6-4 所示。

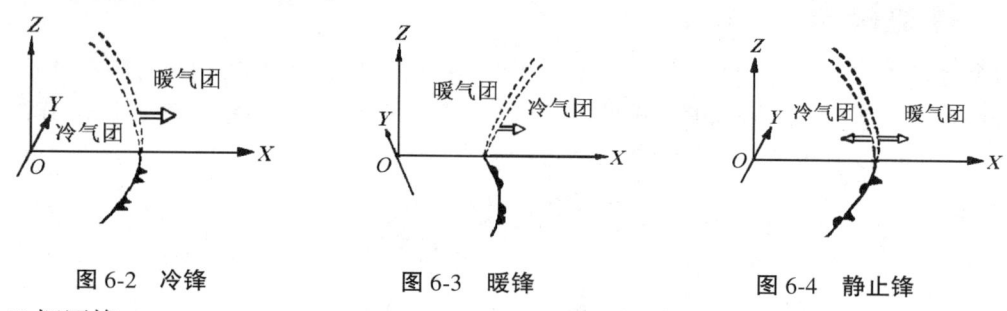

图 6-2　冷锋　　　　　图 6-3　暖锋　　　　　图 6-4　静止锋

4）锢囚锋

在冷锋移速快于暖锋,冷锋赶上暖锋后,迫使暖空气被抬离地面,近地面层由冷锋后部的冷气团与暖锋前部的冷气团构成的交界面,称为锢囚锋(Occluded front)。

锢囚锋又可以分为三种情况:如果锋后的冷气团比锋前的冷气团更冷,称为冷式锢囚锋,如图 6-5(a)所示;如果锋后的冷气团比锋前的冷气团暖,称为暖式锢囚锋,如图 6-5(b)所示;如果锋前后的冷气团无太大差异,则称为中性锢囚锋,如图 6-5(c)所示。在剖面图上,原来两个锋面之间的交接点称为锢囚点,如图 6-5 中 A 点所示。

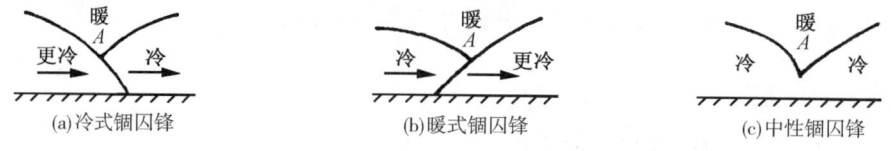

(a)冷式锢囚锋　　　　　(b)暖式锢囚锋　　　　　(c)中性锢囚锋

图 6-5　锢囚锋的三种情况

三、锋的一般特征

1.锋是温度变化的激烈区

在气团内部水平温度梯度小,其大小一般为(1~2)℃/100 km,而在锋区内,水平温度梯度大,等温线密集,并与锋区近似平行,水平温度梯度的大小为 10 ℃/100 km。在高空图上,锋区表现为一条窄长的等温线密集带。

2.锋面与地面有微小的倾角

由于地球的自转效应,锋面与地面有微小的倾角。高空图上锋区的位置位于地面锋线的冷空气一侧,并且等压面越高,锋区向冷空气一侧偏移越多。对比同一时刻不同高度等压面上锋区的位置,可以大致确定锋面坡度。显然,不同高度上各锋区的相对位置越近,表明锋面坡度越大;各锋区的相对位置越远,表明锋面坡度越小。

实际锋面坡度是根据观测资料求出的。如图 6-6 所示,B 点为冷气团中的某探空站,AB 是该站与地面锋线之间的垂直距离,BC 为该站探空记录中锋面逆温的上界高度,则锋面坡度为 $\tan\alpha = \dfrac{BC}{AB}$。在实际大气中,锋面坡度是很小的。据统计,冷锋的坡度最大,为 1/100~1/50;暖锋的坡度次之,为 1/200~1/100;准静止锋的坡度最小,为 1/300~1/150。

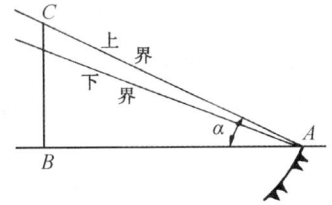

图 6-6　锋面坡度的计算

3.过锋区等压线是折线,折角顶点指向高压

由于锋通常位于低压槽中,等压线通过地面锋线时出现折角,其顶点指向高压一方。

4.锋线是风向的转变线

锋通过时,风向呈气旋性切变,并且锋区内风的气旋性切变大于周围地区。暖锋线在北半球多为西北—东南走向,锋前吹 E~SE 风,锋后吹 S~SW 风,如图 6-7(a)所示。锋过境时,风向做顺时针变化。在南半球则不同,暖锋线多为西南—东北走向,锋前吹 E~NE 风,锋后吹 N~NW 风,如图 6-7(b)所示。锋过境时,风向做逆时针变化。

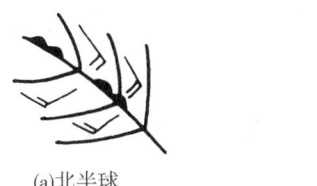

(a)北半球　　　　　　　　　(b)南半球

图 6-7　暖锋两侧风向变化

冷锋线在北半球多为东北—西南走向,锋前吹 S~SW 风,锋后吹 N~NW 风,如图 6-8(a)所示。锋过境时,风向做顺时针变化。在南半球,冷锋线多为东南—西北走向,锋前吹 N~NW 风,锋后吹 S~SW 风,如图 6-8(b)所示。锋过境时,风向做逆时针变化。

锋前、后风速值的大小主要取决于水平气压梯度的大小,并无普遍的变化规律,一般与季节、地理位置和地形条件等有关。例如,冬季冷锋后偏北风一般较大,而夏季则较弱。

(a)北半球　　　　　　　　　(b)南半球

图 6-8　冷锋两侧风向变化

四、各种锋面的典型天气特征

锋面附近,由于性质不同的冷暖气团相互作用,使含有一定水汽的暖空气被抬升,同时在锋面附近的空气产生较为复杂的对流、乱流运动,因而在锋面附近时常出现一些风雨交加的坏天气。但是,由于不同类型的锋面的运动方向不同,因而各种锋面便具有各自不同规律的锋面天气,下面分别叙述。

1.暖锋天气

1)云和降水

暖锋锋面附近暖空气缓慢沿锋面爬升,如图6-9所示。如果暖气团是稳定的,水汽又较充沛,其云系和降水分布特征如图6-10所示,锋前依次形成卷云、卷层云、高层云和雨层云,降水大多集中于雨层云 Ns 下面,宽度在锋线前为 200~400 km,属于连续性降水。

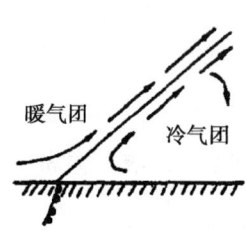

图 6-9 暖锋附近空气垂直运动

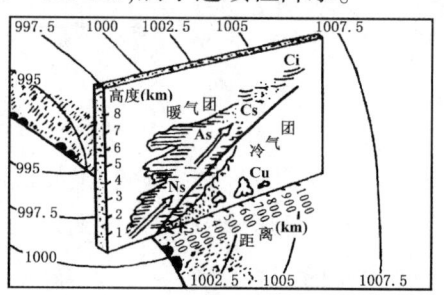

图 6-10 暖锋天气模式

2)能见度

在暖锋前的降水区,当空气湿度比较大时,可形成锋面雾或很低的云,能见度很差。

3)气压

气压计自动记录的曲线大体为:锋前稳定下降,过境时停止,锋后缓慢下降。

4)气温

锋前缓慢上升,过境时上升但不剧烈,锋后维持较高温度少变。

2.冷锋天气

1)一型冷锋

(1)云和降水

在一型冷锋锋面附近,暖空气缓慢沿冷锋爬升,如图6-11所示。其云系和降水分布特征如图6-12所示,锋后依次形成雨层云、高层云、卷层云和卷云,降水出现在锋后,宽度比暖锋窄些,平均为 150~200 km,属于连续性降水。

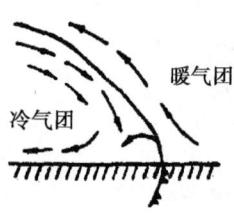

图 6-11 一型冷锋附近空气垂直运动

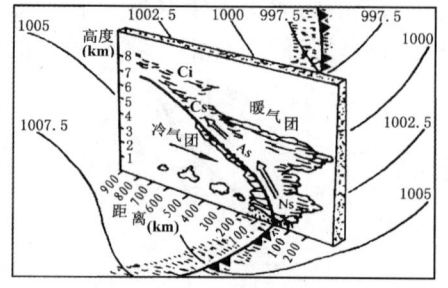

图 6-12 一型冷锋天气模式

（2）能见度

冷锋前后的能见度均不良。锋前是稳定的暖湿气团,因烟、尘、水汽易聚于底层,能见度变坏。冬春季节,气团湿度小,冷锋后的大风带来风沙天气,能见度恶劣。

（3）气压

气压计自动记录的曲线大体为:锋前气压略降,过境时突然上升,锋后继续上升。

（4）气温

锋前稳定少变,过境时突然下降,锋后继续下降。

2）二型冷锋

二型冷锋由于锋面坡度较大,运动速度快,冲击锋面前方下层的暖空气,使之产生激烈的上升运动,锋面前方上层的暖空气产生下沉运动,如图 6-13 所示。二型冷锋天气在冬、夏两半年有显著不同,下面分别叙述。

（1）夏半年

夏半年,暖空气比较潮湿,层结不稳定。暖空气被锋面迅速抬升后,常在地面锋线附近形成强烈的积雨云,出现雷暴和阵性降水天气,云雨区很窄,一般只有几十千米,如图 6-14 所示。这种冷锋过境时,往往出现暴雨,雷电交加,但时间很短,锋线过后不久,天气转晴。冷锋过境时,降水伴有狂风,锋后风力减弱,趋于稳定。冷锋前、冷锋过境降水时能见度不良,锋后降水停止后能见度变好。锋前气压略降,过境时突然上升,锋后上升迅速。气温在锋前稳定少变,过境时突然下降,锋后继续下降。

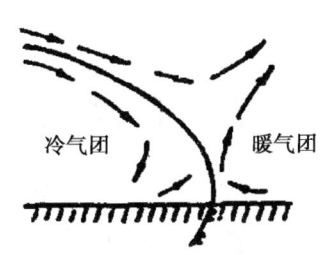

图 6-13 二型冷锋附近空气垂直运动

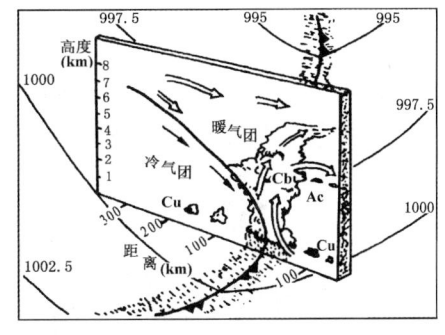

图 6-14 夏半年二型冷锋天气模式

（2）冬半年

冬半年,云系主要出现在锋前,距离锋线由远至近依次出现卷云、卷层云、高层云和雨层云,在地面锋线附近有很薄很低的云层,锋后云很快消失。锋前有不宽的连续性降水,锋后天气转晴,如图 6-15 所示。一般情况下,锋前风力为 3~4 级,锋后风速迅速增大,常出现大风和风沙天气。冷锋前、冷锋过境降水时能见度不良,锋后降水停止后能见度变好。锋前气压略降,过境时突然上升,锋后迅速上升。气温在锋前稳定少变,过境时突然下降,锋后继续下降。

3.准静止锋天气

1）特点

（1）冷、暖气团势力相当,锋面南北摆动或很少移动。

（2）暖空气沿锋面缓慢爬升。

（3）走向大致呈东西向。

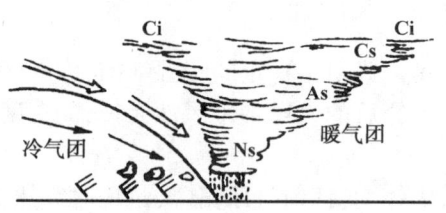

图 6-15　冬半年二型冷锋天气模式

2）天气模式

（1）云系和降水

云系：在锋线高纬度一侧，距离锋线由近至远依次为：Ns—As—Cs—Ci。

降水：降水区很宽，有时在某一地区来回摆动，造成该地区阴雨连绵的天气。例如，江南的梅雨季节降水就多是由准静止锋造成的。

（2）风

（北半球）准静止锋北侧吹 E~NE 风，风力时常为 3~4 级；南侧吹 SW 风，风力时常为 1~2 级。

（南半球）准静止锋南侧吹 E~SE 风，风力时常为 3~4 级；北侧吹 NW 风，风力时常为 1~2 级。

（3）能见度

能见度通常很差，影响航海。

4.锢囚锋天气

锢囚锋由冷锋与暖锋相遇而形成，暖空气被整体抬离地面。云系是由原来两条锋面的云系合并而成，使云体加厚。锢囚锋天气并非原来两条锋面的简单合并，它与原来锋面既有联系又有区别。其实质是：一方面，锢囚点以上的上升运动进一步发展，云层增厚，降水增强，降水区域扩大；另一方面，锢囚锋的锢囚点以下还有云新生，如图6-16 所示。

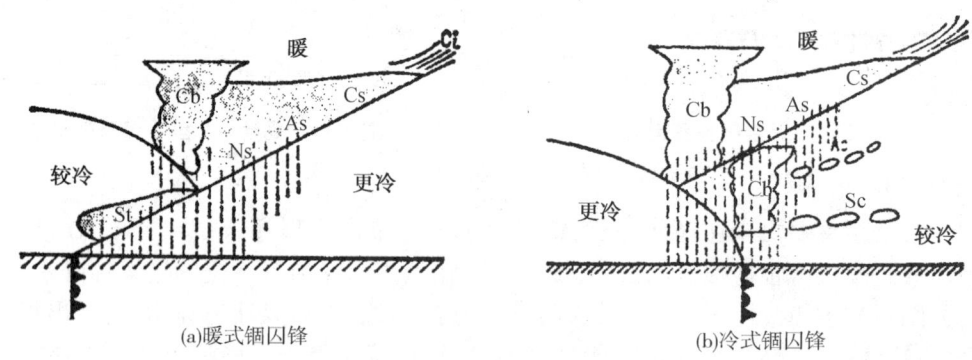

(a)暖式锢囚锋　　　　　　　　　　　　　　(b)冷式锢囚锋

图 6-16　锢囚锋天气模式

以上内容是针对四种类型的锋面典型天气情况的介绍，但是决定锋面天气的因素还有很多，例如大气稳定度、锋面的移动速度、气团的潮湿程度和地形等都能影响天气，导致出现的天气不同于典型情况。因此，对于云和降水的预报应结合天气图和实践工作中积累的经验具体分析。

五、锋面的移动规律

锋面与天气有着密切的关系，因此，掌握锋面移动规律，对正确预报本地区天气是很重要的。锋面移动速度，取决于锋面两侧垂直于锋面的风速分量的大小和方向。当锋面前后风向相同时,垂直分量越大,锋面移速越快;反之,越慢。当锋面前后风向相反时,锋面移速取决于垂直于锋面的风速差,风速差越大,锋面移速越快;反之,则慢。当无垂直于锋面的风速时,锋面呈准静止状态。一般来说,在我国,冷锋的移速在北方要比在南方快,在西北地区移速最快,在华南移速最慢。当锋面的走向呈南北向时,冷锋从西北向东南的移速较快;当锋面走向呈东西向时,冷锋从北向南的移速较快。暖锋的移速较小,无一定规律。锋面的移速不但因地而异,且因季节而不同,平均来说,在冬春季移动较快,秋季次之,夏季较慢。

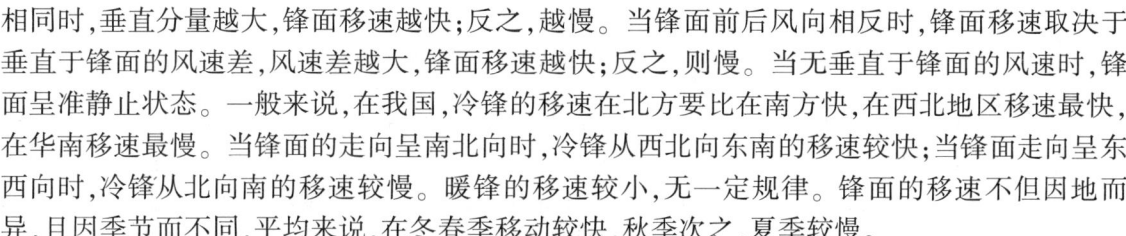

思考题

1.简述锋的概念及主要结构特征。

2.根据锋的推移趋势,锋可分为几类?

3.简述暖锋、一型冷锋、夏季二型冷锋、冬季二型冷锋、准静止锋和锢囚锋的主要天气特征。

第三节　温带气旋

一、气旋概述

由闭合等压线围成的中心气压低、四周气压高,具有中心辐合流场的水平空气涡旋,叫作气旋(Cyclone)。

1.气旋与低压

气旋和低压是同一种天气系统,低压是从气压场的角度来命名,气旋是从流场的角度来命名。

2.气旋的空间结构

1)地面流场

在北半球,气流沿逆时针方向由外向中心水平辐合;在南半球,气流沿顺时针方向由外向中心水平辐合。

2)高空流场

在北半球,高空气流沿顺时针方向由中心向外水平辐散;在南半球,空高气流沿逆时针方向由中心向外水平辐散。

3.气旋的范围

在地面天气图上,气旋的范围以最外围闭合等压线的直径来表示,一般为 1000 km,最大为 2000~3000 km,最小为 200~300 km。

4.气旋的强度

1)描述方法

(1)用气旋的中心气压值来表示

中心气压值越低,气旋强度越强。

(2)用气旋区内的最大风速值来表示

最大风速值越高,气旋强度越强。

（3）常见气旋强度

气旋中心气压一般为 970~1010 hPa。大多数情况下,海上气旋要比陆地气旋强,冬季气旋要比夏季气旋强。

5.气旋的分类

根据形成和活动的主要地理区域,气旋可分为极地气旋性涡旋、温带气旋（Extratropical cyclone）和热带气旋（Tropical cyclone）等;按其热力结构,则可分为锋面气旋（Frontal cyclone）和无锋面气旋。

锋面气旋是温带最常见的一类气旋,它的特征是气旋中有锋面,热力不对称,一般移动较快。无锋面气旋,热力性质比较均匀,它包括热带气旋、热低压、冷涡等。

二、锋面气旋

1.锋面气旋的形成方式

1)先有锋面,而后在锋面上产生气旋

这种锋面气旋的发展模式最为常见,其突出的特点是:气旋形成于一条锋面上,在此锋面上有较强的温度对比和风的气旋性切变。它的生命史一般可分为四个阶段,如图 6-17 所示。

（1）初生阶段（波动阶段）

从冷暖气流发生波动到地面图上出现低压中心,能够绘制出第一条闭合等压线,此阶段称为气旋的初生阶段或波动阶段,如图 6-17(a)和图 6-17(b)所示。锋面气旋生成之前,往往先有一条准静止锋或缓行冷锋,锋线的北侧冷气团处吹偏东风,南侧暖气团处吹偏西风。当某处发生波动时,使冷气团向南侵袭,暖空气向北扩张,产生涡旋,地面图上开始出现低压中心,比四周气压低 2~3 hPa,能够绘制出第一条闭合等压线,此时气旋便形成了。在气旋初生阶段,通常气旋沿暖区气流方向移动,速度较快,24 h 可移动十几个经度的距离。

（2）成熟阶段（发展阶段）

从气旋初生到最强的阶段,称为成熟阶段或发展阶段,如图 6-17(c)和图 6-17(d)所示。此阶段,冷暖锋进一步发展,锋面降水继续加强,雨区扩大,地面图上等压线增多,中心气压时常会比外围低 10~20 hPa。此时,气旋移动比初生阶段略慢,通常 24 h 可移动大约 10 个经度的距离。

（3）锢囚阶段

气旋发展到锢囚阶段,会出现锢囚锋,如图 6-17(e)和图 6-17(f)所示。此时冷暖锋相遇,使锋面抬升作用加强,降水范围增大,气旋中心气压有时会比四周低 20 hPa 以上,并且不再下降,气旋移速大大减慢。

（4）消亡阶段

气旋进入消亡阶段,锋线和冷暖气流分布如图 6-17(g)和图 6-17(h)所示。此阶段气旋与锋面逐渐脱离,成为一个冷性涡旋,地面气压逐渐升高,受地面摩擦的影响,环流减弱消失,整个气旋趋于消亡。

总之,一次完整的锋面气旋的生命史一般为 3~5 天,不同地区差异很大。通常气旋移速在初生阶段较快,成熟阶段较慢,锢囚消亡阶段最慢。在我国江淮流域和东海可以经常见到这种锋面波动形成的气旋,特别是梅雨季节的江淮气旋,多半是这样形成的。

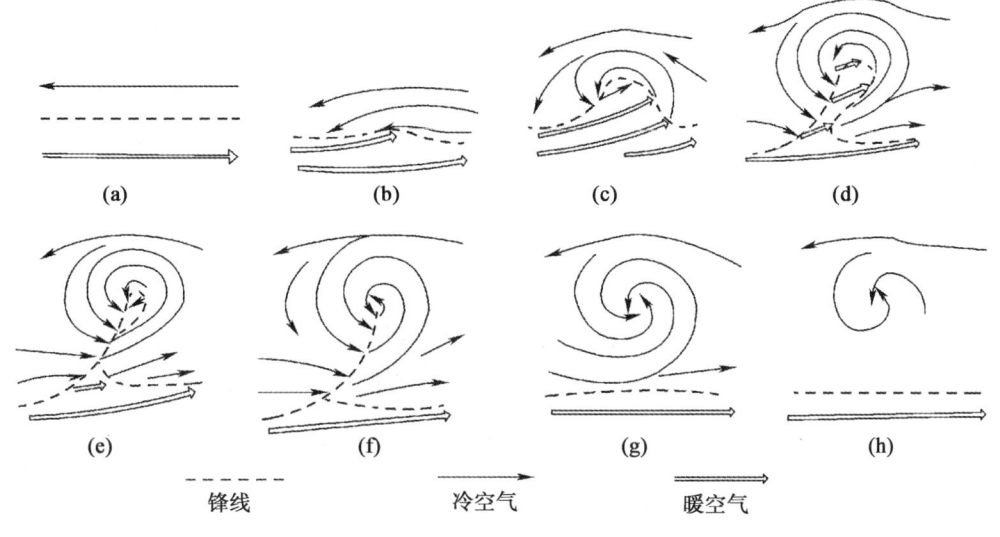

（a）　　　　　（b）　　　　　（c）　　　　　（d）

（e）　　　　　（f）　　　　　（g）　　　　　（h）

– – – – 锋线　　　⟹ 冷空气　　　⟹ 暖空气

图 6-17　北半球锋面气旋的生命史示意图

2）低压中锋面形成或移入形成锋面气旋

在我国有不少锋面气旋并非生成于静止锋或缓行冷锋上,而是在低压中锋面形成或移入从而形成锋面气旋,常有以下两种情形:第一种情形是在气旋生成之前先有一个热低压存在或一个西南方向低于东北方向的低压倒槽存在,当高空有槽形成,出现高空辐散流场和冷暖平流时,地面倒槽中开始降水并有冷暖锋形成,在地面倒槽的东北部有较强降水处形成气旋;第二种情形与第一种基本相同,只是在地面倒槽或热低压的西北方向先有一冷锋存在,在倒槽或低压内形成暖锋后,该冷锋进入倒槽和新生暖锋相连接,而产生一个新的气旋。第二种情形下形成的气旋一般多于第一种情形。这种情形下形成的气旋只是在初生阶段与第一种情形下形成的气旋有所不同,在成熟阶段、锢囚阶段和消亡阶段均与第一种情形下形成的气旋相同。

3）在锢囚点上形成锋面气旋

这种气旋形成方式在贝加尔湖、蒙古和我国的东北地区比较常见。原先的气旋进入锢囚阶段后,其强度减弱,锢囚锋两边的气温差也变小。在高空流场适当的情况下,其锢囚点上可以再生一个新的气旋。此后原先的气旋填塞、减弱、消失,锢囚点上新生的气旋很快发展、加深为一个成熟气旋。

2.锋面气旋的天气模式

锋面气旋的天气特征是比较复杂的,而且气旋处在不同的发展阶段,天气现象也会有所不同。锋面气旋的天气与其中的锋面是紧密相关的。因此,只要牢牢掌握各种锋面和气团的天气特征,那么由锋面气旋带来的各种天气现象就不难分析了。下面就发展成熟的锋面气旋天气特征模式(见图 6-18)加以分析总结。

1）船舶沿 AB 航线穿行于锋面气旋,时常会遇到如下天气现象:

（1）气旋前部的暖锋天气

①云系和降水

云系向前伸展很远,尤其靠近气旋中心部分的云区最宽,离中心远则云区变窄,云系距离锋线由远及近依次为 Ci—Cs—As—Ns。

靠近暖锋前约 300 km,会出现大片连续性降水,在暖空气不稳定时,还会出现积状云和阵

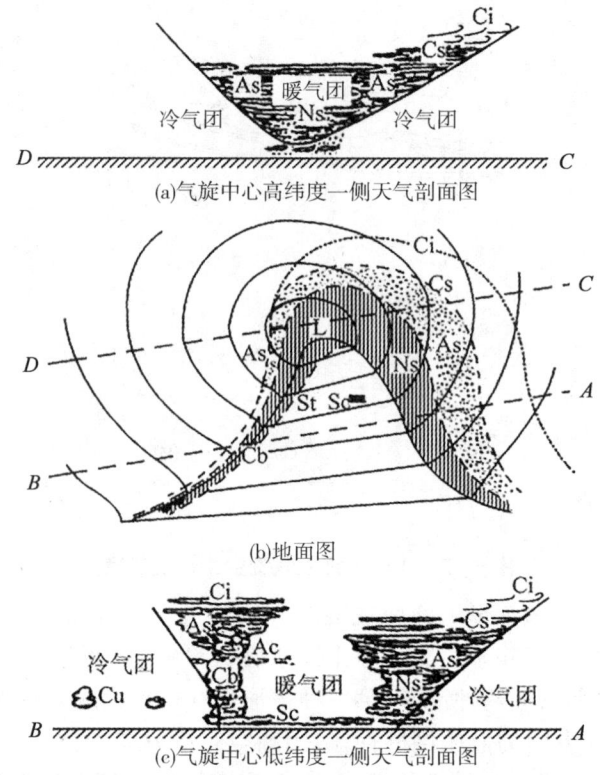

图 6-18　北半球船舶通过锋面气旋天气模式示意图

性降水。

②气压

随着暖锋的接近,气压逐渐降低。

③风

风向:北半球暖锋前多吹 E~SE 风,南半球暖锋前多吹 E~NE 风;
北半球暖锋后多吹 S~SW 风,南半球暖锋后多吹 N~NW 风。

风速:风力大小随气旋的发展程度而不同,发展强时可产生大风。

④能见度

暖锋前的锋面雾造成能见度不良。

(2)暖区天气

①云和降水

如果是热带海洋气团,水汽充沛,则易出现层云、层积云,并伴随毛毛雨。如果是热带大陆气团,则由于空气干燥,无降水,最多只有一些薄的云层。

②气压

气压基本停止下降,等压线的走向常为气旋的移动方向。

③风

风向:北半球多吹 S~SW,南半球多吹 N~NW,风向稳定。

风力:一般为 3~4 级,当附近出现副热带高压,呈现"南高北低"天气形势时,可出现大风。

④能见度

暖区的水汽含量充沛时,移经冷海面时会形成平流雾,能见度不良。

（3）气旋后部的冷锋天气

①云和降水

若是一型冷锋,云系距离锋线由近至远依次为:Ns—As—Cs—Ci,出现连续性降水,宽度比暖锋天气的降水窄些。

若是二型冷锋,如果水汽含量充沛,则形成 Cb 和 Cu,出现雷暴和阵雨,降水区很窄,只有几十千米。

气旋后部是一型冷锋还是二型冷锋应根据实况天气图上冷锋的移速和伴随天气判定。

②气压

锋后气压稳定上升。

③风

风向:北半球多吹 N~NW,南半球多吹 S~SW。

风力:迅速增大,在海上冷锋后常可达 7~8 级,有时为 11 级。

2）船舶沿 *CD* 路径穿行于锋面气旋,时常会遇到如下天气现象:

（1）靠近气旋中心时,气压逐渐下降,风力加强,风向在北半球做逆时针转变、在南半球做顺时针转变。

（2）中心附近,常会出现很厚的云层和较强的降水。

（3）随着远离中心,气压逐渐回升,风向在北半球继续做逆时针转变、在南半球继续做顺时针转变,风力稍减,气温下降,天气转为少云至晴天,能见度良好。

北半球气旋中的风浪分布,往往并不是以中心为对称的,通常低气压中心西南偏南 300~600 n mile 处的风浪最为强烈,如图 6-19 所示,所以航行时应尽量避开这一部位。南半球气旋中风浪最大处通常会出现在低气压中心西北偏北 300~600 n mile 处。

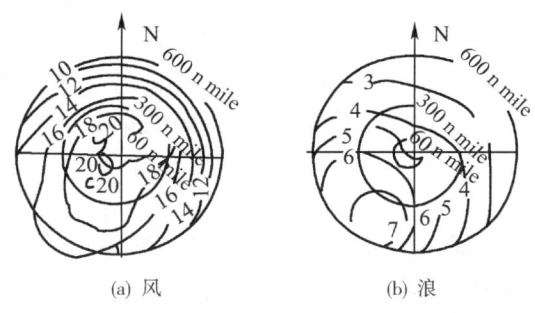

(a) 风　　　　(b) 浪

图 6-19　典型锋面气旋中的风浪分布

3.影响世界主要航区的锋面气旋的源地和移动规律

锋面及其相联系的气旋并非到处都可形成,它们往往限制在一些确定的区域里,东亚和北美东部海岸地区是发生频率最高的区域。气旋的移动也有其一定的规律性,现简述如下:

1）东亚锋面气旋

（1）源地

①南方气旋:位于 25°N~35°N,包括江淮气旋和东海气旋;

②北方气旋:位于 45°N~55°N,包括蒙古气旋、东北气旋、黄河气旋和黄海气旋。

（2）移动规律

向东北方向移动,最终移至阿留申群岛附近及其以东的洋面,在那里锢囚消失。

2)中部和东部太平洋锋面气旋

(1)源地:大多数在40°N或160°N~170°W的海域生成或通过且迅速发展。

(2)移动规律:向东北方向移动,移速可达35~40 kn,容易导致船舶避离不及。这里的气旋最终移至北美的太平洋沿岸和阿拉斯加湾,在那里锢囚消失。

就整个北太平洋海域而言,冬季(12月—次年2月)是气旋活动最频繁、发展最强烈的季节,其中1月份是全年频率最高的月份。

3)北美锋面气旋

(1)源地:北美大陆和美国的东部沿海。

(2)移动规律:向东北方向移动,最终移至冰岛附近洋面,在那里锢囚消失。

4)北大西洋中部锋面气旋

(1)源地:主要在北大西洋中部产生或通过。

(2)移动规律:主要移向北欧,少量移向地中海。

北大西洋冬春季锋面气旋生成频率高,强度大,而且冬季北美中部和东部气旋的活动比亚洲多很多;夏季气旋出现得较少,而且路径偏北。

4.影响我国海域的锋面气旋

对我国沿海影响较大的锋面气旋主要是江淮气旋、东海气旋和黄河气旋。

1)江淮气旋

江淮气旋主要生成于长江中下游、淮河流域和湘赣地区,全年均可出现,但以春季和初夏(3—7月)为最多,约占全年总数的2/3,其中6月份最为活跃。江淮气旋常由南方静止锋上的波动形成,造成长江、淮河及黄河下游等广大地区出现大片云系和降水,降水区常在700 hPa高空槽线(或切变线)与地面锋线之间。在气旋东部,东南风把海上的暖湿空气输送到沿海及大陆,常常冷却而形成平流雾或低云,甚至出现毛毛雨,使得海面能见度十分恶劣。江淮气旋一般在陆上风速不大,而入海后常常能迅速发展产生较强的大风,暖锋前为偏东大风,暖区为偏南大风,冷锋后则为偏北大风,主要影响黄海南部和中部海面,有时也会影响黄海北部及渤海一带。

2)东海气旋

东海气旋主要是指在东海海域发生、发展的气旋以及江淮气旋移入东海的气旋,常常会影响东海和黄海南部海域。东海气旋多发生在春季,其次为冬季,夏季最少。东海气旋水汽充沛,因而多阴雨天气,降水区主要分布在气旋中心附近。东海气旋生成后先向东北偏东方向移动,到达日本南部海面后常会强烈发展,其移向转为东北,所以对朝鲜、日本一带海区的天气影响很大,常带来大风、降水和低能见度等恶劣天气。

3)黄河气旋

黄河气旋主要生成于河套、黄河下游及以东的海面上,常常影响黄河下游、辽东半岛、山东半岛、渤海、黄海北部和中部的海面。黄河气旋一年四季均可发生,但以夏半年(6—9月)为最多,约占全年总数的80%。黄河气旋常出现较强的大风,风力可达8级以上,其沿东北方向经渤海进入东北地区的这条路径,常常会得到发展,渤海和辽东半岛一带常出现5~7级的大风。若水汽充沛,还可出现大到暴雨。

思考题

1.简述气旋的概念及主要特征。
2.说明船舶从锋面气旋中心低纬度一侧通过时的天气特征。
3.说明典型锋面气旋中的风浪分布特征并解释原因。

第四节　反气旋

一、反气旋概述

由闭合等压线围成的中心气压高,四周气压低,具有中心辐散流场的水平空气涡旋,叫作反气旋。

1.反气旋与高压

反气旋与高压是同一个系统,反气旋是从流场的角度来命名,而高压是从气压场的角度来命名。

2.空间结构

1)地面流场

在北半球,气流沿顺时针方向由中心向外水平辐散;在南半球,气流沿逆时针方向由中心向外水平辐散。

2)高空流场

在北半球,气流沿逆时针方向由外向中心水平辐合;在南半球,气流沿顺时针方向由外向中心水平辐合。

3.范围

1)量度标准

以最外围一条闭合等压线的直径表示。

2)一般范围

反气旋的范围是 1500~2000 km,比气旋的范围要大得多。

4.强度

1)量度方法

(1)用中心气压值来表示,中心气压越高,强度越强。

(2)用反气旋边缘最大风速来表示,风速越大,强度越强。

2)常见强度

一般,在大陆上冬季中心气压在 1050 hPa 左右;夏季中心气压为 1020~1030 hPa,在海洋上常为 1010~1030 hPa。

5.反气旋的分类

根据形成和活动的主要地理区域,反气旋可分为极地反气旋、温带反气旋和副热带气旋等。按其热力结构,反气旋则可分为冷性反气旋(冷高压)和暖性反气旋(暖高压)。

二、冷高压与寒潮

1.冷高压

冷高压在中高纬度地区一年四季活动都很频繁,尤其在冬半年势力最强,是影响中高纬度广大地区的重要天气系统之一。冷高压是冬季影响我国陆地及沿海地区的主要天气系统,一次次冷高压的南下活动,往往带来一次次冷空气的侵袭,造成降温、大风和降水天气。下面分析影响我国的冷高压的典型天气分布特征。

1)冷高压的天气分布

移动中的冷高压,其前部、中部和后部控制地区的天气特征有较大的差异。

(1)冷高压前部

冷高压侵入时,它所造成的恶劣天气主要出现在冷高压东部或东南部前部边缘的冷锋附近。在这里等压线较密集,冷平流较强。其主要天气特征是气温明显下降,偏北风较大,并常伴有雨雪。降温幅度和风力大小则因冷空气强度、路径及季节的不同而有差异。冬半年,寒潮或强冷空气带来的天气最为剧烈。在高纬度海上航行时,在冷高压前部除可能遭遇大风浪外,由于气温剧降,还容易引起船体积冰等危害。

(2)冷高压中部

冷锋区过后,则转受冷高压中部(内部)控制,等压线变稀疏,风速明显减小。由于气团干冷,盛行下沉气流,以晴冷、少云天气为主,风力微弱。在内陆、港口附近和沿海,由于辐射逆温和下沉逆温的存在,容易出现辐射雾、烟、霾等天气现象。冬季可能有层云、层积云出现,夏季可能有淡积云出现。下沉逆温层上的波动,则容易形成波状云。高压中部天气一般可以维持2~3天,以后随着气团的变性增暖,气温开始回升。

(3)冷高压后部

在冷高压中心入海后,我国沿海地区就被高压后部,即高压的西部或西北部所控制,此时,偏南气流把海上的暖湿空气输送过来,气温有所回升,湿度增大,出现近似暖锋性质的天气。春季在变性入海高压后部,常出现平流雾、毛毛雨或层云。

2)冷高压的移动和变化规律

冷高压的移动受高空气流引导,因此,总体上都是自西向东或自西北向东南方向移动。一般用700 hPa气流来预报地面冷高压的移动效果较好。

实际上冷高压的移动情况比较多样化。它可以是整个高压一起移动,也可以是高压中心基本不动,只是向某个方向或两个方向上伸出高压脊。伸出的高压脊也可以发展成一个脱离母体的单独的高压中心。冷高压在东移或南下过程中,由于变性,会使高压中心产生分裂。它们在我国消失者不多,多数经我国东移入海,逐渐变性成为暖性高压,最后并入副热带高压中。

2.寒潮天气过程

冷高压前部的冷空气是导致天气变化的重要角色。我国大部分地区一年四季都有冷空气活动,其强度和影响范围随季节而异。冬半年冷空气活动对我国天气的影响十分显著,即使在夏季,冷空气活动也是引起大风、降水、冰雹等恶劣天气的重要原因。

气象学上,《冷空气等级》国家标准(GB/T 20484—2017)按照24 h、48 h、72 h降温幅度和最低气温,将单站冷空气过程从弱到强依次划分为弱冷空气、较强冷空气、强冷空气和寒潮四个等级。

寒潮是指大规模强冷空气(在气压场上为强冷高压)大举南下时造成的剧烈降温和大风天气过程。

我国发布寒潮警报的标准是某地在冷空气过境后,日最低气温 24 h 内降温幅度大于或等于 8 ℃,或 48 h 内降温幅度大于或等于 10 ℃,或 72 h 内降温幅度大于或等于 12 ℃,而且使该地日最低气温下降到 4 ℃ 或以下。

寒潮致灾严重、影响大、持续时间长,是预警服务和社会关注的重点。当寒潮出现时,有关气象部门将发布寒潮预警信号。寒潮预警信号从轻到重分为四级:蓝色预警、黄色预警、橙色预警和红色预警信号。

寒潮冷锋过境前,在冷锋前部暖气团内气温较高,多吹偏南风 3~4 级,天气相对较温暖。冷锋一过境,便转为偏北风。若冷锋南下快,锋面坡度大,锋前低压系统比较强时,主要气压梯度集中在冷锋的北侧,风向一旦转北,风速就立即增大。若寒潮冷锋南下慢,锋面坡度小,锋前低压系统比较弱时,气压梯度在离锋线较远的地区较大,在风向转偏北后风力逐渐增大,最大风力常出现在冷锋过境后 3 h 左右。寒潮大风在海上一般为 6~8 级,最大可达 12 级,能激起很高的海浪。渤海、黄海和东海多为北到西北风,南海多为东北风。大风持续时间一般为 1~2 天,有时在 2 天以上。与此同时,气温剧降,并常伴有雨雪。

三、副热带高压

两个半球的 20°~35° 纬度的副热带地区上空出现的暖性高压系统称为副热带高压(Subtropical high),简称副高。它在北半球主要分布在北太平洋西部、北太平洋东部、北大西洋中部、北大西洋西部墨西哥湾和北非等地;在南半球主要分布在南太平洋、南大西洋和南印度洋,基本保持带状特点。此外,夏季陆地高原上空出现的青藏高压和墨西哥高压,也属于副热带高压。由于海陆热力差异的影响,地面上副热带高压主要表现为海洋上的若干个具有闭合中心的高压单体,在地面图上无论冬、夏都存在。

副热带高压是行星尺度的永久性的暖性深厚高压系统,是组成大气环流的重要成员。它不仅对低纬度天气有重要作用,而且对中高纬度地区天气也有重要影响。出现在西北太平洋上的西太平洋副热带高压,对我国东部地区及附近海域的天气有直接和重大的影响,夏半年该现象表现最为突出。

1.西太平洋副热带高压特征指数

出现在西北太平洋上的副热带高压称为西太平洋高压。为了掌握西太平洋副高的活动规律,认识和分析西太平洋副高与西太平洋及东亚地区天气的密切关系,制定一系列描述西太平洋副高的特征指数。

1)强度指数

强度指数以副高中心最高气压值表示。

2)位置指数

以 500 hPa 图上副高脊线的位置和走向表示副高的位置和走向,脊线的南北移动表示副高的北进和南退。脊线的确定以 500 hPa 图上高空东西风速的零线为准。

3)范围指数

范围指数以 500 hPa 图上 588 位势什米线包含的区域表示。

4）西伸脊点指数

以 500 hPa 图上 588 位势什米线最西端所在的经度来表示西伸脊点位置。

2.海上副热带高压天气模式

北半球海上副热带高压的天气分布特征如图 6-20 所示。

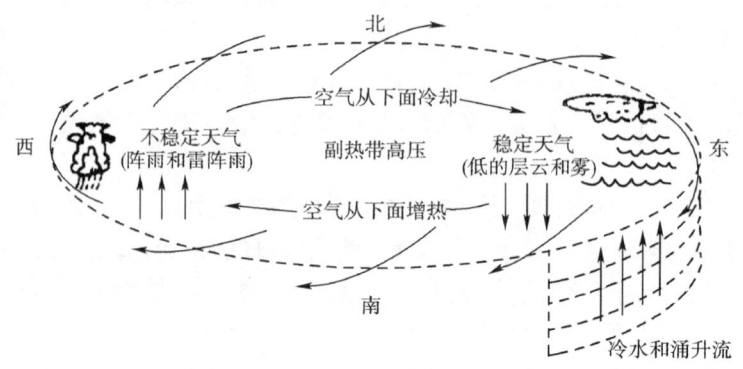

图 6-20　北半球海上副热带高压的天气分布特征

1）副高西部

吹偏南向的暖气流，而且位于暖海流上空，大气层结不稳定，阵性降水较频繁，但降水量不大。

2）副高中部

晴朗少云，风力微弱，天气温暖。

3）副高东部

吹偏北向的冷气流，且大洋东部存在着冷的涌升流，所以下层数百米高度内的空气被冷海面冷却而成为相对的冷空气层，大气层结稳定，大洋上有时会出现低的层云和雾。

4）副高西北部和北部边缘

与西风带交界，多锋面和气旋活动，上升运动强，多阴雨和风暴天气，降水量大。

5）副高的南侧

盛行东风气流，当无气旋性环流时，一般天气晴好，但当有东风波和台风等热带天气系统活动时，则常出现云、雨、雷暴或大风暴雨等恶劣天气。

以上是副高在海上时的天气特征，当副高西伸脊控制陆地时会出现十分炎热、万里无云、久旱无雨的天气。

3.西太平洋副高对我国沿海天气的影响

1）雨带成季节性南北移动

西太平洋副高对我国天气影响甚大，夏半年更为突出。我国主要雨带的南北移动与西太平洋副高脊的季节活动相一致，通常雨带位于副高脊线的北侧 5~8 个纬距。每年 2—4 月，副高脊线稳定在 18°N~20°N 时，华南地区出现连续低温阴雨天气。6 月中旬副高脊线越过 20°N 时，雨带位于长江中下游和日本一带，这正是梅雨季节开始的时期。到 7 月份，副高脊线北移越过 25°N，雨带移到黄淮流域，长江中下游的梅雨结束，开始被西太平洋副高所控制，天气炎热少雨，如果副高强大，控制时间长久，将造成严重干旱现象。7 月底到 8 月初，副高脊线进一步越过 30°N，雨带也移至华北、东北地带。9 月上旬，副高脊线开始向南退，雨带也自北向南移。

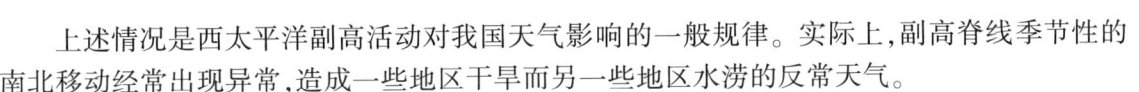

上述情况是西太平洋副高活动对我国天气影响的一般规律。实际上,副高脊线季节性的南北移动经常出现异常,造成一些地区干旱而另一些地区水涝的反常天气。

2)大风

春末夏初,当副高显著加强时,若我国东部沿海有低压和槽发展,构成"东高西低"的形势,副高脊线西部常可出现偏南大风。

3)平流雾

当副高西伸脊的边缘正好控制我国沿海时,暖湿的偏南或东南气流流经较冷的洋面或陆地时,在东南沿海会形成大范围的平流雾或低云。

4)副高的活动主导热带气旋的移动路径

副热带高压是一个行星尺度的天气系统,其位置与热带气旋最靠近,因此,它对热带气旋的发生、发展和消亡有直接的影响,对热带气旋的移动路径,特别是转向以前的路径,起着最主要、最直接的作用。

 思考题

1.简述反气旋的概念及主要特征。

2.试述冷高压的天气特征。

4.试述海上副热带高压的天气特征。

第五节　热带气旋

热带气旋(Tropical cyclone)产生于热带洋面,夏季产生的频率很高,发展迅速,强度大,对航海安全造成严重威胁。航海者必须对它进行重点详细的研究,掌握各部位天气特征,从而达到在航海中正确避离大风浪区域,保证安全航行的目的。

一、等级和名称

国际上通常以近中心最大平均风速作为强度分类标准划分等级,1989 年世界气象组织规定,按照热带气旋中心附近平均最大风力的大小,把热带气旋划分成热带低压、热带风暴、强热带风暴和台风或飓风,如表 6-2 所示。

表 6-2　世界气象组织的热带气旋等级分类表

热带气旋等级名称	海面中心附近 最大平均风速(kn)	海面中心附近 最大风力(级)
热带低压(TD)Tropical depression	22~33	6~7
热带风暴(TS)Tropical storm	34~47	8~9
强热带风暴(STS)Severe tropical storm	48~63	10~11
台风(T)Typhoon 或飓风(H)Hurricane	≥64	≥12

各主要国家和组织对于热带气旋分类等级标准有所不同,表 6-3 列出了中国国家气象中心、日本气象厅、美国国家海洋和大气管理局的热带气旋等级分类表。

航海气象与海洋学

表 6-3 各主要国家和组织的热带气旋等级分类表

国家、地区气象机构	热带气旋等级名称		海面中心附近最大平均风速	海面中心附近最大风力
中国国家气象中心（NMC）	热带低压 TD（Tropical depression）		10.8～17.1 m/s	6～7 级
	台风	热带风暴级（Tropical storm）	17.2～24.4 m/s	8～9 级
		强热带风暴级（Severe tropical storm）	24.5～32.6 m/s	10～11 级
		台风级（Typhoon）	32.7～41.4 m/s	12～13 级
		强台风级（Severe typhoon）	41.5～50.9 m/s	14～15 级
		超强台风级（Super typhoon）	≥51.0 m/s	16 级或以上
日本气象厅（JMA）	热带低压（Tropical depression）		22～33 kn	6～7 级
	热带风暴（Tropical storm）		34～47 kn	8～9 级
	强热带风暴（Severe tropical storm）		48～63 kn	10～11 级
	台风（Typhoon，强度"强"）		64～80 kn	12～13 级
	台风（"非常地强"）		81（14 级）～102 kn	14～15 级
	台风（"猛烈"）		103 kn 以上	16 级或以上
美国国家海洋和大气管理局（NOAA）	热带低压（TD）		≤33 kn	6～7 级
	热带风暴（TS）		34～63 kn	8～11 级
	一级飓风（CATEGORY1，简称 CAT.1）		64～82 kn	12～13 级
	二级飓风（CAT.2）		83～95 kn	14～15 级
	三级飓风（CAT.3）		96～113 kn	16～17 级
	四级飓风（CAT.4）		114～135 kn	
	五级飓风（CAT.5）		>135 kn	

对于风力≥12 级的热带气旋,在全球不同地区,有不同名称。在西北太平洋称其为台风(Typhoon);在菲律宾群岛称其为巴加峨斯(Baguious);在北大西洋、加勒比海、墨西哥湾、墨西哥西岸、西印度群岛、北太平洋东部、南太平洋 140°W 以西等区域称其为飓风(Hurricane);在澳大利亚西北海岸称其为威力威力(Willy-willy);在阿拉伯海、孟加拉湾、南印度洋称其为气旋(Cyclone);在马达加斯加东部海面称其为毛里求斯(Mauritius)。

这里需要注意的是,对于等级划分所依据的风速,大多数国家所使用的是世界气象组织规定的 10 min 平均风速,但有例外,如中国使用 2 min 平均风速,美国使用 1 min 平均风速,澳大利亚使用瞬时风速。因此,对于同一个热带气旋,美国和澳大利亚对其等级的确定可能比其他国家或地区气象部门确定的等级要高。

二、编号和命名

1. 中国

目前,我国国家气象中心将出现在经度 180°以西的西北太平洋和南海海面上,中心附近最大平均风力达到 8 级或以上的热带气旋,每年从 1 月 1 日起按其出现的先后顺序进行数字编号和命名。例如:2023 年出现的第 6 个符合编号标准的热带气旋,编号为"2306"。命名采用亚太地区周边 14 个成员提供的统一命名表进行,命名表按顺序循环使用。如果某个热带气旋给某个台风委员会成员造成了特别严重的损失,该成员可申请该热带气旋的名字不再循环使用,以便在台风气象灾害史上将其作为标志性的事件永久记录。同时,该成员提出新名字进

118

行更换。

2.日本

日本对热带气旋既编号,又命名。日本气象厅对热带气旋的编号方法与我国不完全一致,命名方法与我国一致。

3.美国

美国对热带气旋不编号,而只对每一个热带气旋起英文名字,建立命名表,命名表中热带气旋名字的第一个英文字母按英文字母表顺序命名和排列。

三、发生源地和季节

全球热带气旋主要发生在低纬度洋面上一些特定的海域(见图 6-21),即西北太平洋、东北太平洋、西北大西洋、孟加拉湾、阿拉伯海、西南太平洋、南印度洋西部和澳大利亚西北等洋区。赤道附近热带洋面海域、东南太平洋和南大西洋没有热带气旋。

热带气旋主要发生于北半球,占全球热带气旋发生总数的 2/3 左右。西北太平洋热带气旋发生数最多,占全球热带气旋发生总数的近 1/3。东北太平洋热带气旋发生数位居第二,占全球热带气旋发生总数的近 1/6。整个北太平洋热带气旋发生数占全球热带气旋发生总数的 1/2 左右。

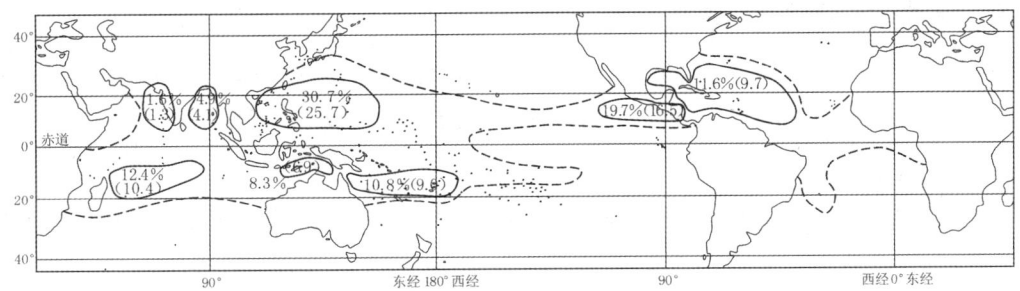

图 6-21　全球热带气旋发生次数及其占全球总数百分率的区域分布

西北太平洋(包括南海),平均每年约发生 26 个热带气旋,全年各月都会发生,但主要发生在 5—11 月。其中 7—10 月是热带气旋盛行季节,约占全年总数的 68%,我国称之为台风季节。这一源地以大而强的热带气旋闻名,最强的热带气旋发生于 1979 年 10 月,中心气压达到 870 hPa,近中心最大平均风速达到 110 m/s。热带气旋的高发生区分布在以下三个海域:我国的南海中北部偏东洋面、菲律宾以东至加罗林群岛洋面、加罗林群岛中部至关岛附近洋面。

我国濒临西北太平洋,是全球受热带气旋影响最大的国家之一。据统计,年平均有 20 个左右的热带气旋进入海岸线 300 km 的沿海海域,其中频率最高的是南海,占总数的 60.4%。每年在我国登陆的热带气旋平均有 8 个左右,最多可达 12 个,最少为 3 个。登陆地点以华南沿海居多,在此地登陆的热带气旋数占登陆热带气旋总数的 58.1%;其次为华东沿海,占 37.3%;在北方沿海登陆的最少,不到 5%。

为使有关部门提前做好防台准备,减少灾害损失,我国根据热带气旋的强度和影响预报责任区的时间、影响程度,对外分别发布热带气旋消息、热带气旋警报和热带气旋紧急警报。当热带气旋远离或尚未影响预报责任区时,根据需要可以发布"消息",报道对热带气旋编号的情况,警报解除时也可以发布"消息";当预计未来 48 h 内热带气旋将袭击或影响预报责任区时,发布"警报";当预计未来 24 h 内热带气旋将袭击或影响预报责任区时,发布"紧急警报"。

这里的"影响"以沿海开始出现 8 级风或暴雨为标准。

台风预警信号分为四级,按强度等级由弱到强依次为蓝色、黄色、橙色、红色。

台风蓝色预警信号表示 24 h 内可能或者已经受热带气旋影响,沿海或者陆地平均风力达 6 级以上,或者阵风 8 级以上并可能持续;台风黄色预警信号表示 24 h 内可能或者已经受热带气旋影响,沿海或者陆地平均风力达 8 级以上,或者阵风 10 级以上并可能持续;台风橙色预警信号表示 12 h 内可能或者已经受热带气旋影响,沿海或者陆地平均风力达 10 级以上,或者阵风 12 级以上并可能持续;台风红色预警信号表示 6 h 内可能或者已经受热带气旋影响,沿海或者陆地平均风力达 12 级以上,或者阵风达 14 级以上并可能持续。

在东北太平洋,平均每年发生热带气旋近 17 个,其中约一半左右发展成飓风。热带气旋发生季节是 5 月中旬至 11 月底,发生数峰值出现在 8 月底、9 月初。

在北大西洋,平均每年有 10 个左右被命名的热带气旋发生,其中近一半左右达到飓风强度。热带气旋多发生于 5 月中旬至 12 月,盛行期为 8—10 月。

在北印度洋,热带气旋发生数较少,平均每年有 5~6 个被命名的热带气旋发生。孟加拉湾和阿拉伯海热带气旋发生最多的月份是春秋季节。

南半球热带气旋主要出现在西南印度洋、东南印度洋和西南太平洋的澳大利亚海域,发生最多的月份是 1—3 月。

四、热带气旋的生命史

热带气旋的生命史,即从形成到消亡或转变为温带气旋,一般为 4~10 天,最长的可达到 20 天以上,最短的仅有 1~2 天。热带气旋的生命史通常分为以下四个阶段。

1.初生阶段

热带气旋初生阶段,一般由最初的低压环流出现时开始,发展到近中心最大风力达 6 级的阶段。

2.加深阶段

热带气旋加深阶段,气旋继续加深,直到中心气压值降到最低值,近中心风速达最大值。这个时期眼区开始形成。

3.成熟阶段

热带气旋成熟阶段,中心强度不再增强,气压不再降低,风速不再增大,但其范围逐渐扩大,直到大风范围达到最广。

4.消亡阶段

热带气旋登陆减弱填塞,或进入中纬度地区后因冷空气侵入而转变为温带气旋。

五、热带气旋的结构和天气海况特征

一个发展成熟的热带气旋,按其结构和天气现象大致可分为 3 个区域,即外围区、涡旋区、眼区,如图 6-22 所示。

1.外围区

1)云系和降水

自热带气旋边缘向内,辐射状卷云和卷层云逐渐变厚,有塔状的高积云、层积云和积云出

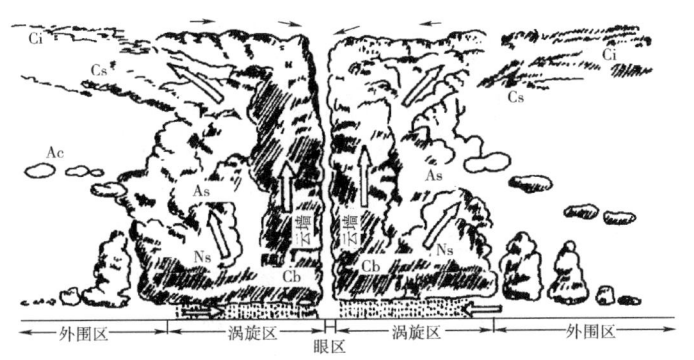

图 6-22　过热带气旋眼区的天气垂直剖面图

现,特别在热带气旋前进的方向上,塔状云更多,且云体往往被风吹散,形成碎雨云,漂移速度快,成为"飞云",常伴有分散性阵性降雨。

2)风力

自热带气旋边缘向内,风力逐渐增大,一般在8级以下,呈阵性。

3)气压

自热带气旋边缘向内,气压开始缓慢下降,随后下降速度逐渐加快。

4)气温

自热带气旋边缘向内,气温逐渐升高,感觉闷热。

5)海况

涌浪由内向外传递,涌浪向与风向间夹角为100°~120°。风浪自热带气旋边缘向内逐渐增大。

2.涡旋区

1)云系和降水

对流旺盛,形成宽数十千米,厚8~9 km的环状云墙,大部分为积雨云,产生倾盆大雨。

2)风力和波浪

从外圈进入中圈后,风力迅速增大到8级以上,并且达到最大,强台风风速为60~70 m/s,有时达到70 m/s以上。涡旋区能出现惊涛骇浪,浪高可达十几米以上。

3)气压

气压由外向内急速下降,等压线特别密集,水平气压梯度大。

3.眼区

1)云系和降水

天空少云或晴空,无降水。

2)气压

气压降至最低,且停止下降。

3)风力

迅速减小到4级以下,或静风。

4)波浪

海况十分险恶,呈现"三角浪"或"金字塔浪"。

六、热带气旋的移动规律

热带气旋的运动受到各种力的作用,既有周围环境施加的外力,又有内部流场在地转偏向力作用下所产生的内力。由于在不同的海域和不同的天气形势下受力情况不同,热带气旋移动路径存在显著的差异。

1.热带气旋运动情况下的受力分析

1)外力

与副热带高压、东风波、西风带槽脊等大型天气系统相比,热带气旋是一个相对较小的水平空气涡旋,可以近似地把它看作一个质点。其在运动过程中,会受到大型气压场的水平气压梯度力 $\vec{G}_n$ 和地转偏向力 $\vec{A}_n$ 的作用。

(1)大型气压场的水平气压梯度力 $\vec{G}_n$

由于大型气压场水平气压分布不均匀,热带气旋始终会受到一个垂直于等压线,由高压区指向低压区的水平气压梯度力 $\vec{G}_n$ 的作用。一般来说,在信风带中,水平气压梯度力指向赤道;在西风带中,水平气压梯度力指向两极。

(2)地转偏向力 $\vec{A}_n$

热带气旋作为一个整体,在运动过程中还会受到地转偏向力 $\vec{A}_n$ 的作用。地转偏向力与热带气旋移动速度和所在纬度的正弦成正比。其方向与运动方向垂直,在北半球指向右方,在南半球指向左方。

2)内力 $\vec{N}$

热带气旋内部流场在地转偏向力作用下所产生的一种作用于热带气旋本身的力,称为内力,用 $\vec{N}$ 表示。

热带气旋的内力 $\vec{N}$ 实质上是当考虑热带气旋为圆形、风速呈对称分布时,热带气旋范围内空气质点流动所受的地转偏向力不均匀,即高纬度空气流动所受的地转偏向力大于低纬度空气流动所受的地转偏向力的结果。内力在北半球指向西北,在南半球指向西南,即高纬度空气流动所受的地转偏向力方向。热带气旋的范围越大、强度越强,则产生的内力越大。

2.三力平衡情况下热带气旋的移动

热带气旋的移动是由气压梯度力 $\vec{G}_n$、地转偏向力 $\vec{A}_n$ 和内力 $\vec{N}$ 所决定的。在热带气旋强度变化不大和移动时加速度不大的情况下,可近似地认为上述三力处于平衡状态,即

$$\vec{G}_n + \vec{A}_n + \vec{N} = 0$$

在三力平衡情况下,热带气旋大致上是沿着引导气流方向移动的:在北半球,处于信风带东风气流中的热带气旋,其移向偏于引导气流的右侧,即移向西北;处于西风带中的热带气旋,其移向偏于引导气流的左侧,即移向东北。在南半球,处于信风带东风气流中的热带气旋,其移向偏于引导气流的左侧,即移向西南;处于西风带中的热带气旋,其移向偏于引导气流的右侧,即移向东南。

热带气旋的强度越强、范围越大,则其移向与引导气流方向的交角越大。引导气流越强,热带气旋移速越大。一般情况下,热带气旋在西风带中的移速大于在信风带中的移速。

3.周围天气系统对热带气旋移动的影响

引导热带气旋移动的气流方向是与周围天气系统密切相关的。在影响热带气旋移动的环境流场中,副热带高压是影响最直接、最主要的系统。此外,西风带系统、热带天气系统,以及多个热带气旋的同时存在,也都直接或间接地影响热带气旋的移动路径。

1)副热带高压的影响

当副高强大、稳定并呈东西带状分布时,位于副高南侧的热带气旋在东风气流引导下向西稳定移动,如图 6-23(a)所示;当副高减弱东撤,热带气旋处在副高西南侧时,未来将转向北上,如图 6-23(b)所示。如果副高位置偏东,热带气旋将在海上转向;如果副高位置偏西靠近我国,则热带气旋可能登陆我国以后再转向出海。当热带气旋位于副高西侧时,将向北移动;当热带气旋位于副高北侧时,将向东或东北方向移动。当热带气旋位于一分为二的东西两个较弱副高中心之间时,则热带气旋将北上穿越副高。

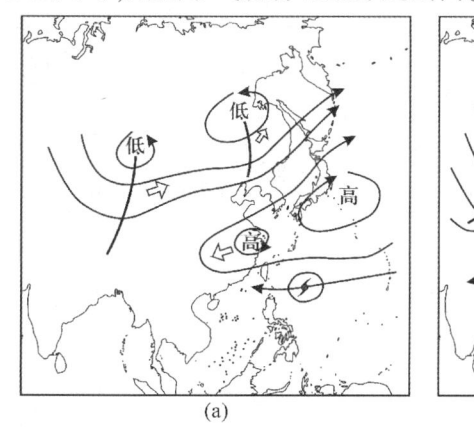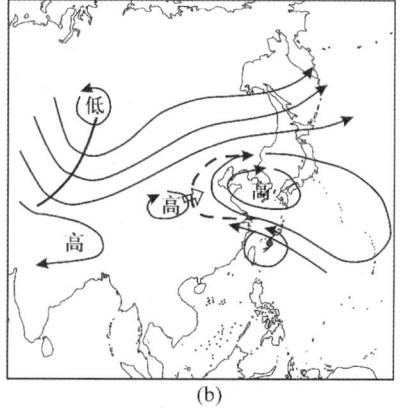

图 6-23 副热带高压与热带气旋移动的关系

2)西风带槽脊的影响

西风带槽脊对热带气旋移动的直接影响主要在热带气旋转向以后。当深厚的西风槽槽底南伸到 35°N 以南时,常迫使副热带高压减弱东撤。这时,热带气旋如果在副热带高压西南端向西北方向移动,则往往在槽前转向北至东北移动,如图 6-24 所示。如果西风槽位置偏北或以短波槽的形式快速东移,则对热带气旋移动的影响不大。

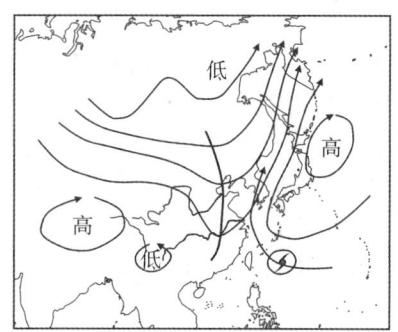

图 6-24 西风槽与热带气旋移动的关系

3)"双热带气旋"的影响

如果在一定距离之内同时出现两个热带气旋,则称为"双热带气旋"(习惯上称为"双台风")。由于气旋性流场的作用,双热带气旋将使彼此的移动路径互相受到影响,两个热带气

旋将绕它们之间连线上的"质量中心点"相互做逆时针旋转,并存在相互吸引的趋势,使热带气旋出现停滞、打转等复杂路径。若两个热带气旋强度相差不多,同时环境流场很弱,则旋转点基本上在两个热带气旋中心连线的中点附近;若两个热带气旋强度不等,则旋转点比较靠近较强的热带气旋一侧。双热带气旋的相互旋转作用,与双热带气旋之间的相对距离有密切关系:相距越近,影响越大;相距越远,影响越小。一般在相距20个纬距以内时,就可能产生明显的相互作用。

4.世界各大洋热带气旋的主要移动路径

图 6-25 给出了世界各大洋热带气旋的主要移动路径。从图中可以看出,不管南北半球,热带气旋从源地形成后,都是自偏西向偏东方向移动的,而后有的登陆消亡,有的转向以后进入中高纬度海域。在北半球洋面上,大部分热带气旋路径为西行、西北行和抛物线转向型;在南半球洋面上,大部分热带气旋路径为西行、西南行和反抛物线转向型。

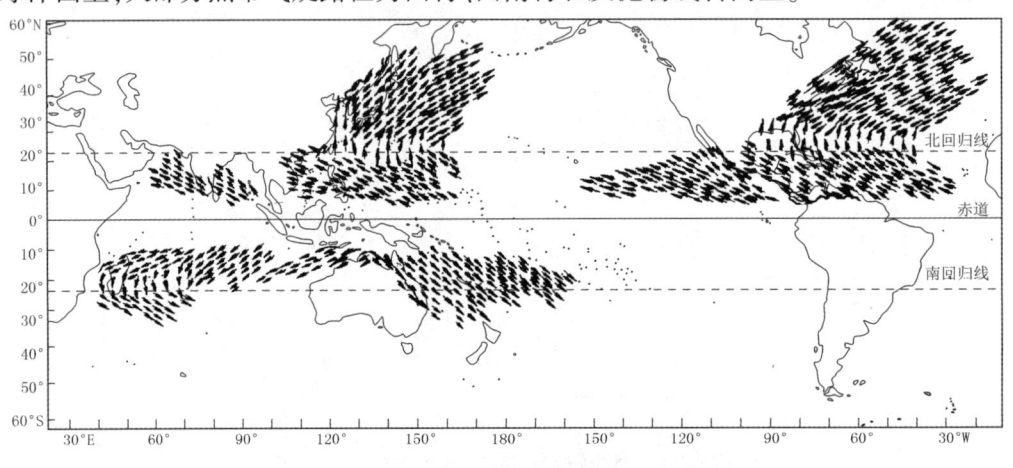

图 6-25　世界各大洋热带气旋的主要移动路径

5.西北太平洋热带气旋的主要移动路径

西北太平洋热带气旋的主要移动路径,大致可分为西行、西北行和抛物线转向型三种基本类型,如图 6-26 所示。此外,还有异常路径。

1)西行路径

西行路径的热带气旋一般由菲律宾以东一直向偏西方向移动,经过南海在华南沿海、海南岛或越南沿海一带登陆。这种路径的热带气旋对南海和华南沿海影响最大。

2)西北行路径(登陆类)

西北行路径热带气旋,又称登陆类热带气旋。它一般由菲律宾以东向西北偏西方向移动,在台湾、福建一带登陆;或从菲律宾以东向西北方向移动,穿过琉球群岛,在浙江一带登陆。这种路径的热带气旋登陆后多数在我国大陆上消失,对我国东部海区和华东地区影响最大。

3)抛物线转向型路径

抛物线转向型路径的热带气旋一般由菲律宾或台湾以东洋面向西北方向移动,到达我国东部海区或在我国沿海登陆,然后转向东北朝日本移去,路径呈抛物线型。这类路径的热带气旋对我国东部沿海地区及日本影响最大。

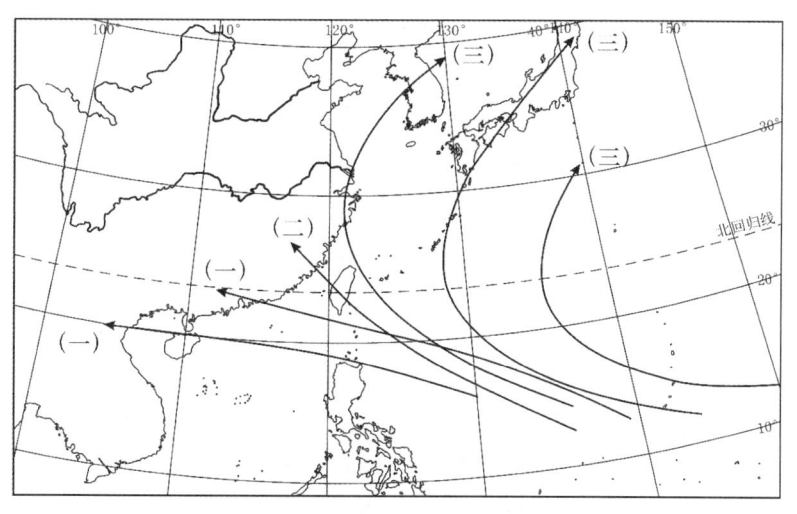

(一)西行路经;(二)西北行路径;(三)转向路径

图6-26　西北太平洋热带气旋的主要移动路径

4)异常路径

热带气旋的路径有的简单,有的十分复杂。除上述主要常规路径外,有时也可出现复杂多变的异常路径,如停滞、打转、摆动、蛇行等。

6.热带气旋的移动速度

热带气旋的平均移动速度为 20~30 km/h。对于转向路径热带气旋,转向前移速较慢,转向时移速最慢,转向后移速迅速加快。通常情况下,处于加强阶段的热带气旋的移速慢于正常速度。

七、南海热带气旋

南海是我国与南亚、非洲和欧洲等地区之间的重要海上通道,这里又是西北太平洋三个热带气旋主要发生源地之一,南海热带气旋常产生狂风、恶浪,严重威胁着过往船只的航行安全。

1.南海热带气旋概况

南海每年平均出现达到热带风暴强度的热带气旋 9 个左右,约占西北太平洋热带气旋总数的 1/3,大致相当于北大西洋热带气旋的年平均发生数。据统计,从菲律宾以东洋面西移进入南海的和在南海本土形成的热带气旋各占 50%。南海热带气旋从生成到登陆历时很短,对华南天气影响很大,登陆的时间大多集中在 7—9 月。

2.南海热带气旋的特点

1)水平范围小,垂直高度低

南海热带气旋与西太平洋热带气旋比较,其水平范围较小,垂直伸展高度较低,一般认为这是因为其发生以后很快就登陆,没有得到充分的发展。南海热带气旋的水平半径为 300~500 km,最小的不到 100 km;垂直伸展高度为 6~8 km,最高可达 10 km。

2)强度较弱

与西太平洋热带气旋比较,南海热带气旋的强度较弱。统计表明,南海热带气旋中心气压一般为 980~990 hPa,最低可达 960 hPa,很少观测到 950 hPa 以下的气压值。其中心最大风速一般在 35 m/s 以下,个别达到 50 m/s。

3)特殊情况

南海热带气旋还有一些特殊情况:一种是小而强的热带气旋,通常称为"豆台风"。这类热带气旋范围小,移动快,发展迅速,破坏力大。在地面图上,往往只能画一根闭合等压线,有时只能看到低压环流。若不注意,可能会带来巨大的损失。另一种是所谓的"空心台风"。其特点是外围风力比中心附近大,过境时地面气压曲线呈"脸盆状"。它们常常由于受周围系统的影响而使某部位风力达到台风强度。

3.南海热带气旋的移动

南海热带气旋的强度较弱,范围较小,其路径受高空流场的影响比较大。夏季,当西太平洋副热带高压势力较强,高空形势比较稳定时,南海热带气旋的路径多是西移型或倒抛物线型;当高空环流较弱,或有双热带气旋影响时,它常在海上打转,路径无规律。过渡季节和冬季,遇强冷空气南下,南海北部东北气流增强时,可使南海热带气旋南移。据统计,南海热带气旋进入 18°N 以北、115°E 以西后,一般向西北偏西方移动,很少北移或转向。

南海热带气旋生成以后其移动路径大致可归纳为四种类型:正抛物线型、倒抛物线型、西移型和打转后北上型。其中:正抛物型路径多发生在 5—6 月;倒抛物线型路径多发生在 7—8 月;西移型路径多发生在 6—12 月,6—9 月位置偏北,10—12 月位置偏南。

八、船舶测算和避离热带气旋

船舶在航行过程中是否会受到热带气旋的影响,一般可以通过气象报告或气象传真图等资料预先获知。但是由于有些热带气旋路径异常,不易被准确预报,为了保证航行安全,使船舶免受热带气旋的袭击,及时掌握航行海区有无热带气旋,正确判定热带气旋动向以利于及时避离热带气旋是十分重要的。

1.热带气旋来临的征兆

热带气旋来临前,海面和天空都会出现不同程度的反常现象,生物也会有一些异常的反应。这些现象可以帮助我们判断航区附近有无热带气旋活动,也可以提供热带气旋活动的最新动向。

1)海面现象

(1)涌浪

热带气旋造成的巨大波浪,能向四周传播到很远的距离,其传播速度是热带气旋本身移速的 2~3 倍。因此,在热带气旋来临之前 1~2 天,涌浪将首先到达。如果无风来涌浪,说明远处可能有热带气旋(或其他风暴)存在;从涌浪的来向还可以判断热带气旋(或其他风暴)中心所在的方向。

(2)海水发臭、发光

热带气旋引起的涌浪或风海流使海水发生翻动,海底的腐烂物质上浮而发出腥臭气味。有时海中出现与平时不同的发光现象。海水发光往往是由于热带气旋到来前一两天,海温升高,某些能发光的浮游生物群集在海面所致。

(3)海面有时能听到海响

热带气旋来临前,有的地区还可以听到海响,像远处沉闷的号角声。海响与平常风浪所引起的响声不同,它往往要在寂静时才能听到,持续时间较长。

（4）潮汐潮流异常

热带气旋来临时,潮汐潮流往往会出现异常,潮位有时会出现急升或急降,潮流流向和流速有时会变乱。

2）天空现象

热带气旋来临前几天,一般是晴朗少云的天气。热带气旋外围接近时,天边出现辐射状卷云,并逐渐变厚、变密,辐射中心的方向就是热带气旋所在的方向。随着热带气旋的移近,逐渐出现了卷层云、高层云和层积云,低空伴有灰黑色的碎层云和碎积云随风急驰。在中纬度地区,高云一般是从偏西向偏东方向移动的。而当热带气旋西行时,高云随热带气旋自偏东向偏西方向移动。热带气旋接近时,有时会看到天空由正常的颜色转变成霞一般的颜色。这种变化不一定发生在早晚,因此不会和早霞、晚霞混淆起来。

3）生物异常反应

海鸟成群飞来,海豚向港湾洄游,海蛇浮出水面,鱼虾比平时显著密集等,都是由于海面生成热带气旋后使海洋要素和海况异常,海中生物不适应,一反常态。

4）气象要素的变化

（1）风

当热带气旋接近时,当地的盛行风会发生改变。在信风区域内,如在小范围内发现东风风速比平均值大25%以上,就应当提高警惕,尤其在流线有气旋性弯曲的地方。以我国沿海为例,在南海沿岸盛行西南风的季节里,或是东海、黄海沿岸盛行南风、东南风的季节里,如出现东风或东北风并逐渐加强,则表明可能有热带气旋来临。

（2）气压

热带气旋到达前2~3天,气压总的趋势是下降的,但是还可以看出日变化。随着热带气旋的接近,气压明显下降,日变化消失。

需要注意的是,对于上述热带气旋预兆,应根据多种情况综合考察,切勿单凭其中某一条就简单地下结论。

2.热带气旋中心方位的判定

1）观察云和涌

热带气旋临近,但尚未受热带气旋环流影响时,可看到天边出现辐射状卷云。这种云在水线上的汇合点的方向,指示热带气旋中心所在的方位。在外海,有规律的和不断增强的涌浪的来向,指示热带气旋中心(或其他风暴中心)所在的方位。

2）根据真风向和真风力判定

当船舶受到热带气旋环流影响时,可根据船上测算的真风风向和风力来判定热带气旋中心方位。背真风而立,以正前方为0°,当真风力为6级以下时,在北半球,热带气旋中心在左前方45°的方位,在南半球,热带气旋中心在右前方45°的方位;当真风力为8级左右时,在北半球,热带气旋中心在左前方67.5°的方位,在南半球,热带气旋中心在右前方67.5°的方位;当真风力为10级以上时,在北半球,热带气旋中心在左前方90°的方位,在南半球,热带气旋中心在右前方90°的方位。

3）根据真风风向和气压距平值判定

本船测得的海平面气压经日变化订正后与当地当月平均气压之差,称为气压距平值。求得气压距平值后,可根据船上测算的真风风向和气压距平值来判定热带气旋中心方位。

3.船舶与热带气旋中心距离的判定

由于在同一个热带气旋内,船测气压距平值与该船距热带气旋中心的距离成反比。因此,根据前一次接收的气象报告得知那时船舶与热带气旋中心的距离 D_1,结合那时和当前时刻经观测计算得到的气压距平值 Δp_1 和 Δp_2,当前时刻的船舶与热带气旋中心的距离 D_2 可由下式求得:

$$D_2 = D_1 \times \frac{\Delta p_1}{\Delta p_2}$$

4.热带气旋部位的划分和船舶所处部位的判定

1)热带气旋部位的划分

顺着热带气旋移动的方向往前看,把热带气旋分为两个半圆,分别称为右半圆和左半圆。在北半球,右半圆称为危险半圆,左半圆又称为可航半圆;而在南半球,右半圆称为可航半圆,左半圆称为危险半圆。在北半球,右前象限称为危险象限;在南半球,左前象限称为危险象限。

一般来说,船舶航行在危险半圆面临的危险程度要比可航半圆高,但是船舶一旦遇到了热带气旋,即使在可航半圆航行,也并不是没有危险,只是危险程度相对较轻罢了。

为什么船舶在危险半圆航行危险程度更高呢? 原因主要在于以下三个方面:

(1)热带气旋的危险半圆一般与副热带高压相邻,两个气压系统相互靠近,水平气压梯度加大,致使危险半圆的风力大于可航半圆。

(2)在热带气旋中,危险半圆的风向与热带气旋移向接近一致,风速与热带气旋移速两矢量叠加,使风加大。特别在危险半圆中心附近后部,由于风时长,波高最大。在可航半圆,风向与热带气旋移向基本相反,两矢量叠加,风力被抵消一部分。

(3)当船舶处于危险半圆(尤其是危险象限)时,容易被吹到热带气旋中心的进路上,一旦被吹进热带气旋中心,就不易驶离。特别是热带气旋如果转向的话,处在危险象限的船舶有被卷入热带气旋中心的危险。

2)船舶所处热带气旋部位的判定

船舶一旦受热带气旋外围影响,特别是误入热带气旋涡旋区后,必须尽早准确判定船舶处在热带气旋的哪一部位,以便采取相应的航法,尽快驶离。

在缺乏气象台发布的热带气旋中心位置和移动方向等资料的特殊情况下,可以利用本船现场观测的真风和气压随时间的变化来判断船舶所处的热带气旋部位。

1)根据真风风向变化判定左右半圆

当船舶在热带气旋影响下航行时,由于风浪较大,因而船速较慢,加之为了避离热带气旋的影响,船舶总是相对于热带气旋中心由气旋前部驶向后部。因此,不论南北半球,当真风风向随时间做顺时针方向变化时,表明船舶处在热带气旋的右半圆(北半球为危险半圆,南半球为可航半圆);当真风风向随时间做逆时针方向变化时,表明船舶处在热带气旋的左半圆(北半球为可航半圆,南半球为危险半圆);若真风风向基本不变或变化不定,则表明船舶正好处在热带气旋的进路上,如图 6-27 所示。

2)根据真风风速或气压变化判定前后半圆

当船舶驶近热带气旋中心时,风速增大,气压降低;当船舶驶离热带气旋中心时,风速减小,气压升高。因此,当真风风速随时间增大或气压随时间降低时,可判定船舶处在热带气旋的前半圆;当真风风速随时间减小或气压随时间上升时,则可判定船舶处在热带气旋的后半圆。

需要注意的是,若热带气旋停滞少动或在原地打转,处于滞航状态的船舶将不会观测到风

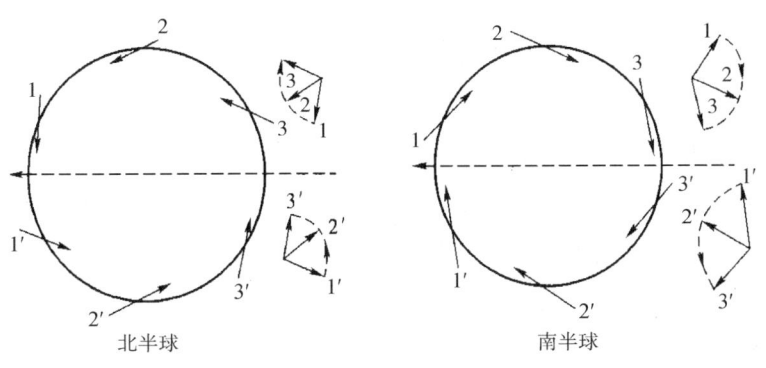

图 6-27　热带气旋左、右半圆风向变化

和气压有明显的变化。

5.避离热带气旋

当船舶受到热带气旋外围影响时,应增加观测时次,每小时观测一次,时刻掌握热带气旋动态,尽可能保持船舶与热带气旋中心的距离在 200 n mile 以上,以满足测得风力在 6 级以下,气压在 1000 hPa 以上。不要试图追越热带气旋,一般情况下不穿越热带气旋的前方路径。

1)近海航行船舶的避离

当热带气旋来临时,在近海航行的船舶应及时选择封闭式或背风的港口避离。如果没有这种条件,则应将船舶驶向外海深水中,全力以赴准备抗御。切不可犹豫不决,停留在近岸浅水海域或迎风港口中。例如,大连港开口朝东南方向,若预报吹偏北风,可在内锚地避离;若预报吹偏南风,则应及时将船舶从内锚地调往外锚地避离。

2)大洋航行船舶的避离

(1)全速避离法

在北半球,当船舶误入热带气旋的危险半圆时,应使船首右舷(南半球为船首左舷)顶风全速避离,尽量保持风从右舷(南半球为左舷)10°～45°而来,直到离开危险区域为止,如图 6-28 中 A 船(南半球为 C 船)虚线所示。若船舶处于热带气旋的左半圆,应立即全速以右舷船尾(南半球为左舷船尾)受风避离,如图 6-28 中 B 船(南半球为 D 船)虚线所示,受风角一般为30°～40°。如果由于风浪过猛或其他原因而无法向前航行,就采取滞航的办法来操纵船舶,随着热带气旋的移动而脱离其控制。

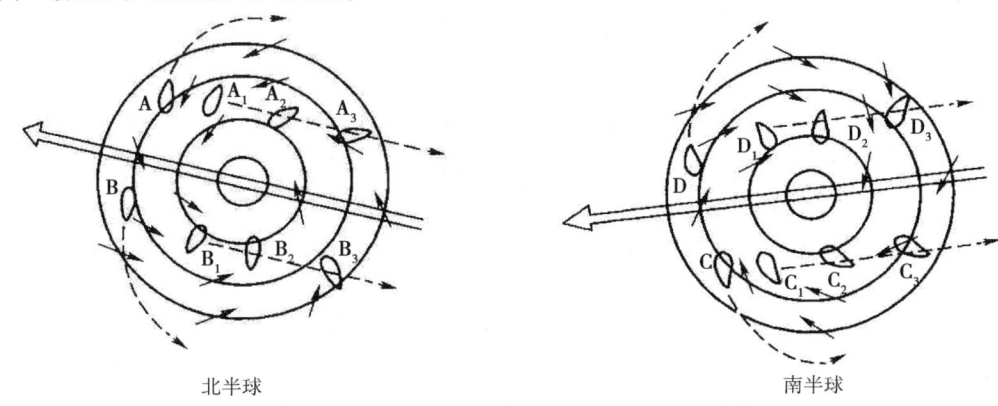

图 6-28　全速避离热带气旋驾驶法示意图

（2）扇形避离法

在开阔海洋上航行的船舶可以应用扇形避离法。

①方法

根据天气报告或传真图可以得知热带气旋的中心位置、移向、移速,再结合本船的船位、航向和航速,在海图上作扇形图,使船与热带气旋保持一定距离,这种方法称为扇形避离法。

a.扇形柄点:选取实测热带中心位置作为扇形柄点。

b.扇形夹角:以预报热带气旋移动方向为基准,向左右各取 $30° \sim 45°$,低纬度取夹角 $80° \sim 90°$,高纬度取夹角 $60°$ 左右。

c.扇形半径:可考虑将预测的热带气旋 24 h 移动距离作为扇形半径,也可考虑 8 级大风圈的半径,使船位最好距离热带气旋中心 200 n mile 以上,至少也不要小于 100 n mile。

②举例

如图 6-29 所示,H_1、H_2、H_3 和 H_4 分别代表 0000、0600、1200 和 1800 时的热带气旋中心位置,A、B、C 和 D 分别代表以上各时刻的船位。当 0000 时船舶位于 A 点时,根据天气报告得知热带气旋中心位于 H_1 点,根据热带气旋的预报移向和移速,以热带气旋中心 H_1 点为中心作扇形 1,其半径等于热带气旋未来 24 h 移动距离,夹角从热带气旋未来移向线左右两侧各取 $30° \sim 45°$,这就得到船舶未来 24 h 内需要避离的危险扇形区。然后每隔 6 h 依次做出扇形 2、扇形 3 和扇形 4,直到船驶至 E 点已完全脱离了热带气旋的威胁时,才恢复原预定航向航行。

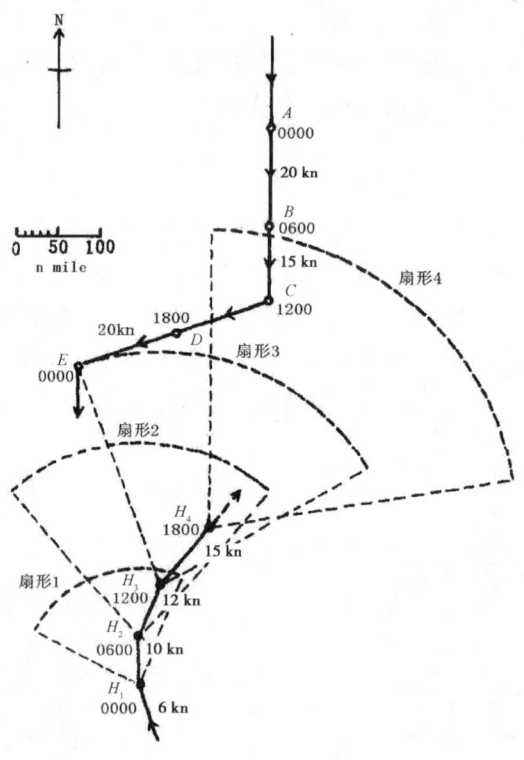

图 6-29　作扇形图避离热带气旋(北半球)

九、热带气旋与温带气旋的比较

热带气旋和温带气旋均为具有中心辐合流场的水平空气涡旋,其差异表现在以下多个方面:

1.发生源地

热带气旋发生在热带高温、高湿的洋面上,而温带气旋发生在中高纬度陆地和海洋上。

2.能量来源

热带气旋的能源主要来自大量水汽凝结所释放的潜热能,而温带气旋的能源主要来自位能释放。

3.结构

热带气旋在一个气团内部形成,无锋面,有眼;而温带气旋由 2~3 个气团组成,有锋面,无眼。

4.范围

通常,热带气旋比温带气旋范围小,船舶完全可以避开。

5.气压场

在热带气旋范围内,气压由外向中心呈漏斗状降低,气压梯度大;在温带气旋范围内,气压由外向中心呈缓慢线性下降。

6.风暴眼

在发展强烈的热带气旋中心,通常有一个直径为 10~60 km 的眼区,在这里,风力很小、天气晴朗少云,完全不同于风暴眼区外面的狂风暴雨、电闪雷鸣的涡旋区,这一点是温带气旋所没有或很少有的现象。

7.大风

一般情况下,热带气旋近中心附近风速很大,最大风速大于温带气旋。但热带气旋 8 级以上的大风范围远小于温带气旋。

8.天气

热带气旋降水天气对称分布在涡旋区,降水量十分惊人;而温带气旋降水天气主要出现在中心及锋附近,降水量小。

9.移动路径

热带气旋的移动路径不像温带气旋那样一般自西向东移动,而是在热带洋面上一般自东向西偏向高纬度移动,向高纬度转向后进入西风带,然后自西向东且偏向高纬度移动。

10.活动季节

热带气旋和温带气旋一年四季均可产生,热带气旋主要活动在夏秋季节,海上温带气旋在冬春季节强度强,出现频率高。

 思考题

1.简述热带气旋的等级、编号和命名。
2.简述典型热带气旋的天气模式。
3.试比较温带气旋与热带气旋的区别。

航海气象与海洋学

第六节　热带辐合带和热带云团

除热带气旋外,南北半球副热带高压之间的东风带中还活动着一些其他热带天气系统,主要有热带辐合带和热带云团。

一、热带辐合带

热带辐合带(Intertropical convergence zone,简称 ITCZ)又称赤道辐合带,是南北半球信风气流辐合的地带,是赤道低压带在流场方面的表现。它是热带地区的一个行星尺度系统,是热带地区热量、水汽最集中的地区,也是热带扰动发生的主要源地。据统计,西太平洋地区 85% 的热带气旋是由辐合带上的扰动发展起来的。

按照辐合带两侧气流的辐合情况,可将赤道辐合带分为两种类型,如图 6-30 所示。

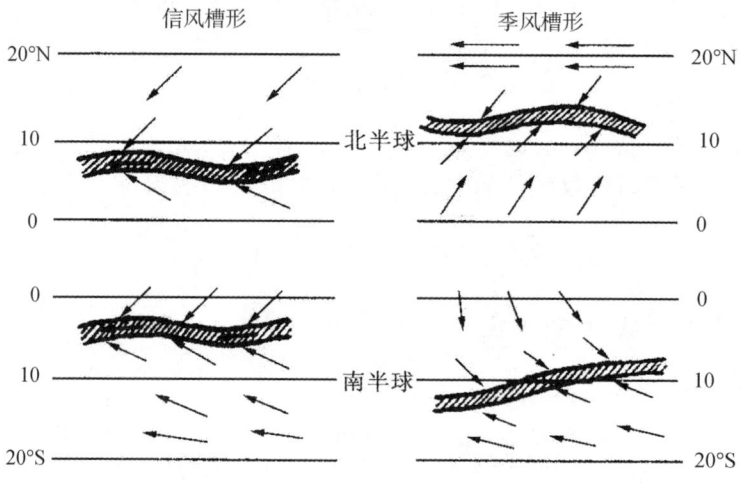

图 6-30　两种辐合带风场结构模式

一种是信风槽形辐合带,它是由东北信风和东南信风交汇而形成的渐近线形式的辐合带,主要位于北大西洋、太平洋中部和东部地区。另一种是季风槽形辐合带,主要出现在南亚到西太平洋一带,它的构成和季风紧密相连,主要特征是风向切变大。在北半球,季风槽形辐合带的北侧是东或东北风,南侧是西或西南风;在南半球,其向赤道侧是西或西北风,向极地侧是东或东南风。这种辐合带在由西风到东风的过渡区中,风速通常都比较小,因此也可称为赤道无风带。观测和分析表明,在西北太平洋地区,上述两种类型的辐合带都有出现。

赤道辐合带的位置随季节有明显的变化,其变化与副热带高压的季节变动密切相关。就全球平均状况而言,1 月份位置最南,在 5°S 附近;7 月份位置最北,在 12°N～15°N 附近。但在不同地区赤道辐合带南北移动的幅度不同,在大西洋和太平洋东部,赤道辐合带位置变化较小,全年都在北半球靠近赤道的地区;而在印度洋北部和太平洋西部,赤道辐合带的季节性位移显著,1—2 月平均位置在 10°S～15°S,7—8 月在 25°N 附近。

赤道辐合带附近一般是不稳定区和辐合上升区,而且在它上面常有热带气旋形成和发展。辐合带附近经常有积云、积雨云发展,并常伴有暴雨、雷暴和大风,在卫星云图上表现为一条连续的对流云带,有时云区和晴空相间分布,有时云区十分宽广,东西可延伸数千千米。

二、热带云团

热带云团(Tropical cloud cluster)是指存在于热带地区的由大量对流云所组成的直径在100~1000 km 范围内的密闭云区。热带云团是从卫星云图上发现的,在天气图上很难分析出与其相对应的天气系统。云团所经过的地区,常常发生大风和暴雨。

分析表明,热带云团常发生在热带辐合带中,热带地区许多重要天气系统,如热带气旋、东风波等最初的胚胎,就是在这种云团的基础上发展起来的。大多数热带云团与各种天气系统相联系,有些虽然并无多大联系,但可产生较强烈的对流天气,因此热带云团本身常被看作热带地区的一种天气尺度系统。热带云团是由中尺度对流云体群(10~100 km)组成的,而每个中尺度对流云体,又是由尺度为 1~10 km 的对流云单体群所构成的。它们随盛行风向移动,往往在上风方形成,到下风方消亡,不停地新陈代谢。

第七节　强对流性天气系统

前面介绍的气团、锋、温带气旋、冷高压、副热带高压、热带气旋等都是大尺度天气系统,它们的水平尺度大、生命期长。大气中还有一些空间尺度较小、生命期较短的天气系统,如雷暴、飑线和龙卷等,称为中小尺度天气系统。这些天气系统不仅尺度小、生命期短,而且气象要素水平梯度很大、天气现象剧烈,具有很大破坏力,往往是一些灾害性天气系统。

一、雷暴

雷暴(Thunderstorm)是积雨云中所发生的雷电交加的激烈的放电现象,一般伴有阵雨,故常与雷雨一词通称。同时,雷暴又指天气系统。通常把仅伴有阵雨的雷暴,称为一般雷暴或普通雷暴;而将伴有暴雨、阵性大风、冰雹、龙卷等强对流性天气,带来严重灾害的雷暴称为强雷暴。

1.雷暴的生命史

产生雷暴的积雨云称为雷暴云或雷暴单体,其水平尺度在 10 km 左右,是小尺度天气系统。每个雷暴单体的生命史大致可分为发展、成熟和消散三个阶段,每个阶段约持续十几分钟至半个小时左右。

1)发展阶段

发展阶段又称积云阶段,其主要特征是上升气流贯穿于整个云体,地面风力一般很弱,风向不定,低空有向云区的辐合气流,促使上升气流发展。

2)成熟阶段

成熟阶段的特征是开始产生降水。由于云中上升气流的不断发展,雨滴不断增大,当雨滴增大到上升气流托不住时,就开始降水;与此同时,在云与地或云与云之间发生大气放电现象,出现电闪雷鸣。此外,由于雨滴下落时携带着附近空气向下运动,在雷暴移行方向的后侧产生了下沉气流,当下沉气流冲到地面附近时,向四周散开,导致地面出现阵性大风。

3)消散阶段

消散阶段的主要特征是下沉气流占据云体的主要部分。当雷暴云减弱消散时,天气现象也逐渐减弱消失。

2.雷暴的成因及分类

雷暴的形成一般由两种作用所引起:一是热力作用;二是动力抬升作用。

由热力作用引起的雷暴称为热雷暴。它多发生在气团内部,一般强度不大,历时短暂,很少移动,产生的天气也不严重。热雷暴常出现在夏季的午后,因午后地面受日照而强烈增温,在近地面层形成绝对不稳定层结,引起局地热对流,使对流运动得以发展。在海洋上由于热力条件不同,热雷暴多发生在后半夜至凌晨前后。

由动力抬升作用引起的雷暴,一般影响范围较大,维持时间长,强度强,产生的天气比较严重。动力抬升作用一般包括三类:锋面抬升、低层气流辐合抬升及地形抬升。

3.雷暴的活动地区和季节

雷暴的活动具有一定的地区性和季节性。低纬度雷暴出现的次数多于中纬度,中纬度多于高纬度。就相同纬度来说,雷暴出现的次数,一般是山地多于平原,内陆多于海洋。雷暴活动的季节性也很明显,夏季出现最多,冬季几乎没有。

二、飑线

飑线(Squall Line)是呈带状分布的雷暴或积雨云带。它是比普通雷暴影响范围更大的中尺度天气系统。飑线上的雷暴通常由若干个雷暴单体组成,其过境时,常会出现风向突变、风速猛增、气温陡降、气压骤升等剧烈的天气变化。

一般飑线的雷达平面显示回波云带呈带状分布,是由许多强回波单体组成的,其中每个回波单体结构密实,边缘清晰,显示出组成飑线的每个风暴单体都很强大。

飑线与冷锋有不少相似之处,但也有很大差异。飑线是在同一气团内部形成和传播的中尺度系统,常见于暖湿热带气团中,在中纬度地区多产生在温带气旋冷锋前,影响的范围比冷锋小。飑线附近的天气现象比冷锋天气剧烈得多,气象要素的变率也比冷锋附近的大得多。

三、龙卷

龙卷(Tornado)是和强对流云相伴出现的,具有垂直轴的小范围强烈涡旋,是一种破坏力很大的小尺度风暴系统。大多数的龙卷出现在有强烈的雷雨时,少数出现在阵雨时,还有个别的出现在未降水的浓积云底部。当有龙卷出现时,总有一个如同"象鼻子"一样的漏斗状云柱自雷暴云云底盘旋而下,有的能达到地面或水面,有的稍伸即隐,有的悬挂在空中,当它伸达地面或水面时,常能卷起大量的尘土或水,从四周包围成管状,在陆上卷起泥沙、尘土等,称为陆龙卷;在海上,卷起海水,称为水龙卷。

1.龙卷的一般特征

1)水平范围很小

龙卷是一种强烈旋转的小涡旋,水平尺度很小,在地面上,其直径一般为几米到几百米,最大可达 1 km 左右;再往上,直径可达 3~4 km,最大达 10 km。

2)持续时间很短

龙卷持续的时间很短,一般为几分钟到几十分钟。

3)气压极低

龙卷中心的气压非常低。据估计,其中心气压可低至 400 hPa 以下,甚至达到 200 hPa。正是由于龙卷内部气压的剧降,造成了水汽的迅速凝结,龙卷才由不可见的空气涡旋变为可见的"象鼻"式的漏斗云柱。

4）风力很强

龙卷的主要特征是风力大，最大可达 $100 \sim 200$ m/s。其风速分布自中心向外增大，在距中心数十米的区域达最大，再往外，风速又迅速减小。

5）破坏力极大

龙卷中有特别大的风速和内外气压差，所以其破坏力非常巨大。

6）移动迅速，移动路径多为直线

龙卷移动迅速，平均移速为 15 m/s，最快可达 70 m/s。其移动路径多为直线，长度一般为 $5 \sim 10$ km，短的只有 300 m，个别长的可达 300 km。龙卷的漏斗云柱一般是垂直向下的，但因空中风比地面风大，所以漏斗云柱会发生倾斜，其倾斜方向通常指示龙卷移动的方向。这一特点可以作为船舶避离龙卷时的一个很有用的参考。

2.龙卷的形成及活动特点

由于龙卷总是伴随强烈的对流云出现，因此龙卷形成的天气形势和条件与雷暴、飑线相类似。但对于龙卷来说，由于对流现象更为强烈，它形成所要求的层结不稳定更加强烈。

龙卷有时会成对出现，两个龙卷的旋转方向正好相反，一个是气旋式的，另一个是反气旋式的，不过气旋式龙卷较为常见。

龙卷主要出现在春夏季节，陆地上以发生于下午到傍晚的机会居多，海上一般出现在清晨。

第七章

船舶水文气象信息的获取和应用

随着全球航海气象保障技术的不断提高,航海实践中船舶驾驶员通常能够获取较为有效的气象海况预报信息。但是,每年因为船舶未及时准确地获取相关气象海况预报信息,并积极运用这些信息进行防避灾害性天气系统而发生的海难事故还时有发生,造成的损失是非常巨大的。事故的原因多样化,主要包括:一是船舶驾驶员不熟悉在相关航区如何多途径获取气象信息或者错误地分析应用气象信息;二是单途径获取气象信息,驾驶员未加辨识而盲目采纳,在该信息不精准的情况下,往往错失最佳避离灾害性天气系统的时机,导致事故的发生。

伴随现代气象预报和通信技术的飞速发展,为保障船舶安全经济航行,当前迫切需要船舶驾驶员深入了解如何及时准确地获取多途径气象海况预报信息,并对这些信息进行正确的识读、分析和应用,选择有利于本船的预防措施,为船舶安全经济航行提供保障。

第一节 船舶水文气象信息的获取途径

现代通信技术的飞速发展使船舶获取气象海况预报信息的途径越来越多。目前,船舶可以接收气象导航公司或船公司发送来的航区气象海况资料,可以通过船载气象传真机实时接收航区邻近国家气象传真台发布的高质量的各种气象传真图。船舶可以通过 NAVTEX 或 GMDSS 的增强群呼(EGC)获取作业海区邻近台站发布的天气报告或恶劣天气警报。船舶驾驶人员登陆全球互联网可以查阅、下载所需海域更详细的气象和海况信息。船舶在近岸或港口附近作业时,可以收听收看当地广播电视转播的气象信息,也可以咨询当地气象和海洋预报台站以获取气象和海况信息。另外,船舶驾驶人员还可以使用大量最新开发的气象海况预报软件,实时获取气象和海况信息。

一、彩色水文气象图像信息的获取

彩色天气图和海况图是在特制的底图上填有各地同一时刻的气象和水文观测记录,能够反映一定区域内的天气和海洋情况的图。它是用来观察、监视和研究天气系统发生、发展演变和移动等情况的重要工具。由于它具有良好的直观性、简单明了、图像覆盖范围大、资料连续性强、便于综合分析应用和长期保存等特点,优于海上其他水文气象资料而得到广泛应用。

船舶驾驶员要想获取彩色天气图和海况图,可以登陆全球互联网查阅下载,也可以由船公司相关技术人员上网查阅下载后制作成压缩文件包以电子邮件方式发送给驾驶员。

在全球互联网上发布气象信息的网站特别多,几乎每个气象台站都有自己的网站。每个气象网站发布的水文气象信息均包括实况和预报两种信息。信息内容有文字描述的,也有图表形式的。互联网上的天气和海况图具有快速、彩色、高画质和动态等许多优点,发展前景十分可观。常用水文气象信息发布网站列举如下:

中央气象台 http://www.nmc.cn/;

中央气象台台风网 http://typhoon.nmc.cn/web.html;

中国海洋预报网 https://www.oceanguide.org.cn/IndexHome;

香港天文台 https://www.hko.gov.hk/sc/index.html;

日本气象厅 https://www.jma.go.jp/jmh/jmhmenu.html;

美国国家气象局 http://www.weather.gov/afc;

欧洲中期数值天气预报中心(ECMWF)https://charts.ecmwf.int/;

澳大利亚气象局 http://www.bom.gov.au/? ref=logo 等。

二、气象传真图的获取

气象传真图是去掉色彩并经过简化处理后的天气、海况等传真图像资料。气象台站经常绘制的气象传真图有地面天气图、高空天气图、波浪图、台风警报图及各种辅助图,大多属于半数值半经验预报产品,可信度较高。

通过气象传真图,驾驶员可以了解大范围的天气演变过程,掌握航行海区已经发生和将要发生的海洋气象情况,这对保证船舶航行安全、合理选择航线等,都有重要的意义。

世界气象组织将全球各地的气象传真广播台分为六个区域,即亚洲、非洲、南美洲、北美洲、西南太平洋和欧洲,主要的气象传真广播台分布如图 7-1 所示。船舶可以根据需要,利用船上的气象传真接收机有选择地接收各国气象部门发布的气象传真图,有关气象传真台的具体信息可查阅英版《无线电信号表》第三卷。在查阅时,首先按照分区查阅相应分册,根据索引图确定船舶附近的气象传真台站所在页码,再翻阅相应页码确定所用台站的详细信息,如发布台站的呼号、使用频率、发射时间、发射内容及节目表等。然后,按照所查到的信息调整气象传真接收机的频率,在相应时间接收所需要的气象传真图。

图 7-1 数字代号说明:

1.北京(中国);2.首尔(韩国);3.东京(日本);4.台湾(中国);5.曼谷(泰国);6.威卢纳(澳大利亚);7.查尔维尔(澳大利亚);8.奥克兰(新西兰);9.摩尔曼斯克(俄罗斯);10.奥芬巴赫(德国);11.诺斯伍德(英国);12.奥林匹亚(希腊);13.开普敦(南非);14.雷索卢特(加拿大);15.伊努维克(加拿大);16.科迪亚克(美国);17.伊卡卢伊特(加拿大);18.悉尼(加拿大);19.哈利法克斯(加拿大);20.波士顿(美国);21.雷耶斯角(美国);22.火奴鲁鲁(美国);23.新奥尔良(美国);24.里约热内卢(巴西);25.瓦尔帕莱索(智利)。

三、海上气象报告的获取

海上气象报告(Weather report)是各国的海岸电台用无线电通信方式向船舶发布的天气情报。船舶不论是在航行中还是在锚泊中,每天都应按时接收和阅读使用海上气象报告。

图 7-1　世界主要气象传真广播台

现在世界各国都按国际海事组织(IMO)和世界气象组织(WMO)所划定的海区范围,由指定的海岸无线电台播发海上天气报告和警报。海岸电台的负责区域、广播时间、使用频率等可查阅英版《无线电信号表》第三卷。

海上作业的船舶驾驶员通常利用 NAVTEX 或 EGC 接收临近海岸电台的发布相应海区的天气报告或警报,也可以登陆世界航行警告系统网站 https://wwmiws.wmo.int/ 查询各海区的气象报告或警报。全球航行警告区协调国如表 7-1 所示,我国位于XI区。

表 7-1　全球航行警告区协调国列表

全球航行警告服务各航行警告区域协调国列表			
I	英国	XII	美国
II	法国	XIII	俄罗斯
III	西班牙	XIV	新西兰
IV	美国	XV	智利
V	巴西	XVI	秘鲁
VI	阿根廷	XVII	加拿大
VII	南非	XVIII	加拿大
VIII	印度	XIX	挪威
IX	巴基斯坦	XX	俄罗斯
X	澳大利亚	XXI	俄罗斯
XI	日本		

四、ECDIS 中水文气象信息的获取

根据国际海事组织(IMO)《SOLAS 公约》的要求,从事国际航行的船舶需按要求逐步配备电子海图显示与信息系统(ECDIS)。ECDIS 是一种新型的船舶导航系统和辅助决策系统,能够与定位仪、罗经、计程仪、雷达、测深仪、AIS 和风向风速仪等各种助航设备连接;以电子航海图(ENC)为基础,融合航路指南、进港指南和潮汐表等航海资料,为船舶驾驶人员提供各种信息查询。

水文气象信息可以以图形、图像、数据等方式叠加显示在 ECDIS 界面上,如洋流、潮汐、风

场和气压场等信息可以直接在 ECDIS 中获取,从而使船舶驾驶人员对于水文气象信息的参考和利用更加方便和准确。

第二节 气象报告识读与应用

一、气象报告的内容

各海岸电台都按统一规定的格式和内容编发报文,船舶接收的气象报告通常分以下三部分:

1.警报(Warning)

警报在海上已经出现或预计未来 24 h 内将出现恶劣天气时发布。警报内容包括大风警报(Gale warning)、风暴警报(Storm warning)、台风警报(Typhoon warning)或飓风警报(Hurricane warning)、浓雾警报(Fog warning)、沙暴警报(Sand storm warning)和海冰警报(Ice warning)等。

警报对应的恶劣天气如下:

大风警报:风力为 8~9 级。

风暴警报:风力为 10~11 级(热带气旋引起)或风力≥10 级(非热带气旋引起)。

台风警报:风力≥12 级。

飓风警报:风力≥12 级。

浓雾警报:能见度<0.5 km(或 0.3 n mile)。

气象警报除在气象报告中作为第一部分定时播发外,还单独进行播发,一般在收到后立即播发,此后每隔一定时间重复播发。

2.天气形势摘要(Synoptic situation)

描述高压、低压、热带气旋和锋等天气系统的位置、强度、移向、移速等。

3.海区天气预报(Forecast for sea areas)

预报某海区在未来 12 h 或 24 h 内将要出现的天气情况,一般包括天空状况、天气现象、风力、风向和浪级等。

二、气象报告的阅读

阅读天气报告和警报时应注意以下各项:

1.广播台名称、广播时间及有效时间(世界时或地方时)和受重要天气系统影响的海域或预报区域。

2.报文用语简洁,常用缩写和省略语;有的报文不分段落,无标点符号,甚至省略谓语动词;在警报中,为减少抄发报过程中的错误,确保台风中心位置准确可靠,经纬度常用英文全拼写等方式编发。

3.时间用语(地方时)含义:

白天:08—20 时;早晨:05—08 时;上午:08—12 时;中午:11—14 时;下午:12—18 时;
傍晚:18—20 时;夜间:20—08 时;半夜:23—03 时;上半夜:20—24 时;下半夜:00—05 时。

4.天空状况(Sky condition)用语含义:

晴(Clear sky):总云量为0~2;

少云(Partly cloudy):总云量为3~5;

多云(Cloudy):总云量为6~8(或高云量为8~10);

阴(Overcast):中低云量为9~10。

三、气象报告的应用

1.天气分析和预报

(1)目前船舶所在海域处于何天气系统,或受该系统的何部位控制。

(2)未来的天气形势和天气状况如何。在未来24 h内,推算船位附近将处于何系统、受该系统的何部位控制,会出现什么天气。根据有关天气模式和天气实况等自行分析未来的天气状况。

2.点绘天气图

如需要,船舶可根据天气形势报告,将高压及低压系统的中心位置、强度及锋线等标绘在空白海图上,称为点绘天气图。可用内差方法绘出部分等压线,并根据等压线分析原则和有关技术规定进行加密处理。大风区、浓雾区等重要天气区也要绘出。这样就得到一张自制简易天气图。为了能更清楚地看出与本船航行海域有关的天气系统的过去和未来演变情况,可以把当天及前1~2天的高压、低压、锋面、天气区等的位置、强度、移向、移速等标在同一张空白海图上,本船位置及推算船位也标在图上。

四、气象报告实例

1.上海海岸电台发布的英文气象报告

FXCI02 BABJ 190634

SHAI OBSY SYNOPTIC SITUATION 190000Z

TYPHOON MALAKAS 1616(1616) 945HPA AT 29.4N 127.1E MOVING NE 13 KTS MAX WINDS 93KTS NEAR CENTER

COLD FRONT FROM 26N 104E PASSING 27N 110E 30N 117E TO 33N 120E

HIGH 1031HPA AT 45N 113E MOVING ESE SLOWLY

LOW 1011HPA AT 42N 92E STATIONARY

HIGH 1029HPA AT 50N 98E STATIONARY

24 HOUR WEATHER FORECAST FROM 190800Z

BOHAI SEA X CLEAR BECOMING CLOUDY X NE WINDS FORCE 6 TO 7 BECOMING N TO NE WINDS FORCE 6 TONIGHT X SEA MODERATE BECOMING SEA SLIGHT TO MODER-ATE X

BOHAI STRAITS X CLEAR BECOMING CLOUDY X NLY WINDS FORCE 6 TO 7 DE-CREASING TO 5 TO 6 IN THE AFTER MIDNIGHT X SEA MODERATE BECOMING SEA SLIGHT TO MODERATE X

NORTH HUANGHAI SEA X CLOUDY X NLY WINDS FORCE 6 TO 7 BECOMING N TO NE WINDS FORCE 5 TO 6 IN THE AFTER MIDNIGHT X SEA MODERATE BECOMING SEA

SLIGHT TO MODERATE X

CENTRAL HUANGHAI SEA X CLOUDY X NLY WINDS FORCE 6 TO 7 DECREASING TO 6 TOMORROW NOON X SEA MODERATE TO ROUGH BECOMING SEA SLIGHT TO MODERATE X

SOUTH HUANGHAI SEA X OVERCAST WITH LOCAL SHOWER BECOMING CLOUDY X N TO NE WINDS FORCE 7 DECREASING TO 6 TOMORROW X SEA ROUGH BECOMING SEA MODERATE TO ROUGH X

SHANGHAI HARBOUR X OVERCAST WITH LOCAL SHOWER BECOMING CLOUDY X NLY WINDS FORCE 5 GUST 6 TO 7 DECREASING TO 4 TO 5 GUST 6 TONIGHT SEA SLIGHT INSIDE HARBOUR X NLY WINDS FORCE 6 GUST 7 TO 8 DECREASING TO 5 GUST 6 TO 7 TONIGHT SEA MODERATE BECOMING SEA SLIGHT TO MODERATE OUTSIDE HARBOUR X

NORTH DONGHAI SEA X OVERCAST WITH LOCAL SHOWER BECOMING CLOUDY X NLY WINDS FORCE 8 TO 9 DECREASING TO 6 TOMORROW X SEA ROUGH TO VERY ROUGH BECOMING SEA ROUGH X

SOUTH DONGHAI SEA X CLOUDY X N TO NW WINDS FORCE 8 TO 9 BECOMING NLY WINDS FORCE 6 TO 7 AT MIDNIGHT X SEA VERY ROUGH BECOMING SEA ROUGH TO VERY ROUGH X

NORTH TAIWAN X OVERCAST WITH LOCAL SHOWER BECOMING CLOUDY X N TO NW WINDS BACKING TO N TO NE WINDS AT MIDNIGHT FORCE 6 TO 7 X SEA ROUGH TO VERY ROUGH X

TAIWAN STRAITS X CLOUDY BECOMING OVERCAST WITH SHOWER X NE WINDS FORCE 6 TO 7 INCREASING TO 7 AT MIDNIGHT X SEA MODERATE TO ROUGH BECOMING SEA ROUGH X

EAST TAIWAN X OVERCAST WITH SHOWER OR THUNDERSTORM BECOMING OVERCAST WITH SHOWER X N TO NE WINDS FORCE 6 TO 7 X SEA ROUGH X CHEJU X OVERCAST WITH SHOWER X NE WINDS FORCE 10 TO 11 X SEA VERY ROUGH X

NAGASAKI X OVERCAST WITH SHOWER X NE TO E WINDS FORCE 12 TO 15 BECOMING N TO NE WINDS FORCE 10 TO 11 TOMORROW X SEA HIGH SEAS BECOMING SEA VERY ROUGH X

KAGOSHIMA X OVERCAST WITH SHOWER X S TO SE WINDS FORCE 12 TO 15 BECOMING W TO NW WINDS FORCE 8 TO 10 TOMORROW FORENOON X SEA HIGH SEAS BECOMING SEA VERY ROUGH X

RYUKYU X OVERCAST WITH SHOWER OR THUNDERSTORM X W TO SW WINDS FORCE 6 TO 7 BECOMING N TO NE WINDS FORCE 6 AT MIDNIGHT X SEA ROUGH TO VERY ROUGH X STOP =

2.广州海岸电台发布的英文气象报告

FXCI03 BABJ 192100

192100UTC SEP 2016

IN ENGLISH

GUANGZHOU OBSY WEATHER REPORT =

NO WARNING IN RESPONSIBLE AREA =

MARINE WEATHER FORECAST FOR 24 HOURS FROM 200100Z =

TAIWAN STRAITS = CLOUDY TO OVERCAST WITH SHOWERS WIND NE 22 TO 33 KTS GUSTS 34 TO 40 KTS SEAS ROUGH TO VERY ROUGH VIS 8 TO 20 KMS =

EAST GUANGDONG = CLOUDY TO OVERCAST WITH SHOWERS WINDS NE TO E 22 TO 33 KTS GUSTS 34 TO 40 KTS SE AS ROUGH TO VERY ROUGH VIS 8 TO 20 KMS =

WEST GUANGDONG = OVERCAST WITH MODERATE RAIN WINDS NE TO E 22 TO 27 KTS GUSTS 28 TO 33 KTS SEA ROUGH VIS 5 TO 15 KMS =

QIONGZHOU STRAITS = OVERCAST WITH HEAVY RAIN WIND NE 11 TO 21 KTS GUSTS 22 TO 27 KTS SEAS SLIGHT TO MODERATE VIS 5 TO 15 KMS =

BEIBU WAN GULF BASHI = OVERCAST WITH MODERATE RAIN WIND NE 17 TO 21 KTS GUSTS 22 TO 27 KTS SEA MO DERATE VIS 5 TO 15 KMS =

SOUTHWEST HAINAN ISLAND = OVERCAST WITH HEAVY RAIN WIND NE 17 TO 21 KTS GUSTS 22 TO 27 KTS SEA MODERATE VIS 5 TO 15 KMS =

XISHA = OVERCAST WITH HEAVY RAIN WINDS NE TO E 17 TO 27 KTS GUSTS 28 TO 33 KTS SEAS MODERATE TO ROUGH VIS 5 TO 15 KMS =

DONGSHA = OVERCAST WITH HEAVY RAIN WINDS NE TO E 22 TO 27 KTS GUSTS 28 TO 33 KTS SEA ROUGH VIS 8 TO 20 KMS =

ZHONGSHA = OVERCAST WITH MODERATE RAIN WINDS S TO SW 17 TO 21 KTS GUSTS 22 TO 27 KTS SEA MODERATE VIS 8 TO 20 KMS =

NANSHA = OVERCAST WITH HEAVY RAIN WIND SW 17 TO 21 KTS GUSTS 22 TO 27 KTS SEA MODERATE VIS 5 TO 15 KMS =

VABELLA = OVERCAST WITH SHOWERS WINDS N TO NE 11 TO 21 KTS GUSTS 22 TO 27 KTS SEAS SLIGHT TO MODERATE VIS 8 TO 20 KMS =

ST.JACQUES = OVERCAST WITH MODERATE RAIN WINDS W TO SW 11 TO 21 KTS GUSTS 22 TO 27 KTS SEAS SLIGHT TO MODERATE VIS 8 TO 20 KMS =

ZENGMU ANSHA REEF = OVERCAST WITH HEAVY RAIN WINDS W TO SW 17 TO 21 KTS GUSTS 22 TO 27 KTS SEA MODERATE VIS 5 TO 15 KMS =

3.天津海岸电台发布的英文气象报告

FXCI01 BABJ 192042

TIANJIN OBSY NO WARNING STOP

SYNOPTIC SITUATION 191800Z

HIGH 1022.5HPA AT 43N 116E MOVING S 10KTS STOP

SEVERE TYPHOON 955HPA AT 31.6N 131.3E MOVING E TO NE 22KTS STOP

24 HOURS WEATHER FORECAST FROM 200000Z

BOHAI SEA X

CLEAR BECOMING CLOUDY X

NLY WINDS VEERING TO SLY WINDS FORCE 4 TO 5 X

SEA SLIGHT X

VIS LOCAL 20KM BECOMING 15KM

BOHAI STRAITS X

CLEAR BECOMING CLOUDY X

NLY WINDS VEERING TO NE WINDS FORCE 4 TO 5 X

SEA SLIGHT X

VIS LOCAL 20KM BECOMING 15KM

NORTH HUANGHAI SEA X

CLEAR BECOMING CLOUDY X

NLY WINDS VEERING TO ELY WINDS FORCE 4 TO 5 X

SEA SLIGHT X

VIS LOCAL 20KM BECOMING 15KM

CENTRAL HUANGHAI SEA X

CLEAR BECOMING CLOUDY X

NLY WINDS FORCE 5 TO 6 DECREASING FORCE 4 TO 5 NIGHT X

SEA MODERATE BECOMING SLIGHT X

VIS LOCAL 20KM BECOMING 15KM STOP =

 思考题

气象报告一般包含哪三部分？各包括哪些内容？

第三节　天气图的基础知识

一、图名标题

各种天气图和海况图等都有图名标题,大多标在图的边缘,内容如图 7-2 所示。标题中用各种代号表示气象台的呼号、图的种类、图包括的地区、所用资料的观测时间、发图时间和图的有效时间等。

TTAA$_{(ii)}$	CCC
YYGGgg　　MMM	JJJJ
…　　　　　…	…

图 7-2　图名标题

图中 TT 为传真图的种类代号,用两个大写英文字母表示,如表 7-2 所示。AA 为图区代号,用两个大写英文字母表示,如表 7-3 所示。ii 为区别两份以上相同资料的图的代号,用 1 至 3 个数字表示。1 个数字时常用来区别不同时间,例如 COPN 和 COPN$_1$,前者表示 10 天平均洋面温度,后者表示月平均洋面温度。2 个数字时常用来表示等压面高度(百帕的百位数和十位数)或预报时效。例如:70 表示 700 hPa;85 表示 850 hPa;02 或 24 表示未来 24 h 预报;04 或 48 表示未来 48 h 预报。3 个数字时常用来表示等压面高度和预报时效,一般高度在前,时效

在后。例如:852 表示 850 hPa,未来 24 h 预报;702 表示 700 hPa,未来 24 h 预报。CCC 为广播台的呼号或该台专用的缩写字母。YYGGgg 为日、时、分的代号,所用时间为世界时。MMM 为月的代号。JJJJ 为年的代号。

表 7-2 常用传真图的种类代号

代号	说明	代号	说明
A: AS AU AW AN	分析图: 地面分析 高空分析 海浪分析 云层分析	C: CO CS CU	气候图: 海洋气候(海温) 地面气候 高空气候
F: FS FU FW FO FI FE	预报图: 地面预报 高空预报 波浪预报 海流预报 海冰预报 中期预报	S: SO ST	地面资料: 海洋气象资料(表层海流) 海冰情报
		W: WT WH	警报图: 热带气旋警报图 飓风警报图
		VS(VIS) IR	可见光云图 红外云图

表 7-3 部分传真图的图区代号

代号	图区	代号	图区
AS	亚洲	AA	南极
CI	中国	AC	北极
JP	日本	IO	印度洋
EA	东亚	AF	非洲
FE	远东	NA	北美
GM	关岛	EU	欧洲
SJ	日本海	XS	南半球
PA	太平洋	XT	热带地区
PN	北太平洋	EC	东海
PS	南太平洋	SS	南海
XN	北半球	AU	澳大利亚

图名标题识读举例:

ASAS JMH 130000Z AUG. 2023 SURFACE NALYSIS	AS:地面分析图 AS:亚洲 JMH:东京传真广播台呼号 2023 年 8 月 13 日 00 时(世界时),地面分析

航海气象与海洋学

| FSAS JMH |
| 130000Z AUG. 2023 |
| FCST FOR 140000Z |

24HR SURFACE PROG

FS:地面预报图　　AS:亚洲
JMH:东京传真广播台呼号
观测时刻 2023 年 8 月 13 日 00 时(世界时)
预报有效时刻 14 日 00 时(世界时)
24 h 地面预报

| WTAS12　　　　　JMH |
| 130000Z　AUG. 2023 |
| TYPHOON FORECAST |

WTAS12:台风 120 h 时效内预(警)告图
JMH:东京传真广播台呼号
2023 年 8 月 13 日 00 时(世界时),台风预报

二、天气图底图

天气图底图是用来填写各地测站所提供的气象观测资料而制定的空白地图。底图的投影要求,首先是保持形状和方向正确,其次是保持面积正确。天气图底图常用的投影有以下三种,如表 7-4 所示。

1.墨卡托圆柱投影(又称等角正圆柱投影)

这种投影经纬度均为互相垂直的直线。热带地区多采用这种投影。

2.双标准纬线正形圆锥投影(又称兰勃特投影)

这种投影的双标准纬线为 30°和 60°。在这种投影中,经线为向极点收敛的放射性直线,纬线为同心圆弧。这种投影在 30°和 60°无失真,所以最适合用于中纬度地区的天气图。

3.极射赤面投影(又称极地平面投影)

这种投影的经线为以极地为放射点的放射性直线,纬线为同心圆。这种投影在极地和高纬度地区失真比较小,因此,半球天气图和极地天气图多采用这种投影。

表 7-4　天气图底图常用的三种投影

名称	墨卡托圆柱投影 (等角正圆柱投影)	双标准纬线正形圆锥投影 (兰勃特投影)	极射赤面投影 (极地平面投影)
经线	平行等距的直线	向极点收敛的直线	极点向外辐射的直线
纬线	平行的直线,离赤道越远,纬距越大	以极点为中心的同心圆,纬距近似相等	以极点为中心的同心圆,离极点越远,纬距越大
经纬线网的形状			
适用于	热带地区天气图	中纬度地区天气图	半球天气图和极地天气图

第四节　地面天气图

一、地面分析（实况）图

天气图的制作需要经历观测、传递、接收、填图和分析等一系列过程。气象台把收到的某一时刻各地观测的气象要素记录，按统一规定的标准填写在一张特制的底图上，填写完毕，进行分析，分析完成的地面天气图，叫地面分析（实况）图。

在地面分析图上填写的地面气象观测记录，既直接反映了地面的天气情况，又间接反映了一部分高空的天气情况。同时，图上还填有最近 3 h 内气压变化的数值以及当时和过去的重要天气现象，所以它还能表示出短时间内天气发展的趋势，因此，它是当前天气分析预报的基本工具之一。各国地面分析图大致相同，个别处略有差异。

根据世界气象组织（WMO）的规定，地面分析图通常是利用每隔 6 h 一次的观测资料填绘制作的。图时为 00Z、06Z、12Z、18Z。Z 表示世界时，有时用 GMT 或 UTC 表示。

1.填图格式

地面分析图上的气象要素，按照统一的填图格式填写在底图上。

1）陆地测站填图格式

陆地测站填图格式如图 7-3 所示，填图格式中的填写项目如下：

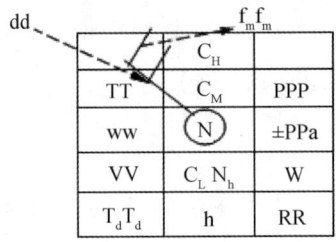

图 7-3　陆地测站填图格式

N：总云量。按表 7-5 中的符号填写。

C_H、C_M、C_L：高云状、中云状及低云状。按表 7-6 中的符号填写。

N_h：低云量。用数字填写，填写数字与实际云量的关系见表 7-7。

h：低云高。用数字填写，单位为米（为了填写简便，有些台站不填个位和十位）。填图数字与实际云高的关系如表 7-8 所示。

TT、T_dT_d：气温、露点。用数字填写，单位为摄氏度。如果为负值，在数字前面加"–"号。例如，图上填写 15，表示为 15 ℃；填写–21，表示为零下 21 ℃。

ww：现在天气现象，即观测时或观测前 1 h 内的天气现象。常用现在天气现象符号如表 7-9 所示。

VV：能见度。单位为千米，用数字填写。例如：图上填写 10，表示能见距离为 10 km；填写 0.5，表示能见距离为 500 m。

dd、fmfm：风向、风速。风向用矢杆表示，矢杆指向站圈中心，从站圈往外矢杆所指的方向，就是风的来向即风向。风速用矢羽表示，国外天气图上常用海里/时（即节）表示风速，一条短

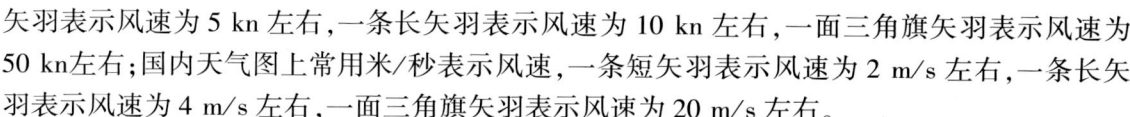

矢羽表示风速为 5 kn 左右,一条长矢羽表示风速为 10 kn 左右,一面三角旗矢羽表示风速为 50 kn 左右;国内天气图上常用米/秒表示风速,一条短矢羽表示风速为 2 m/s 左右,一条长矢羽表示风速为 4 m/s 左右,一面三角旗矢羽表示风速为 20 m/s 左右。

PPP:海平面气压。单位为百帕,用数字填写,要求准确到一位小数,百位数、千位数及小数点均略去不填。例如:图上填写 975,表示气压为 997.5 hPa;填写 132,表示气压为1013.2 hPa。

PP:3 h 气压变量,即观测时与观测前 3 h 气压的差值。单位为百帕,要求准确到一位小数,小数点省略不填。如果该值的数字前有"+"号,表示 3 h 以来气压是上升的;数字前有"−"号时,表示 3 h 以来气压是下降的。

a:3 h 气压倾向,即观测前 3 h 内气压变化的趋势,如表 7-10 所示。

W:过去天气现象,即观测前 6 h 内出现的天气现象,如表 7-11 所示。

RR:观测前 6 h 内的降水量。单位为毫米,用数字填写。

表 7-5　总云量符号

符号	○	◑	◔	◕	◐	◖	◗	◒	●	⊗
总云量	无云	≤1	2~3	4	5	6	7~8	9~10⁻	10	不明

表 7-6　云状符号

符号	低云状	符号	中云状	符号	高云状
不填	没有低云	不填	没有中云	不填	没有高云
⌒	淡积云	∠	透光高层云	⌐	毛卷云
△	浓积云	⊿	蔽光高层云或雨层云	⌐	密卷云
△	秃积雨云	ω	透光高积云	⌐	伪卷云
⊶	积云性层积云	ᴄ	荚状高积云	?	钩卷云
⌣	普通层积云	ᴌ	系统发展的辐射状高积云	⌐	卷层云(云层高度<45°)
—	层云或碎层云	⋈	积云性高积云	2	卷层云(云层高度>45°)
---	碎雨云	⚭	复高积云或蔽光高积云	⌣	卷层云(云层布满全天)
♉	不同高度的积云或层积云	M	堡状或絮状高积云	⌐	卷层云(云量不增加也没布满全天)
☖	鬃积雨云或砧状积雨云	⌡	混乱天空的高积云	⌒	卷积云

表 7-7　低云量

填写数字	不填	1	3	4	5	6	8	9	10	×
低云量	无云	≤1	2~3	4	5	6	7~8	9~10⁻	10	不明

表 7-8　低云高

填写数字	0	50	100	200	300	600	1000	1500	2000	不填
低云高(m)	<50	50~100	100~200	200~300	300~600	600~1000	1000~1500	1500~2000	2000~2500	没有低于2500 m的云

表 7-9　现在天气现象符号

现在天气现象	符号	现在天气现象	符号	现在天气现象	符号	现在天气现象	符号
晴天(云量 1/4 以下)	○	雨	●	阵雪		轻雾	
半晴(云量 1/4~1/2)		毛毛雨	,	冰雹	▲	霾	∞
云天(云量 1/2~3/4)		阵雨	▽	雨夹雪		龙卷	
阴天(云量 3/4 以上)		雷雨		阵性雨夹雪		雷暴	
天气阴恶	∪	雪	✳	雾	≡	沙尘暴	

表 7-10　3 h 气压倾向符号

符号	∧	⌐	/	√	—	\	∟	\	∧
3 h 气压倾向	升后微降	升后平	稳定上升	微降后升	不变	降后微升	降后平	稳定下降	微升后降

表 7-11　过去天气现象符号

符号	⇄/↑	≡	,	●	✳	▽	
过去天气现象	沙暴或吹雪	雾	毛毛雨	雨	雪	阵性降水	雷暴

综合上述各种符号和数字,就能较全面地表示出每一个测站的天气情况。

2) 船舶测站填图格式

图 7-4 所示是国际规定的船舶测站填图格式,它与陆地测站填图格式相似。

P_WP_W:风浪周期,单位为 s;　　　　　　H_WH_W:风浪波高,单位为 m;

D_1V_1:船舶航向、航速;　　　　　　　　d_Wd_W:主波向;

P_SP_S:涌浪周期,单位为 s;　　　　　　H_SH_S:涌浪波高,单位为 m。

3)填图格式举例

图 7-5 中填图符号的含义为:该站上空总云量为 10,高云不明,中云为复高积云或蔽光高积云,低云为碎雨云,低云量为 9,低云高为 300~600 m,西北风 5 kn,现在天气现象有小雨,过去天气现象为阵性降水,能见度为 5 km,气温为 18 ℃,露点为 17 ℃,气压为 1005.8 hPa,最近 3 h 内气压微降后升,气压变量为+1.2 hPa,过去 6 h 内降水量为 4 mm。

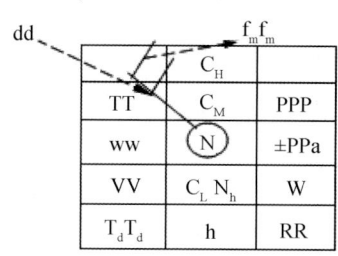

图 7-4　船站填图格式

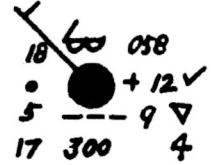

图 7-5　填图格式举例

2.主要分析项目

地面图测站资料填好以后,各个测站的天气情况就清楚了。但要想一目了然地看出整个区域内天气的情况,还必须对图上的观测记录做进一步分析,主要分析项目有如下几项。

1)海平面等压线

海平面等压线,即把气压相同的各点,按一定的规律连成的线,它能反映出海平面气压场。在我国地面图上,等压线每隔 2.5 hPa 画一条,例如…997.5、1000.0、1002.5… hPa 等。在国外地面图上,等压线一般每隔 4 hPa 画一条,例如…996、1000、1004… hPa 等。

2)地面图标注

在地面图上,低压中心标注"L";高压中心标注"H";热带气旋中心,一般用符号"δ"标注。

3)锋线

冷暖气团的交界面与地面的交线,称为锋线,如表 7-12 所示。锋线有冷锋、暖锋、静止锋和锢囚锋四种。

4)重要天气区

为了能一目了然地显示各种重要天气现象的分布,通常在地面图上标注重要天气区。

5)等三小时变压线

将各地 3 h 气压变量相等的点用平滑断线连成线,称为等三小时变压线。通常每隔 1 hPa 画一条。升压中心标注"+"号并写出最大升压数值;降压中心标注"−"号并写出最大降压数值。

6)锋线的过去位置和移动速度

锋线的过去位置,用黄色实线绘出。对影响本地区的锋,还必须计算出其移动速度,标注在相应锋线旁边。

7)槽线

某些国家发布的地面图中绘有槽线,如表 7-12 所示,槽线是低压槽中等压线曲率最大点

的连线。

船舶收到的气象传真地面图,分析项目与上述略有不同,例如有时等三小时变压线、过去锋线等不分析标出,而且各国的地面图分析项目也略有差别。

表 7-12　锋线和槽线的表示符号

锋的种类	普通天气图彩色表示
暖锋	
发展中的暖锋	
衰退中的暖锋	
冷锋	
发展中的冷锋	
衰退中的冷锋	
准静止锋	
锢囚锋	或
低压槽线	或

3.实例分析

1)中国地面分析图

图 7-6 为中国中央气象台在 2016 年 10 月 14 日 02 时(世界时)发布的分析时间为同日 00时(世界时)的北太平洋地面形势分析图。

该图显示,在墨卡托投影底图上绘有观测站点资料、等压线、气压系统标注、锋线和大风符号等内容。

(1)等压线

该图等压线每间隔 2.5 hPa 分析一条,用黑色平滑实现绘制。

(2)气压系统标注

图中高压中心当前位置用蓝色字体标注大写字母"H",未来 24 h 后中心位置标注蓝色符号"⊗",高压中心未来 24 h 移动方向用蓝色箭头表示。

低压中心当前位置用红色字体标注大写字母"L",未来 24 h 后中心位置标注红色符号"×",低压中心未来 24 h 移动方向用蓝色箭头表示。

高压或低压中心当前与未来 24 h 的中心气压值都用带有下划线的数字填写在位置符号下方。

图中左下角显示 2016 年 21 号热带风暴中心位置在 13.9°N、126.8°E,中心气压为 990hPa,中心附近最大风速为 23 m/s。

(3)锋线

图中绘有冷锋锋线 3 条、暖锋锋线 3 条、准静止锋锋线 1 条。

(4)大风符号

图中出现大风的地区,用黄色风矢符号标注风向和风速。

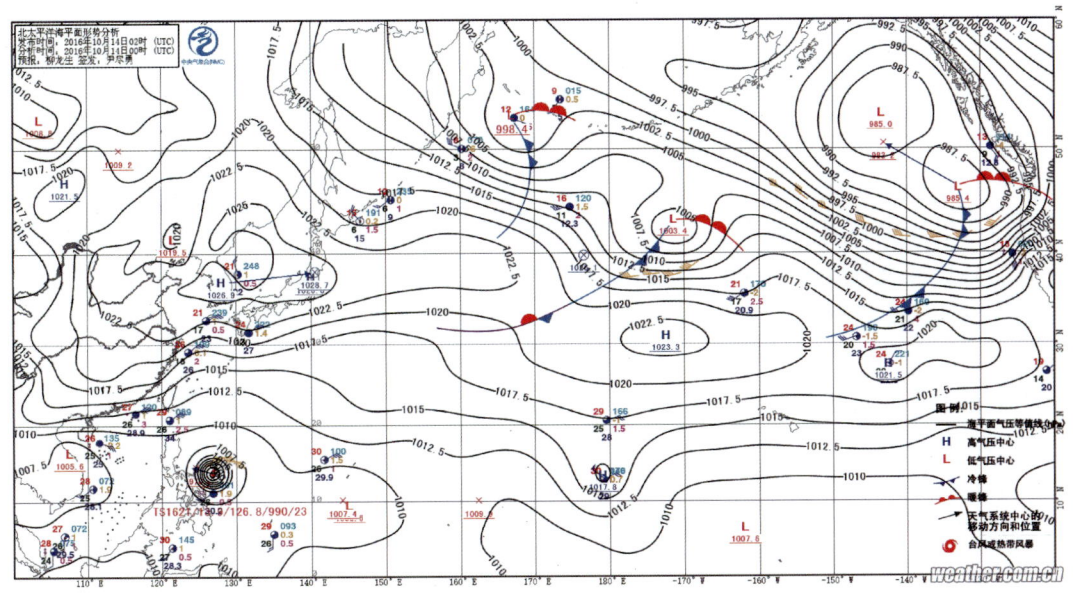

图 7-6　中国中央气象台发布的北太平洋地面形势分析图

2）美国地面分析图

图 7-7 为美国国家海洋和大气管理局海洋预报中心（Ocean prediction centre of NOAA）在 2016 年 9 月 19 日 0250 时（世界时）发布的有效时刻为同日 00 时的北太平洋地面分析图。

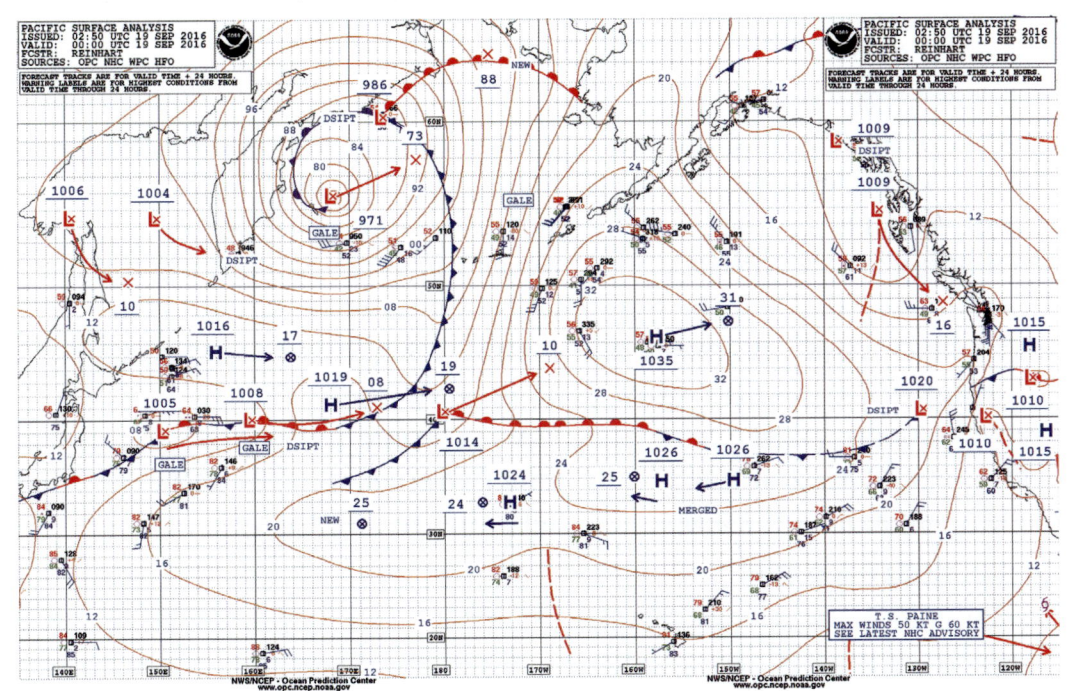

图 7-7　美国国家海洋和大气管理局海洋预报中心发布的北太平洋地面分析图

该图显示,在墨卡托投影底图上绘有观测站点资料、等压线、气压系统标注、锋线、槽线、警报和英文缩写等内容。

（1）等压线

图中等压线每间隔 4 hPa 分析一条,用橙色平滑实线绘制。

（2）气压系统标注

图中高压中心当前位置用蓝色字体标注大写字母"H"，未来 24 h 后中心位置标注蓝色符号"⊗"，高压中心未来 24 h 移动方向用蓝色箭头表示。

低压中心当前位置用红色字体标注大写字母"L"和符号"×"，未来 24 h 后中心位置标注红色符号"×"，低压中心未来 24 h 移动方向用红色箭头表示。

高压或低压中心当前的中心气压值都用带有下划线的三位或四位数字填写在当前位置符号下方。高压或低压中心未来 24 h 后的中心气压值都用带有下划线的两位数字填写在位置符号下方，两位数字只包含气压值的个位数和十位数，例如 1025 hPa，标为 25；973 hPa，标为 73。

图中右下方显示热带风暴 PAINE 中心附近最大风速为 50 kn，阵风风速为 60 kn。

（3）锋线

图中绘有冷锋锋线 6 条、暖锋锋线 5 条、准静止锋锋线 3 条、锢囚锋锋线 1 条。

（4）槽线

图中绘有 5 条槽线。

（5）警报

对重要的天气系统，如果系统形成的风速已经达到大风（8~9 级）、风暴（10~11 级）、飓风（≥12 级）强度，在附近方框内标注为"GALE" "STORM" "HURCN FORCE"警报。如果未来 24 h 内系统将达到大风、风暴、飓风级别，在适当区域标注"DVLPG GALE" "DVLPG STORM"或者"DVLPG HURCN FORCE"。

（6）常见英文缩写

美国地面图中常见英文缩写有：

DSIPT—DISSIPATE，表示系统消散；　　STNRY—STATIONARY，表示系统静止；

WKNG—WEAKENING，表示系统减弱；　　RPDLY—RAPIDLY，表示系统加速；

FRMG—FORMING，表示系统形成；　　MOVG—MOVING，表示系统移动；

INLD—INLAND，表示系统登陆；　　DVLPG—DEVELOPING，表示系统发展；

COMB—COMBINING，表示系统合并；　　DCRS—DECREASING，表示系统减弱；

INCRS—INCREASING，表示系统加强；　　INTSFYG—INTENSIFYING，表示系统加深；

Q—STNRY—QUASI—STATIONARY，表示系统（准）静止；

TROF—TROUGH，表示槽；　　PSN—POSITION，表示位置；

PRES—PRESSURE，表示气压；　　TRPCL—TROPICAL，表示热带的；

HURCN—HURRICANE，表示飓风；　　MBS—MILLIBARS，表示毫巴。

3.日本传真地面分析图

传真地面天气图是通过广播传真提供给用户的简化天气图，下面主要结合日本东京 JMH 台发布的地面分析图（见图 7-8）说明传真地面分析图的主要内容、常用符号和英文缩写的含义。

（1）地面气压系统和天气区

———————　　　　　等压线，每隔 4 hPa 画一条。

------------　　　　　必要时增加的等压线，与相邻实线间隔 2 hPa。

H×　　　　　　　高压中心。

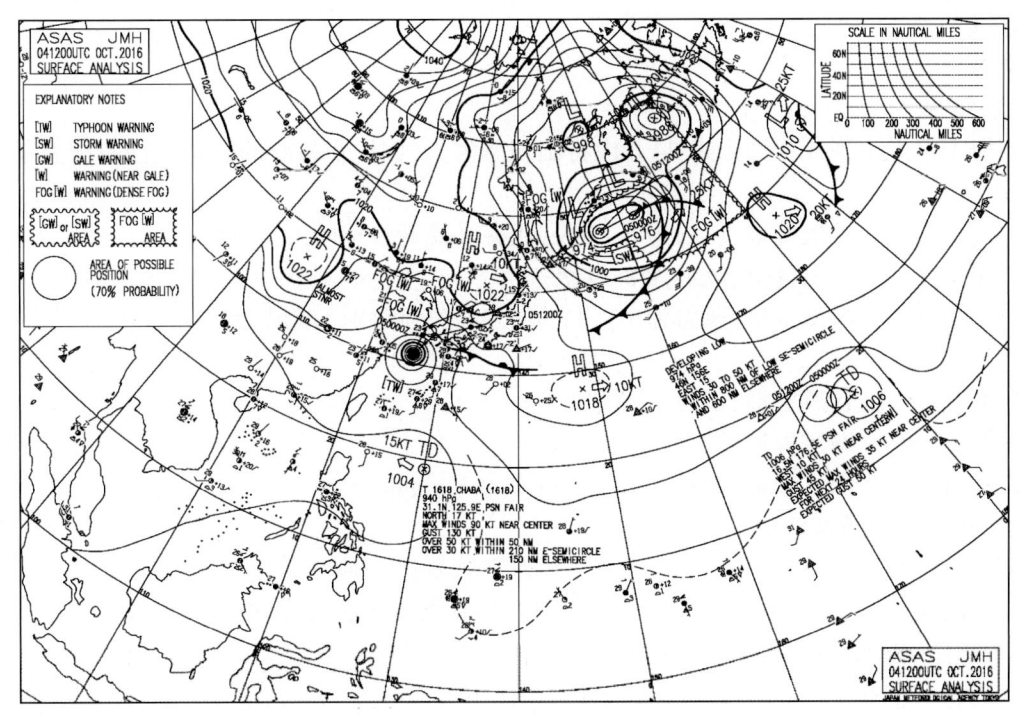

图 7-8　日本传真地面分析图

L×	低压中心。
TD	热带低压,中心附近最大风速<34 kn。
TS	热带风暴,中心附近最大风速为 34~47 kn。
STS	强热带风暴,中心附近最大风速为 48~63 kn。
T	台风,中心附近最大风速≥64 kn。

✍KT　　　　　　高、低压中心的移向及移速,有以下四种情况:

①当移速在 10 kn 或以上时,箭矢旁标明节数(KT);

②当移速大于 5 kn 小于 10 kn 时,箭矢旁不做任何标注;

③当有移向,但移速小于 5 kn 时,箭矢旁没有数字而标注 SLW;

④当移向不定,移速小于 5 kn 时,为(准)静止的气压系统,无箭矢而标注 STNR(或 QSTNR)或 ALMOST STNR。

NEW　　　　　　新生的气压系统。

UKN　　　　　　系统情况不明。

　冷锋。

暖锋。

准静止锋。

锢囚锋。

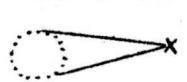　热带气旋或风力大于或等于 10 级的锋面气旋未来 24 h 中心可能移向和到达的地点,中心进入虚线圆的概率约为 70%。

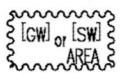　大风或风暴区。

 浓雾区。

(2)警报

当海上已经出现或预计未来 24 h 内将出现恶劣天气时,在相应的位置上注有醒目的警报符号:

[W]　　　　　一般警报,风力为 6~7 级,或有必要警告提防大雾等情况。

[GW]　　　　大风警报,风力为 8~9 级。

[SW]　　　　风暴警报,风力为 10~11 级(热带气旋引起)或风力≥10 级(非热带气旋引起)。

[TW]　　　　台风警报,风力≥12 级。

[WH]　　　　飓风警报,风力≥12 级。

FOG[W]　　浓雾警报,能见度<0.5 km(或 0.3 n mile)。

(3)天气系统英文注解识读

对于已经达到或预计未来 24 h 将要达到热带风暴以上强度的热带气旋以及风力达到 10 级或以上的温带气旋,在图中的空白部分还列有相应的英文简报,以便对该系统有更全面的了解,文中常使用一些略缩语和习用简化形式。例如图 7-9 中有三段英文简报,分别是针对两个热带气旋和一个处于锢囚阶段的温带气旋做出的解释。

图中左下段注解的译文是 2016 年第 18 号台风,名为暹芭。中心气压为 940 hPa,中心位置在 31.1°N、125.9°E,定位误差大于 20 n mile 小于 40 n mile。台风中心以 17 kn 的速度向北移动,近中心最大平均风速为 90 kn,阵风风速为 130 kn。距中心半径 50 n mile 范围内,风速大于 50 kn;东半圆半径 210 n mile 范围内和其他半圆半径 150 n mile 范围内,风速大于 30 kn。

图中右下段注解的译文是热带低压,中心气压为 1006 hPa,中心位置在 16.5 °N、176.5°E,定位误差大于 20 n mile 小于 40 n mile。热带低压中心以 10 kn 速度向西移动,近中心最大平均风速为 30 kn,阵风风速为 45 kn。预计未来 24 h 近中心最大平均风速为 35 kn,阵风风速为 50 kn。

图中右上段注解的译文是发展中的低压,中心气压为 974 hPa,中心位置在 46°N、156°E。低压中心以 15 kn 的速度向东移动,东南半圆距中心半径 800 n mile 范围内和其他半圆半径 600 n mile 范围内,风速为 30~50 kn。

注解中对位置(PSN)标明 GOOD 表示定位误差小于 20 n mile;标明 FAIR 表示定位误差为 20~40 n mile;标明 POOR 表示定位误差大于 40 n mile。

二、低纬度地面流线图

在低纬度地区,由于地转偏向力较小,空气运动不遵守风压定律,气压场无法表示出空气水平运动情况,所以用绘制流线来反映空气的水平运动。

1.流线的概念和特点

所谓"流线",是表示瞬时空气流动的曲线,流线各点与风向相切。流线具有以下特点:

1)流线箭头方向表示气流去向;

2)流线不能交叉,但可分支;

3)风速大的区域,流线密集,风速小的地区,流线稀疏;

4)风向急骤变化处,流线中断,并且另沿转变的风向再作流线。

2.常见的一些水平流场形式

1)平直流线与波状流线

流线中最常见的是平直流线和波状流线,如图 7-9(a)和图 7-9(b)所示。平直流线由一束近于平行、略有弯曲的流线组成;波状流线类似于通常所见的低压槽或高压脊中的流场,反映了低纬度大气中的波状扰动。

2)渐近线

渐近线是指流场中的气流趋向辐合或辐散的线。当气流趋近它时,流线呈辐合状,这种渐近线称为辐合渐近线,如图 7-9(c)所示。当气流离开它时,流线呈辐散状,这种渐近线称为辐散渐近线,如图 7-9(d)所示。辐合渐近线往往与一些活跃的对流天气区(如积云、积雨云、阵雨等)相联系。

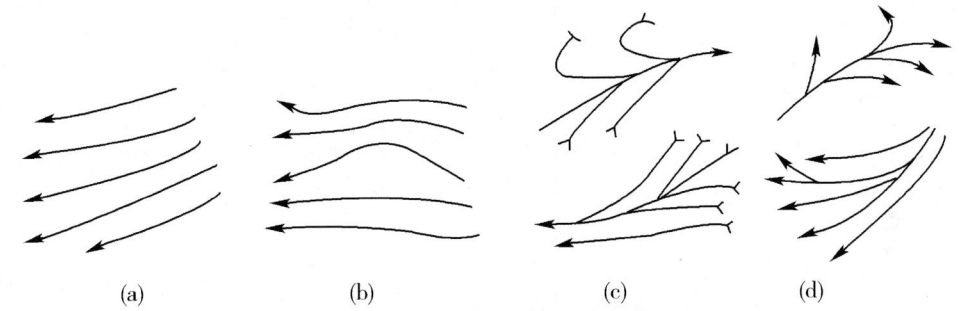

(a)   (b)   (c)   (d)

图 7-9　水平流场形式

3)奇异点

奇异点是流场中的静风点,在此点上风速为零,没有风向,其附近风速也较小。奇异点可分为尖点、涡旋(汇、源)和中性点。

(1)尖点

尖点是波动向涡旋发展的过渡形式,其生命史很短,实际工作中常因资料不足而难以分析出来。

(2)涡旋

通常,地面流场中主要有两种涡旋:辐合型的气旋式涡旋和辐散型的反气旋式涡旋,它们类似于通常所见的低压和高压的流场,涡旋中心分别以符号"C"和"A"表示。这种具有辐合点(汇)或辐散点(源)的流场,称为单汇辐合流场[图 7-10(a)和图 7-10(b)]或单源辐散流场[图 7-10(c)和图 7-10(d)]。

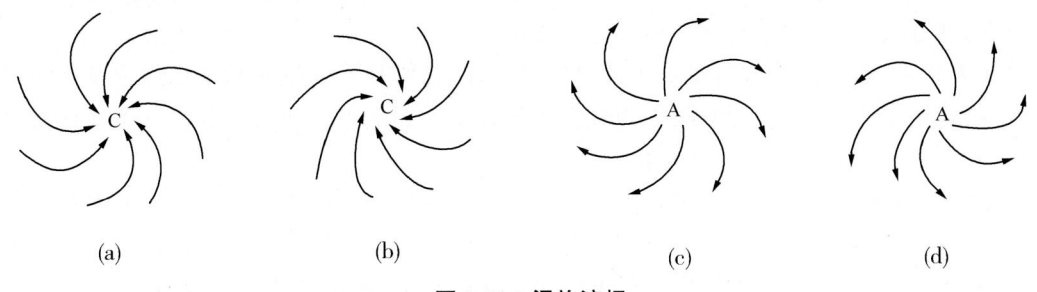

(a)   (b)   (c)   (d)

图 7-10　涡旋流场

(3)中性点

中性点是两条气流辐合渐近线和两条辐散渐近线的交叉点,类似于鞍形区中的流场,如图

7-11 所示。

3.低纬度地面流线图实例分析

图 7-12 为美国夏威夷州火奴鲁鲁广播台发布的 2018 年 3 月 4 日 00 时（世界时）太平洋地面流线图。该图采用墨卡托圆柱投影方式,图中标有流线、海面实测大风、锋线、槽线、脊线、热带辐合区和警报。槽线用""符号表示,脊线用""符号表示,热带辐合区(ITCZ)用""符号表示。气旋式涡旋和反气旋式涡旋的中心分别标注 C 和 A,它们的流场和天气特征与低压和高压是对应的。

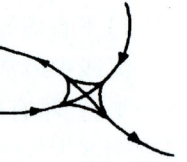

图 7-11　中性点

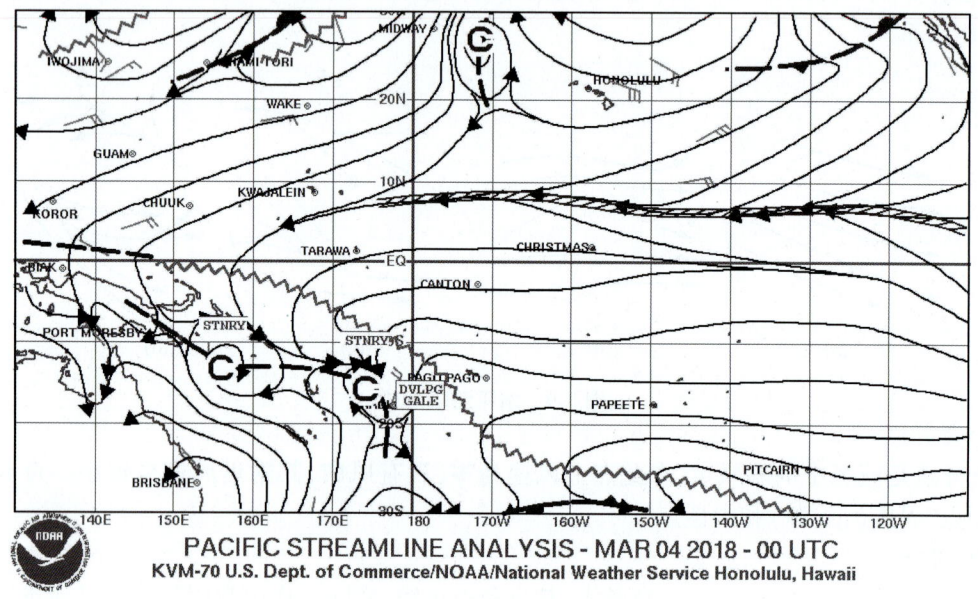

图 7-12　低纬度地面流线图

三、地面天气预报图

一般较大的气象台,每天要分析 4 次地面天气图。预报人员根据前后连贯的几张天气图,识别出各种天气系统,追溯它们是怎样发生、发展和移动的;再利用外推法、物理分析法、引导气流法、相似形势法等经验预报规则,并参照其他资料,如气候背景资料、单站记录、雷达和卫星资料等进行综合分析;最后做出天气系统未来移动和发展的预报。这种预报方法的准确性与预报人员的经验有很大关系,所以称为主观预报。

近几十年来,由于高速大容量电子计算机的出现、计算技术的发展和气象理论及观测手段的进步,已趋于由机器做天气预报,称为数值天气预报。船舶可以通过传真机有选择地接收数值天气预报产品,即各种传真天气预报图。

常见的地面预报图有 24 h、36 h、48 h 和 72 h 的短期预报,还有 3~10 天的中期预报。有了地面预报图,就容易求出未来某时刻开阔洋面上任一点的风向和风速的量值。此外,还可以结合有关天气模式定性地考虑推算船位上的主要天气特征,做出航线天气预报。

1.中国地面预报图

图 7-13 为中央气象台在 2016 年 10 月 14 日 02 时(世界时)发布的预报有效时刻为 14 日

12 时(世界时)的北太平洋海平面 24 h 形势预报图。

与图 7-6 相比较,图 7-13 中除不具有单站观测资料外,等压线、气压系统、锋线和大风等项目的绘制方法与地面分析图基本一致。需要注意的是,气压系统标注的分别是从观测时刻起未来 24 h 和未来 48 h 的高压中心和低压中心的位置和强度。该图显示预计 14 日 12 时(世界时)2016 年 21 号强热带风暴中心位于 13.5°N、125.9°E,中心气压为 985 hPa,中心附近最大风速为 25 m/s。

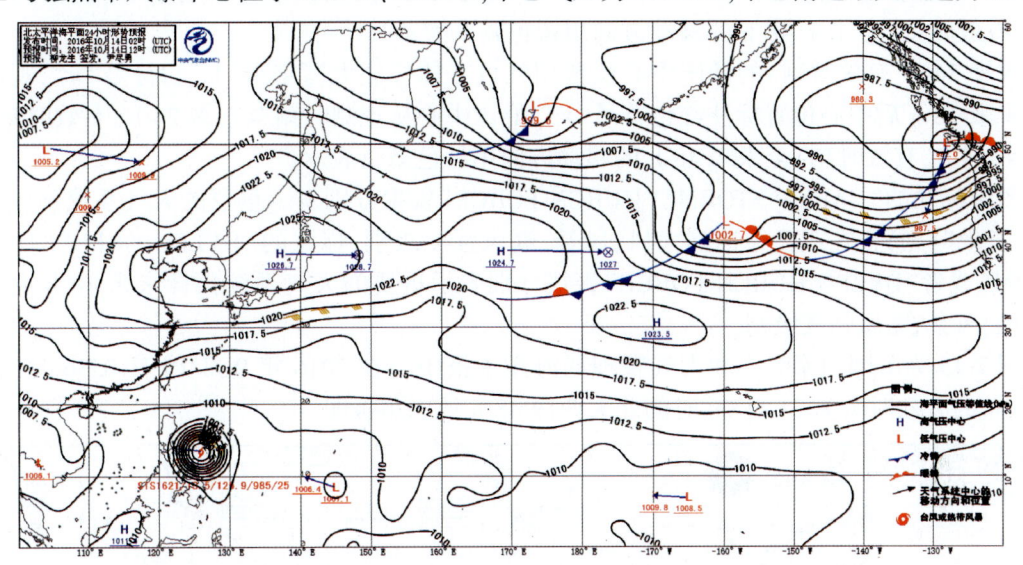

图 7-13　中国中央气象台发布的北太平洋海平面 24 h 形势预报图

2.美国地面预报图

图 7-14 为美国国家海洋和大气管理局海洋预报中心在 2016 年 9 月 19 日 0453 时(世界时)发布的有效时刻为 20 日 00 时的西北大西洋 24 h 地面预报图。

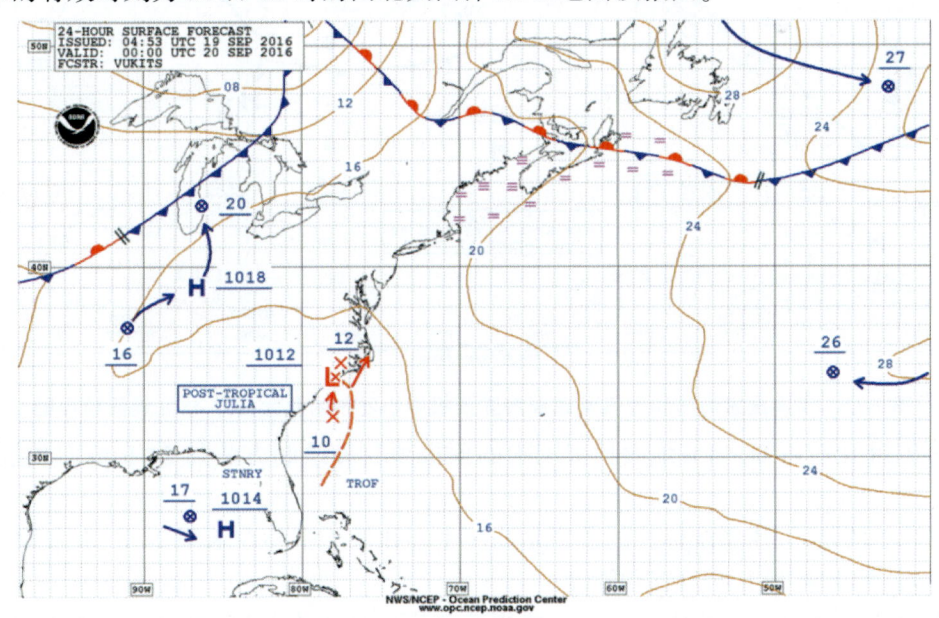

图 7-14　美国国家海洋和大气管理局海洋预报中心发布的北大西洋 24 h 地面预报图

与图 7-7 相比较,图 7-14 中除不具有单站观测资料外,等压线、气压系统、锋线、槽线、警报

和英文缩写等项目的绘制方法与地面实况图基本一致。

需要注意的是,气压系统标注的分别是高压中心和低压中心在观测时刻、未来 24 h(即预报有效时刻)和未来 48 h 的位置和强度。

未来 24 h(有效时刻)的高压中心位置用蓝色字体标注大写字母"H",观测时刻和未来48 h 后中心位置标注蓝色符号"⊗",高压中心从观测时刻至未来 24 h(有效时刻)和从未来24 h(有效时刻)至未来 48 h 的移动方向用蓝色箭头表示。

未来 24 h(有效时刻)的低压中心位置用红色字体标注大写字母"L"和符号"×",观测时刻和未来 48 h 后中心位置标注红色符号"×",低压中心从观测时刻至未来 24 h(有效时刻)和从未来 24 h(有效时刻)至未来 48 h 的移动方向用红色箭头表示。

图中标注的"GALE""STORM""HURCN FORCE"警报分别表示重要的天气系统预计未来24 h(有效时刻)正在或已经达到大风、风暴、飓风强度级别;标注的"DVLPG GALE""DVLPGSTORM"或者"DVLPG HURCN FORCE"警报分别表示重要的天气系统预计未来 48 h 内将达到大风、风暴、飓风强度级别。

图 7-15 为美国国家海洋和大气管理局海洋预报中心在 2016 年 9 月 19 日 0536 时(世界时)发布的有效时刻为 21 日 00 时的北大西洋 48 h 地面预报图。

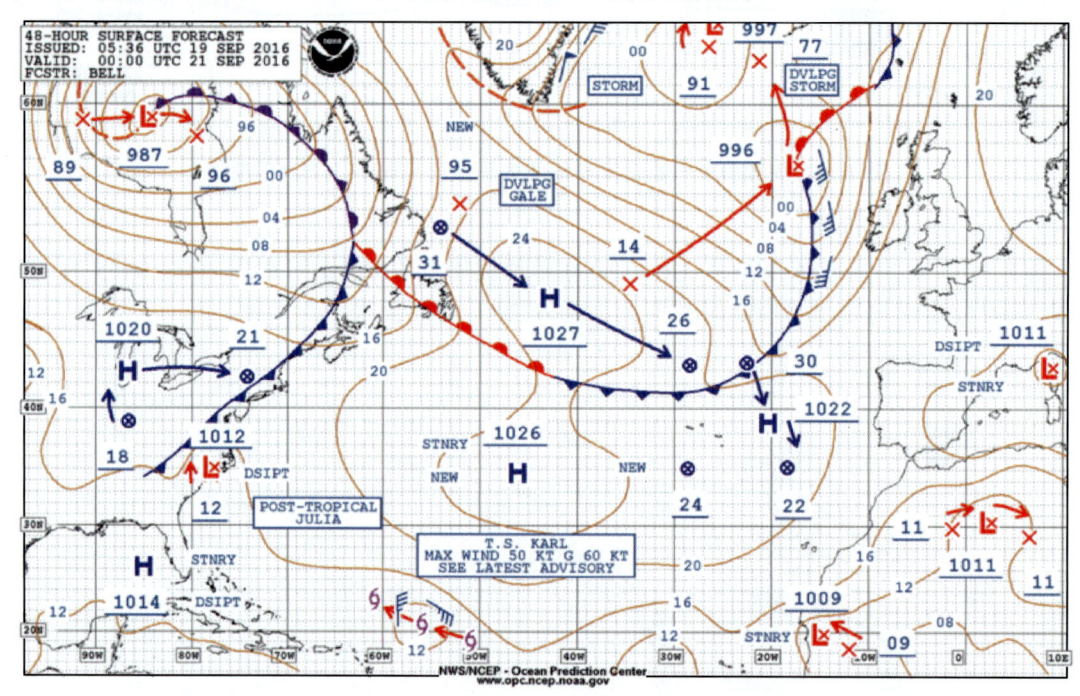

图 7-15　美国国家海洋和大气管理局海洋预报中心发布的北大西洋 48 h 地面预报图

与图 7-14 比较可知,48 h 地面预报图中的预报项目和绘制方法与 24 h 地面预报图基本一致。

需要注意的是,气压系统标注的分别是高压中心和低压中心在未来 24 h、未来 48 h(即预报有效时刻)和未来 72 h 的位置和强度。

未来 48 h(有效时刻)的高压中心位置用蓝色字体标注大写字母"H",未来 24 h 和未来72 h 后中心位置标注蓝色符号"⊗",高压中心从未来 24 h 至未来 48 h(有效时刻)和从未来48 h(有效时刻)至未来 72 h 的移动方向用蓝色箭头表示。

未来48 h(有效时刻)的低压中心位置用红色字体标注大写字母"L"和符号"×",未来24 h和未来72 h后中心位置标注红色符号"×",低压中心从未来24 h至未来48 h(有效时刻)和从未来48 h(有效时刻)至未来72 h的移动方向用红色箭头表示。

图中标注的"GALE""STORM""HURCN FORCE"警报分别表示重要的天气系统预计未来48 h(有效时刻)正在或已经达到大风、风暴、飓风强度级别;标注的"DVLPG GALE""DVLPG STORM"或者"DVLPG HURCN FORCE"警报分别表示重要的天气系统预计未来72 h内将达到大风、风暴、飓风强度级别。

3.日本传真地面预报图

图7-16为日本东京JMH台发布的预报有效时刻为2016年10月5日12时(世界时)的东亚及西北太平洋地区的24 h地面预报图。图中绘有等压线的分布情况,包括气压系统的类别、中心位置、强度,还包括锋的类别、位置以及热带气旋的强度和最大风速等。该图显示有三个热带气旋:一个是气压中心位于日本海的强热带风暴,编号为1618,名字为暹芭,中心气压为980 hPa,中心最大平均风速为60 kn;在该热带风暴范围内已经形成冷暖锋,系统未来将转变为锋面气旋。另一个是气压中心位于菲律宾吕宋岛东北面的热带低压,中心气压为1004 hPa。还有一个是气压中心位于18°N、173°E附近的热带风暴,中心气压为1000 hPa,中心最大平均风速为35 kn。

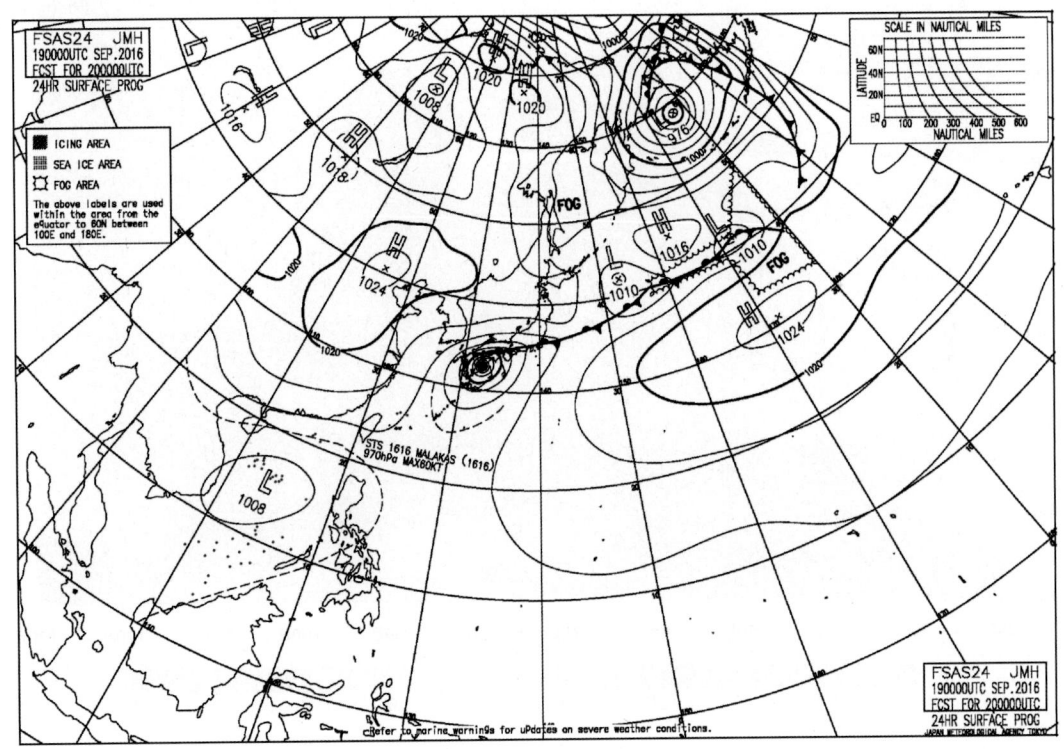

图7-16　24 h地面预报图

第五节　波浪图

波浪图对船舶航行和预防海难事故很有用处,由这种图可以预知从海面传来的最大波浪,所以对沿岸港口的防灾工作也有帮助。波浪图有海浪分析图和海浪预报图之分。

一、波浪分析图

1.中国波浪分析图

图 7-17 为中国国家海洋环境预报中心发布的有效时刻为 2023 年 8 月 5 日 12 时(世界时)的北印度洋波浪实况图。图中浪高依据有效波高绘制,大小用不同颜色表示;数字表示波浪高,单位为米;箭头表示浪向。

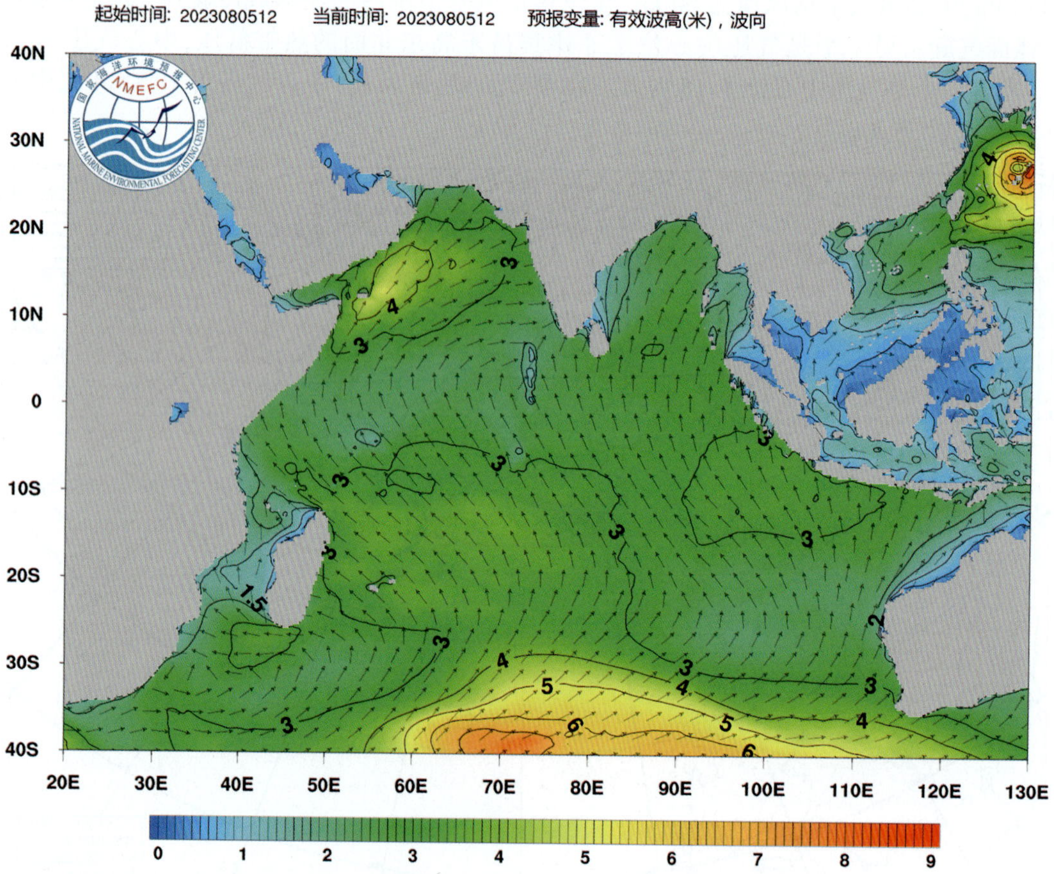

图 7-17　中国国家海洋环境预报中心发布的北印度洋波浪实况图

2.美国波浪分析图

图 7-18 为美国海洋预报中心在 2018 年 2 月 5 日 0137 时(世界时)发布的有效时刻为 2 月 5 日 00 时(世界时)的北太平洋海况分析图。图中棕色实线为等波高线,依据有效波高绘制,每间隔 1 m 绘制一条,数字表示波浪高,单位为米,区域范围内最大或最小波高值用带有方

框的数字表示;箭头表示主波向,即此处海域最大波高方向;蓝色虚线表示海冰边界。

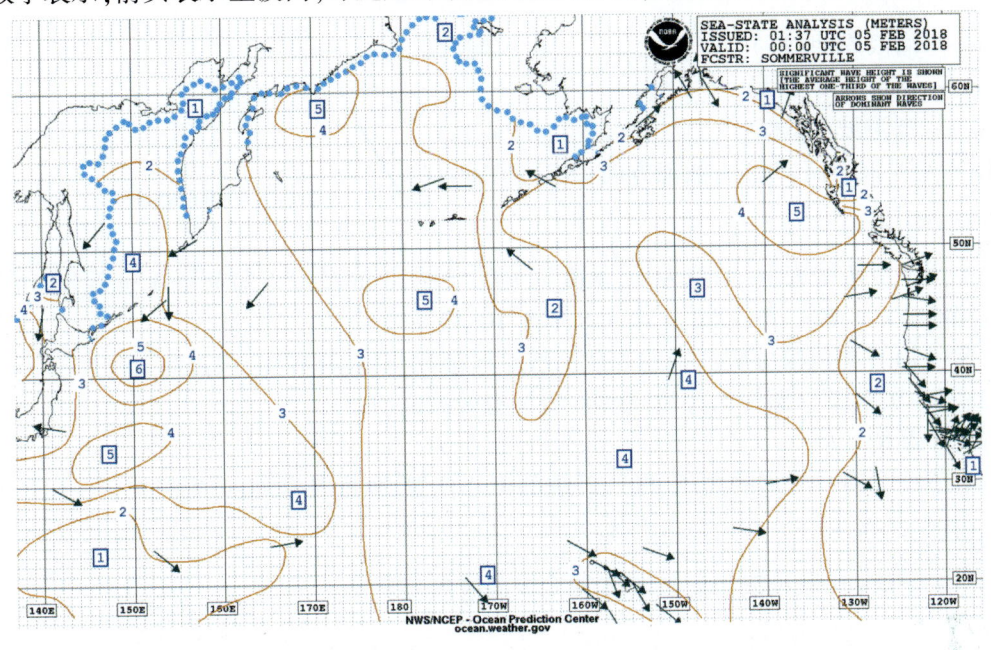

图 7-18　美国海洋预报中心发布的北太平洋海况分析图

3.日本波浪分析图

图 7-19 为日本东京 JMH 台发布的北太平洋波浪分析图。波浪分析图是根据船舶和海洋站的水文气象观测资料制作的,图中绘有等波高线,主波向,高压、低压系统中心的位置和强度,锋线,船舶实测的风向、风速和风浪及涌浪的波向、周期、波高,乱波海域等资料。

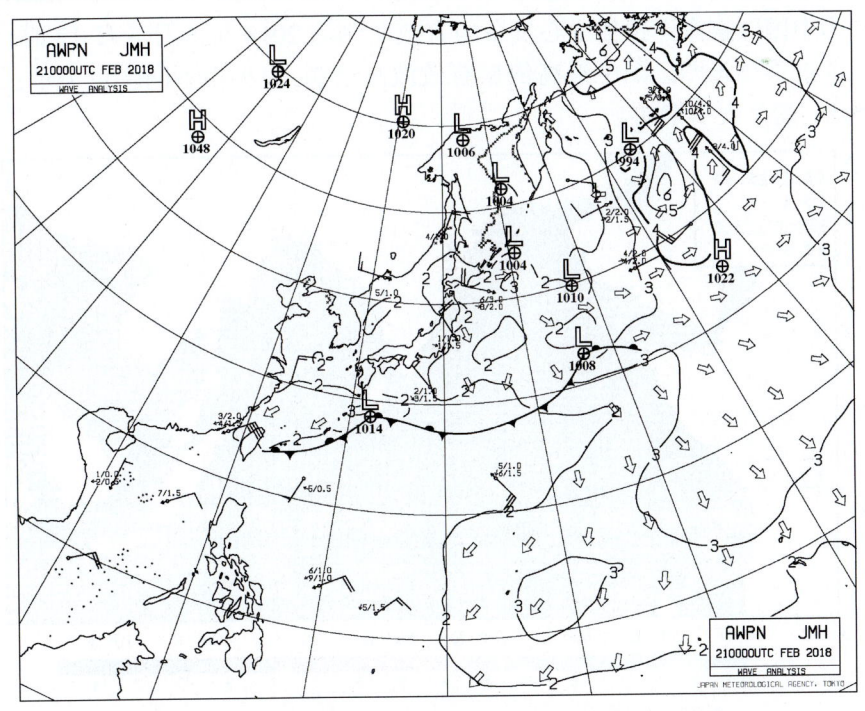

图 7-19　日本东京 JMH 台发布的北太平洋波浪分析图

1)测站内容

Ps——涌浪周期(秒)

Pw——风浪周期(秒)

Hs——涌浪波高(米)

Hw——风浪波高(米)

风向(NE)　　　　　　风速(15 kn)

Pw/Hw

涌浪方向(NE) Ps/Hs

风浪方向(NE)

2)等波高线

图中用平滑实线表示,单位为米,从 2 m 开始绘制,8 m 及以下每间隔 1 m 绘制一条,8 m以上每间隔 2 m 绘制一条,即 2、3、4、5、6、7、8、10、12……

注意:(1)日本波浪分析图中的等波高线是风浪高与涌浪高的合成波高。

(2)日本波浪预报图中的等波高线数值是有效波高($H_{1/3}$)。

3)气压系统

图中还绘有同一时刻的高压、低压系统的中心位置、强度及锋面的位置。

4.其他符号

——主波向(取风浪与涌浪波高较大者的波向);

——乱波海域;

S、M、R、VR——分别表示轻浪 SLIGHT、中浪 MODERATE、大浪 ROUGH 和巨浪 VERY ROUGH。

二、波浪预报图

1.中国波浪预报图

图 7-20 为中国国家海洋预报中心发布的有效时刻为 2018 年 3 月 6 日 12 时(世界时)的北印度洋 48 h 波浪预报图。图中浪高依据有效波高绘制,大小用不同颜色表示;数字表示波浪高,单位为米;箭头表示浪向。

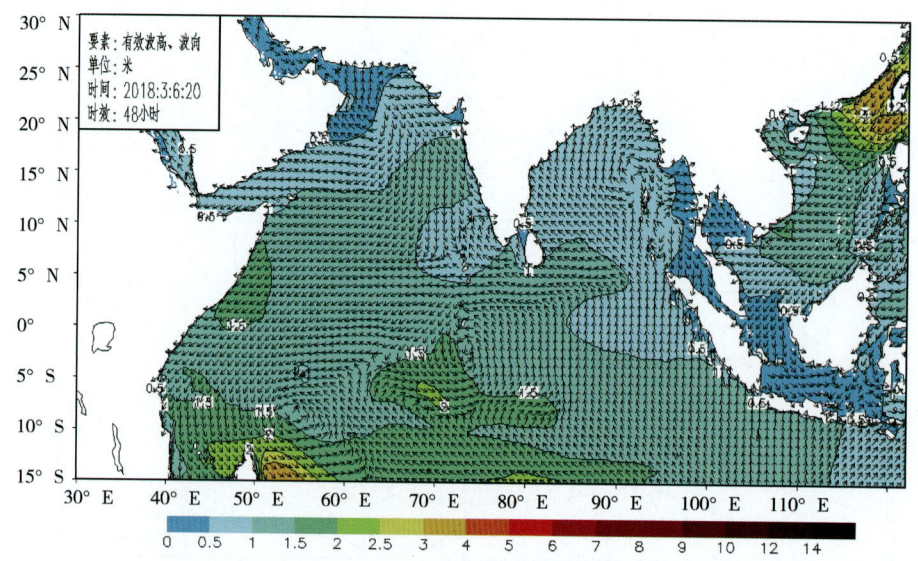

图 7-20　中国国家海洋预报中心发布的北印度洋 48 h 波浪预报图

图 7-21 为美国国家海洋和大气管理局海洋预报中心在 2018 年 2 月 5 日 0609 时(世界时)发布的北太平洋 48 h 风和浪预报图。图中实线为等波高线,依据有效波高绘制,每间隔 1 m 绘制一条;数字表示波浪高,单位为米。用风矢符号表示风向和风速大小。

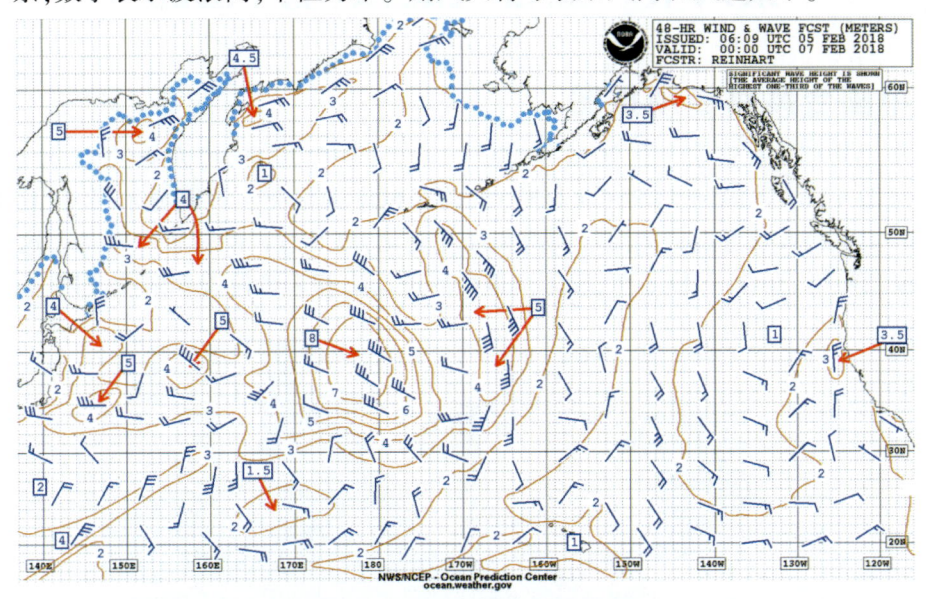

图 7-21　美国国家海洋和大气管理局海洋预报中心发布的北太平洋 48 h 风和浪预报图

图 7-22 为日本东京 JMH 台发布的北太平洋 24 h 波浪预报图。波浪预报图是根据观测的海浪实况、天气形势预报和气象要素预报制作的。预报未来 24 h 内的波高分布,高压、低压系统的中心位置和强度,锋线位置,主波向,部分站点的周期和波高,三角浪。图中波高依据有效波高绘制,阴影部位为三角浪海域。

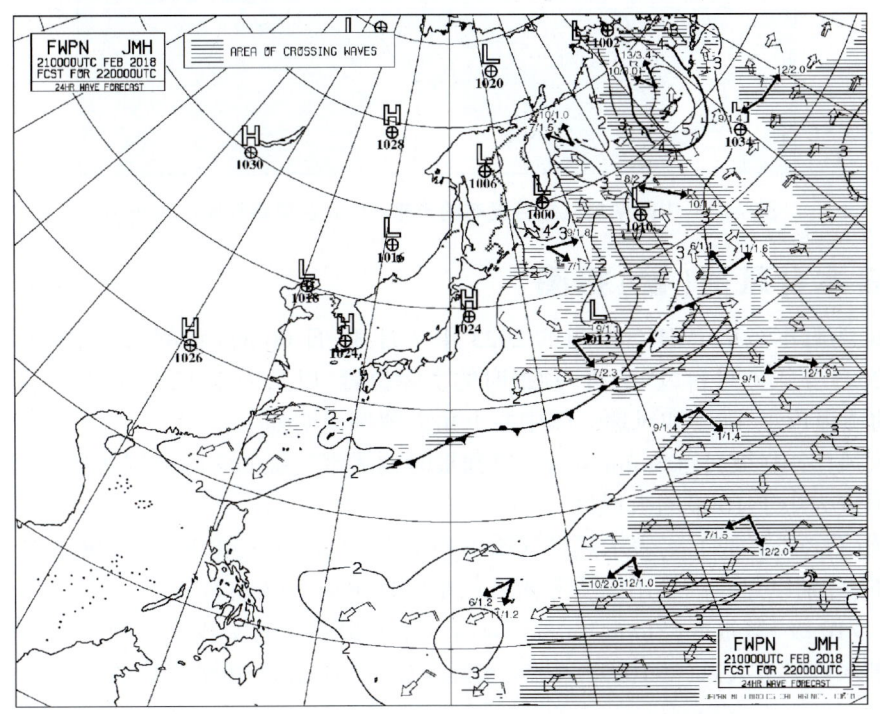

图 7-22　日本东京 JMH 台发布的北太平洋 24 h 波浪预报图

第六节　热带气旋预（警）报图

一、中国台风路径预报图

图 7-23 为中国中央气象台在 2016 年 10 月 14 日 15 时（北京时）发布的 21 号台风（莎莉嘉）10 月 14 日 14 时至 19 日 14 时（北京时）的路径概率预报图。该图显示了 14 日 14 时起，未来 120 h 每隔 12 h 位置连成的路径曲线和强度变化，以及过去的位置和路径。这种台风路径概率预报图简单、直观，一目了然，便于掌握台风的历史和未来位置和强度变化。

图 7-23　中国中央气象台发布的未来 120 h 台风路径概率预报图

二、日本台风预（警）报图

图 7-24 为日本东京 JMH 台发布的 2023 年 7 月 31 日 00 时（世界时）台风预（警）报图。图中绘有 2023 年第 6 号台风"卡努"预报时的实际位置，以及未来 12 h、24 h、48 h、72 h、96 h 和 120 h 的预报位置、强度和风速。图中左上角的图例说明如下：

实际大风（≥10 级）区（Storm area）：以预报时刻热带气旋的实际位置为中心，绘出的实线圆。圆外附近为小于 10 级的大风区。

预报圆（Forecast circls）：表示热带气旋中心未来 12 h、24 h、48 h、72 h、96 h 和 120 h 可能落入的范围，分别以点线圆绘出。实际落入圆中的概率为 70% 左右。

大风（≥10 级）警报区（Storm warning area）：以预报圆外的实线同心圆表示。预计该圆的某些地方未来可能被大风（≥10 级）覆盖，实际风暴区将取决于热带气旋的中心位置。

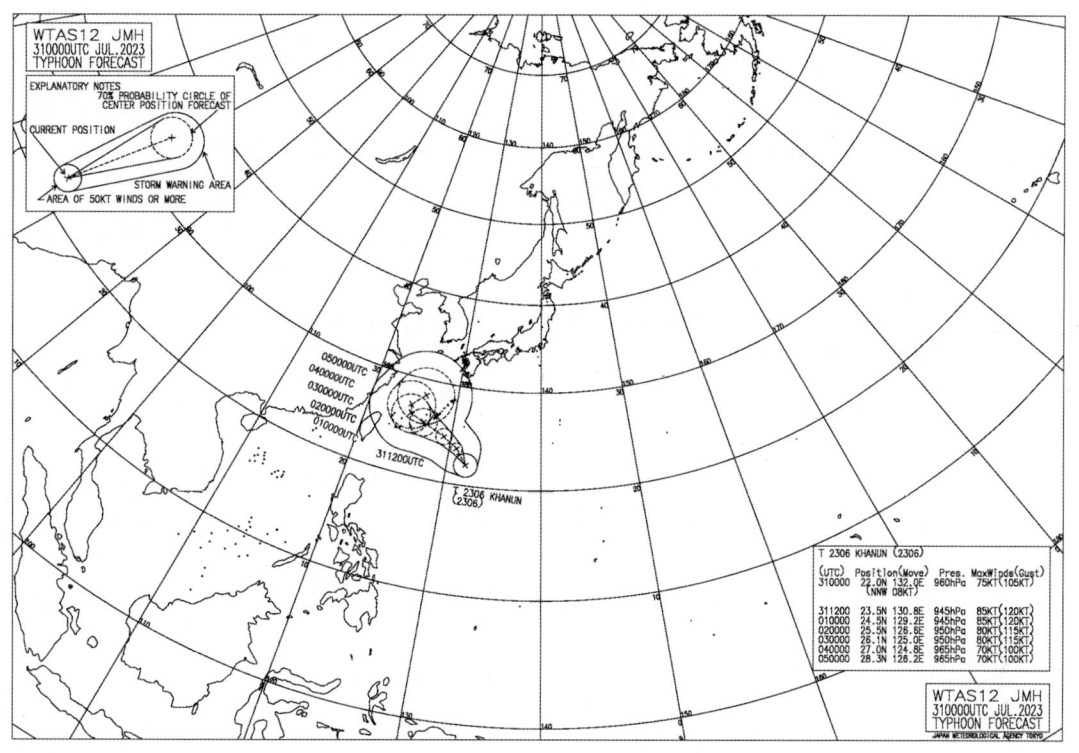

图 7-24 日本东京 JMH 台发布的台风预(警)报图

第七节 气象卫星云图

气象卫星有绕地球运行的轨道卫星和同步卫星两种,它们不断地观测地球上的大气情况,观测结果经过技术处理,可供气象部门进行科学研究和日常天气预报使用。航海者可收取由传真广播台转发的气象卫星云图。

一、两种云图的区别

卫星云图分为可见光(VIS)和红外(IR)两种。在可见光波段,卫星的观测仪器感应云面或地面对太阳光的反射差异,这种差异在图片上表现为黑白差异。黑白差异(或称亮度)表示云面或地面的反照率大小,白色表示反照率大,黑色表示反照率小。一般云层越厚,其亮度越亮。如果太阳的照明条件一样,对于同样厚度的云,水滴云比冰晶云亮。按照云面和地面反照率的强弱,亮度可分为六种层次(见表 7-13),根据这种亮度层次,可以分辨云面或地面的特征和类别。

表 7-13 不同亮度层次所对应的云面或地面的特征

黑	海洋,湖泊,大的河流,大面积森林覆盖区的地面
深灰	牧场,草地,耕地
灰	陆地上的晴天积云,沙漠,陆地上单独出现的卷云
灰白	陆地上薄的中高云,中等厚度的云(中云,层积云,层云和雾,积云)
白	积雪,冰冻的湖泊和海洋
浓白	积雨云,厚的卷层云,其下面有中低云和降水

在红外波段,红外感应器测量来自云顶、陆地表面和水面所发射的红外辐射总量,这个总

165

量反映出被测物体表面的冷热情况,并用图像表示出来。在红外云图中,云层顶部、陆地表面和水面表现为不同的色调,最黑的地区代表最暖的表面,最白的地区代表最冷的表面。因此,红外云图实际上是一张地表面和云系的温度分布图。根据云图中色调的差异可以判定云顶的高低:色调白,温度就低,表示云顶高度大;色调黑,温度就高,表示云顶高度小。

可见光云图的色调取决于物体对太阳光的反照率的大小,红外云图的色调取决于物体表面温度的高低。比较两种云图可以看到有许多云和地表的特征是相似的,有一些却差异很大(见表7-14)。

表7-14　红外云图和可见光云图中各种云和地表特征的色调比较

红外云图 \ 可见光云图	白	淡灰	灰	深灰	黑
黑			沙漠(白天)		暖海洋
深灰		层积云	晴天积云、沙漠(夜间)		冷海洋
灰	层云(厚)、雾(厚)	晴天积云、卷层云(薄)	纤维状卷云	青藏高原	高山、森林
淡灰	高层云(厚)、浓积云	纤维状卷云	高层云(薄)		
白	密卷云、多层云系、卷层云、高山积雪、卷云砧、极地积雪		消失中的卷云砧		

二、卫星云图识别的六个依据

卫星云图提供了大范围的直观、形象的天气实况资料,要充分发挥云图的作用就必须会识别云图。下面介绍识别云图的六个依据(见表7-15)。

表7-15　卫星云图上云的识别依据

分类	特征	分类	特征
云的大小	较强的低压、锋面坡度小和暖空气活跃的云面积大,晴天积雨云面积小	云的亮度	照明条件相同,云体越厚,则亮度越大;厚度相同,水滴云比冰晶云要亮
云的边界	冷锋云系的前部边界不明显,后部表现为一条线;洋面上细胞状的积云为多角形;急流云系为一条细云带,云带中有一条条锯齿状的横向小云线;气旋的云系为螺旋状	云的水平结构	气旋、台风云系为涡旋状,洋面上积状云系为细胞状,锋面、急流、切变线、赤道辐合带云系为带状
云的纹理	雾和层状云表现为光滑的表面,高积云和层积云表现为皱纹和斑点	暗影	中云、高云和发展很高的积云有暗影;在冰面上空有云时,有暗影;高空急流卷云带的边界也可出现暗影

三、几类主要天气系统的云系特征

在船舶条件下,利用传真卫星云图能够识别热带气旋、冷锋、暖锋和副热带高压等几类主要天气系统。

1.热带气旋

在卫星云图上,热带气旋为白色的涡旋状云系,在黑色的海洋背景上显得十分清晰。热带气旋云系包括系统中心的云区和外面的云带。系统中心的云区是指可以看到的眼区或涡旋中心的浓密云区(或称密蔽云区)。外面的云带是指环绕中心的弯曲或呈螺旋形的云带。

根据云带的几何形状和中心浓密云区的形状、边界清楚程度、纹理等特征,就可以确定中心位置,判断热带气旋的发展阶段和强度。此外,利用卫星云图还可以确定热带气旋的移动路径、最大风速、最低气压、大风范围和降水分布等。

2.冷锋

在卫星云图上,冷锋锋区往往表现为一条长几千千米、宽二三百千米的白色云带。因此,大多数的冷锋很容易从图片上识别出来。冷锋常与温带气旋相联系,冷锋云带位于螺旋云带的外围,靠近螺旋中心部分的云带较宽,距螺旋中心越远则冷锋云带越窄,云带呈明显的气旋性弯曲。地面天气图上的冷锋线一般位于云带内。如果云带中层状云占优势,则地面冷锋线位于接近云区的前边界处。如果积云占优势,则冷锋线位于云区的后边界附近。图 7-25 显示北太平洋上空一条长几千千米的白色云带为典型冷锋云系。

图 7-25   日本气象厅发布的彩色卫星云图

3.暖锋

在卫星云图上暖锋云区短而宽,通常长几百千米,宽 300~500 km,呈反气旋性弯曲并向冷空气一侧突起。地面天气图上的暖锋线位置在暖锋云区中靠近后边界处,在卫星云图上暖锋的位置较难识别。

4.副热带高压

在卫星云图上,副高表现为一大片暗的无云或少云区,而其南北两侧均为多云区(白色多)。无云区边界一般很清楚,根据经验,大致与 500 hPa 图上 588 位势什米等高线一致。因此,利用这种关系很容易从卫星云图上确定副高的范围。如果副高区色调很黑,即碧空无云,说明副高区内下沉运动很强,低层的对流云系不易发展;反之,当副高减弱时,副高区颜色将变淡,表明内部云系增加。因此,积云块的出现对预报副高的减弱有一定的指示意义。

第八章

船舶气象导航

第一节　气象导航概述

　　船舶气象导航又称船舶气象定线(Ship weather routing)，就是根据航行海区的准确天气与海况预报，并结合被导船舶的性能、船型、装载情况、航行要求等而拟定并实施最佳气象航线的过程。船舶气象导航建立在现代天气预报的基础上，它可以使横渡大洋的船舶提高安全性和营运效益。目前，船舶气象导航已在航海活动中广泛使用。

一、气象导航发展史

　　自从有航海活动以来，航海者历来很重视气象和海洋环境对航海的影响。在无线电尚未问世以前，航海的选择以气候为基础，根据大气环流、季风和洋流等方面的资料和经验来选择气候航线。随着无线电通信事业的发展，从1920年开始，船舶无线电通告中已包含了天气公报，船长已经基本能够在船上接收天气电码报文来修改航线，避开恶劣天气。随着气象和海洋卫星的发明，以及大型计算机的诞生，天气和海况预报的时效和准确率也有了相当大的提高，预报已基本全球化和数值化，为科学地选定大洋航线提供了条件。世界主要航运国家，如中国、美国、俄罗斯、英国、荷兰、德国、日本等，都相继建立了由民间或政府主办的气象导航机构。

　　我国国家气象局从1989年开始开展远洋船舶气象导航服务，为海上货船提供包括航线推荐、气象预报、航次评估、航行性能分析等服务。2019年7月11日第十五个"中国航海日"之际，中央气象台与华洋海事中心向社会发布了拥有完全自主知识产权的船舶气象导航系统。气象导航系统包括船端、岸端、移动端、专业网站等几大平台。

　　该气象导航系统集多源数据分析、航线模型与算法、岸基及船舶气象导航决策支持、信息预警、智能服务发布等于一体，技术流程如图8-1所示。

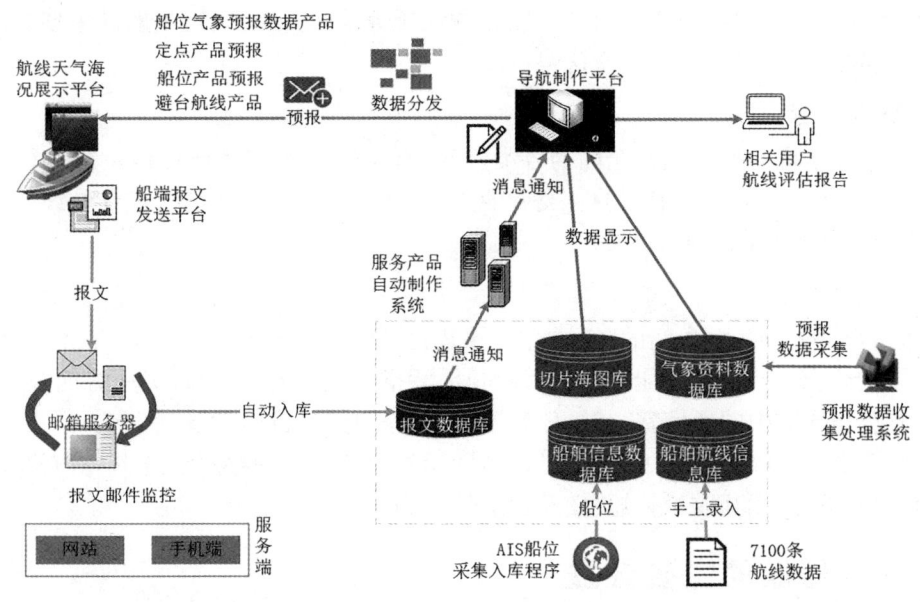

船位气象预报数据产品
定点产品预报
船位产品预报
避台航线产品

航线天气海况展示平台

预报

数据分发

导航制作平台

相关用户
航线评估报告

船端报文发送平台

消息通知

数据显示

报文

服务产品自动制作系统

预报数据采集

邮箱服务器

自动入库

消息通知

报文数据库

切片海图库

气象资料数据库

预报数据收集处理系统

报文邮件监控

船舶信息数据库

船舶航线信息库

服务端
网站　手机端

船位

AIS船位采集入库程序

手工录入

7100条航线数据

图 8-1　中国气象局气象导航中心船舶气象导航系统技术流程图

二、气候航线与气象航线

以气候资料为基础,结合航海经验而制定的航线,称为气候航线(Climate routes),又称习惯航线。气候航线是前人宝贵经验的总结,它经历了不断丰富和发展的过程,在相当长的时期内,它对大洋航行的船舶安全和船长的决策工作都起到很大的指导作用。

由于在航行中实际遇到的天气,往往可能与航行海区该季节的平均天气状况有很大出入,因此,在气候航线上航行,因遭遇恶劣天气而造成船损或延误航时的现象仍然屡见不鲜。而利用船舶气象导航技术,采用气象航线,则可以使船舶缩短航行时间,节省燃料,减少由恶劣天气造成的损失。

气象航线与气候航线既有区别又有联系,气象航线是气候航线的发展,气候航线是气象航线的基础。

根据船舶运输任务及船长要求的不同,气象导航机构所推荐的气象航线一般又可分为最经济航线和最舒适航线两种。

所谓"最经济航线",是使船舶在从出发港到目的港的整个航程中,在确保安全(即船损、货损减小到最低限度)的前提下,减少航时,节省燃料,提高船舶营运效益的航线。其中减少航时对节省燃料、提高效益有显著作用。因此,通常把最短航时航线(即全程时间最省航线)作为最经济航线。

所谓"最舒适航线",是要求在航行中尽量减少大风浪影响的航线。

客船常采用最舒适航线,而一般货船则以采用经济航线为主。

三、气象导航的分类

船舶气象导航分为两类:一类是岸上气象导航;另一类是船舶自行气象导航。

岸上气象导航,简称岸导,是岸上气象导航机构拟定气象航线推荐给船舶使用,并在船舶航行过程中跟踪导航。船舶自行气象导航,简称船舶自导,是船长根据水文、气象资料、各种气

象传真图、天气报告和现场观测资料及本船各种性能等综合分析,确定本船的最佳气象航线。

岸导和船舶自导相比,各有自身优势。

1.岸导的优势

岸上气象导航机构拥有比较全面的各类资料,有大容量的高速计算机系统进行航线设计和跟踪导航,拥有一大批经验丰富的各类专业人员,并有充分的时间进行最佳航线的分析和选择,这些方面都是船舶自导所不及的。

2.船舶自导的优势

一方面,船长十分熟悉本船的各种性能,并亲自分析天气形势和现场情况,使船长在任何时候都不失主动、不受限制,并能充分发挥船长灵活指导航行的主动权;另一方面,船舶自导无须支付导航费和导航中的通信费,减少船舶开支,赢得更多经济效益。

在船舶接受岸导服务过程中,自导可以帮助船长充分理解岸导定线意图,从而积极配合岸导,弥补岸导的不足,相互取长补短,使航行效果达到最佳。

四、气象导航的主要效益

船舶气象导航的效益主要体现在下述两个方面。

1.船舶航行安全水平明显提高

1)船舶采用气象导航后,由天气及海况因素造成的重大海事大大减少。

2)气象导航使船舶尽量避开恶劣天气区,减小了风浪等对船体的损害。

3)由于航行环境有所改善,减少了船损,货损也随之减少。

2.船舶营运经济效益显著

1)缩短航时,节省燃料费用,降低营运成本

五十多年来,由于采用气象导航,船舶获取了显著的经济效益。气象导航公司的统计资料表明,采用气象导航服务可以节省航行时间,减少船舶营运费用,减少恶劣天气引致的船损与货损。

2)其他经济效益

接受气象导航的船舶航行时间缩短,到港时间准确,提高了运输质量,赢得了信誉。这对那些有时间限制的运输合同,显得十分重要,对于那些赶潮水进港的船舶意义更大。若错过一次潮水,就会损失好几个小时,有的还要损失装卸费。此外,采用气象导航后,由于减少了船舶遭受大风袭击,从而也降低了船舶维修费和货物损失赔偿费。

第二节　气象导航原理和方法

气象导航公司对船舶进行气象导航业务服务的过程主要有优选初始推荐航线、跟踪导航与变更航线、航次事后分析三部分。

一、优选初始推荐航线

优选初始推荐航线首先应考虑影响船舶运动的海洋气象环境因素,除此之外还要研究船舶在各种状况下的性能、载货情况,得出各类船舶所能经受风、浪的极限值,对于可能到达风、

浪极限值的海域要予以避开。

影响船舶航速的海洋气象环境因素主要有风、海浪、雾、海流和冰等。

1.风

风对船速的影响与露出水面的船体部分垂直于风向的面积大小有关。客船受风的阻力最大,货船次之,油船最小。一般以船首尾线为准,当风速接近于船速时,从船首左右20°~40°方向来的风即顶风,阻力最大,能使船速减少5%左右;从船尾左右10°~20°方向来的风即顺风,不但不受到风的阻力,反而得到风的推力,能使船速增加2%左右。其他方向来的风,介于上面两个数值之间。由此可见,风的直接影响是使船舶偏离原来的航向,对船速的影响不显著。

2.海浪

海浪是影响船速最主要的因素。浪高和浪向对不同船型的船速都有一定的对应关系,称为船舶运动性能曲线。海浪不仅会使船舶产生纵摇、横摇和升降运动,而且当波长接近船长时,还会产生共振现象,引起大幅度纵摇,造成空车,降低舵效,这时就得主动降低船速,以减弱剧烈的纵摇。

3.雾

船在雾航时,有时为了安全,不得不减速。但备有避碰雷达等先进助航设备的船舶在跨洋航行时,一般并不减速航行。

4.海流

海流对船速的影响,一般以投影到船首尾线上的流速矢量大小为准,若此方向流速分量大于0.5 kn,就应当考虑海流对船速的影响。例如,有一艘航速为18 kn的货船在某海区航行时,受到一股流速为2 kn、相对流向为30°的海流影响,其航速将降低为16.4 kn左右。各海区海流的流速和流向详细数据,可以从有关的引航资料中查得。传真海流图则可提供更新更准确的情况。

5.冰

浮冰及船舶航行于高纬度时甲板和上层建筑的结冰,对船舶的稳性、安全及航速都有较大的影响,因此,应尽量避离浮冰及重冰集结区。

气象导航机构优选初始推荐航线的基本原理是根据所取得的天气和海况预报资料,选择一条既能尽量避开大风浪,特别是顶头浪和横浪等不利因素,而又能充分利用有利的风、浪等因素的航线,使之达到所要求的最佳程度。下面以最简单的例子来说明气象航线选择的基本原理。

图8-2所示是横渡大西洋的最佳航线选择。航线A是从纽约到英格兰南安普顿的以大圆为主的航线,航线B是气象导航人员在当时天气和海况形势下推荐的航线。等值线是以英尺为单位的预报波高,闭合曲线表示波高超过16 ft(4.9 m)的区域。从图中可以看出,在纽约与南安普顿之间航线A的距离虽最短,但船舶沿此航线航行,必然会遇到16~28 ft(4.9~8.5 m)高的波浪,船舶的航速将大大降低,船舶及货物还可能受到损害。在推荐航线B上,最大波高只有12 ft(约3.7 m),船损与货损可以避免,船舶的失速比在A航线上要小得多,船舶的总航时可能还会比在A航线上少。当然,这只是把波长看成是不变的情况下的定性估计,实际上预先绘制的航线与实际航线是不完全一致的,航行中遇到的实际情况与事先的估计还可能有较大出入。

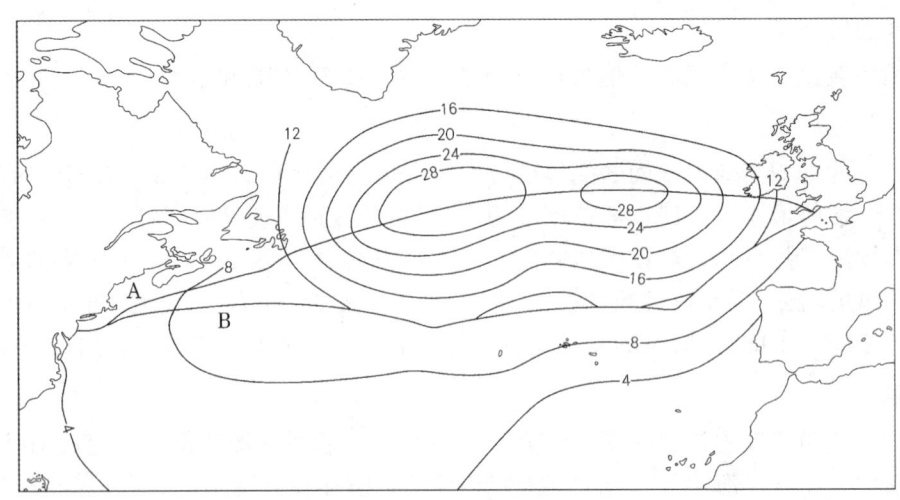

图 8-2　大西洋上的最佳航线选择

　　图 8-3 所示是横渡北太平洋的最佳航线选择。航线 A 是 1977 年 1 月,气象导航机构为"菲尔莫尔总督"轮推荐的从奥克兰至野岛崎的气象航线,这是一条经白令海的高纬度航线。航线 B 是一艘同类型船舶在相同时段内所采用的中纬度习惯航线。一般认为高纬度海区冬季季风浪较大,其实并不完全如此。从图中可以清楚地看到,"菲尔莫尔总督"轮在 A 航线上遇到的最大风速为 13 m/s(1 月 17 日),其余几天的风速均比中低纬度小,而在 B 航线上航行的另一艘同类型船舶则一路顶风。B 航线的航程为 4990 n mile,平均航速为 16.8 kn,总航时为 297 h;而 A 航线的航程为 4885 n mile,平均航速为 21.3 kn,总航时为 229 h,气象导航使航程缩短了 105 n mile,航时节省了 68 h。

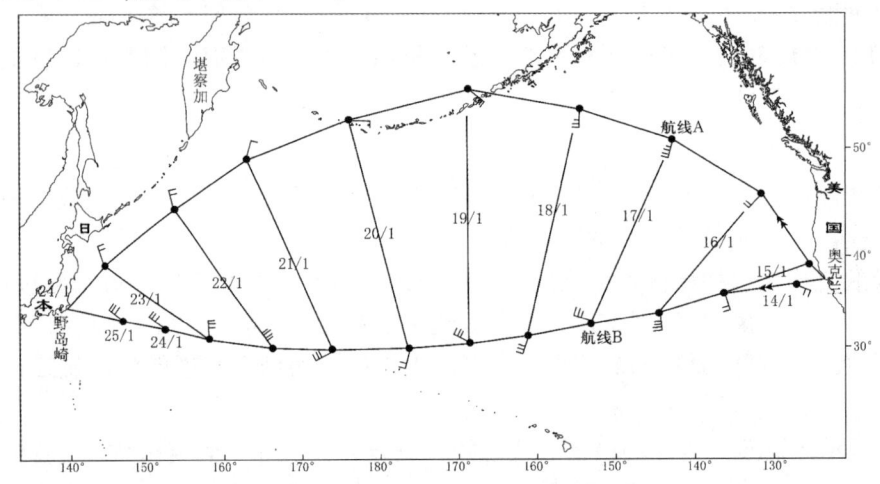

图 8-3　"菲尔莫尔总督"轮航线图

　　从上述两例可以看到,船舶气象导航重点考虑了天气和海况的中短期变化,而天气和海况的这种中短期变化,一般气候图是反映不出来的。例如,从多年平均的历史资料来看,冬季 30°N~35°N 已处于阿留申低压的南侧边缘,图 8-3 中的 B 航线是一条可取的西行航线,但从天气和海况的中、短期变化来看,则情况有时会有很大的不同。冬季北太平洋西部温带气旋活动频繁,产生于中国大陆及近海的气旋,向东北方向移动,常在日本附近或东部海洋发展到最强,气旋的中心气压可降到 980 hPa 左右,在其后部有大范围风速达 20 m/s 以上的西—西北强风,海浪也常达 5 m 以上,其中气旋的西南方位风浪最大,浪高可达 7 m 以上。在黑潮上时有三角浪产生。这些对于沿 30°N~35°N 西行的船舶是很不利的,甚至是危险的。气象导航正是重点考虑了中、短期预报中这种气旋的活动情况,而选择了高纬度航线,以尽量避开由气旋产生的狂风恶浪区。

二、跟踪导航与变更航线

被导船舶在航行过程中,气象导航机构为船舶提供跟踪导航服务,并根据不断更新的、精度较高的中短期天气和海况预报推算船位,当发现航线前方有恶劣天气和海况时,及时报警提示,并对其初始推荐航线提出修改或变更的建议。

图 8-4 显示的是中国气象局气象导航中心指导某船于 2020 年 9 月 4 日变更 9 月 1 日推荐航线避离第 10 号台风"海神"的成功案例。

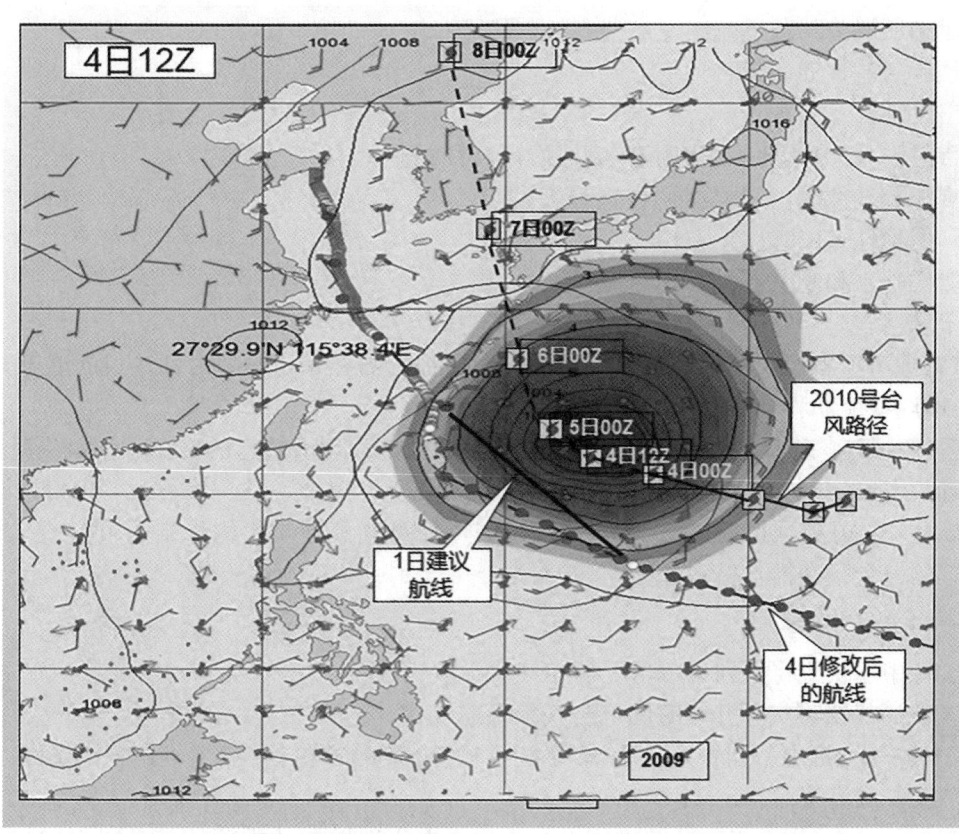

图 8-4　中国气象局气象导航中心指导船舶变更航线避离台风案例

三、航次事后分析

航行结束后,气象导航机构将及时做出本航次的航行总结报告(Post voyage analysis),内容包括实际总航程、航时和航程平均航速,还有逐日推算船位、船速、风向、风速、浪向、浪高等。还统计了全部航途中船舶遇到的不同风力等级下顺浪、顶浪和横浪的日数,以及实际天气与海流对船速的影响。由于中、长期天气预报和海况预报准确度的限制,推荐航线不一定是最理想的航线。但船舶抵港之后,可以根据全程中的天气实况找出风浪最小、航时最省的理想航线,进行航次事后分析,将推荐航线、实际航线与理想航线进行对比,找出该航次中前两者不足之处并分析其原因,以改进气象导航技术。

第三节 岸导的应用及注意事项

一、岸导机构进行气象导航的一般程序

1.申请气象导航

在船舶开航前 24~48 h,由船长、船东或者租船人向有关气象导航机构提出申请,以电报或其他通信方式把以下内容通知气象导航机构。

1)船舶的名称、呼号及航速;

2)船舶所属公司或本航次受雇公司的名称、地址;

3)预计启航日期、时间;

4)出发港;

5)目的港(如中途停留,需附港名及预计停留时间);

6)货物装载情况(如货物种类、空载等);

7)船舶稳性 GM 值;

8)船舶吃水和吃水差;

9)干舷;

10)特殊事项和船长要求(如易遭损坏的甲板货物,需在一定时间内到达目的港等);

11)本航次船舶将使用的联络电台。

之后,申请气象导航的船长,就可适时收到由启航港代理人转递的气象导航机构所推荐的航线及有关海域的天气和海况预报。

如果在临近开航或已开航时申请气象导航,可通过气象导航机构指定的电台或船长在申请中指定的电台收到推荐报告。

2.航行途中联络

在航行中船长应将下列各项情况通知气象导航机构:

1)开航后尽快将实际开航时间电告气象导航机构。

2)每天一次,将中午船位电告气象导航机构,电报内容包括:船名、呼号、日期、时间、经度、纬度、天气及海况。

在正常天气情况下,气象导航机构也每天一次电告船舶新的推荐意见及天气、海况预报。途中联络时间没有硬性规定,一般采用地方时 12 时前后为多,也有采用世界时 12 时前后的。如途中遇到预先没有预报的恶劣天气,或恶劣天气使航行困难,可随时电告气象导航机构,气象导航机构会及时回电,给船长分析沿途的天气和海况,并提出新的推荐意见。

3)在航行中,如果不是由于天气影响而降低航速、停止前进或自行改变航线,应立即电告导航机构,以利于他们掌握被导船的动态。

4)抵达目的港后应尽快电告实际到港时间。

3.航次总结报告

本航次气象导航结束后,气象导航机构会提供一份完整的气象导航总结报告,内容包括整个航程的天气、海况分析,每天世界时 12 时的推算船位、航速、风向、风速、浪向、浪高,受大风的天数,平均航速等,并绘制航迹图。此外,还包括所有来往电报。

二、船长的职责和注意事项

在采用气象导航技术时,船长应注意以下几点。

1.气象导航公司所推荐的航线只是咨询性质的,并不承担任何法律责任

船长在任何情况下都对航行负有全部责任,其中包括对航线的选择。所以,船长有权也有责任决定是否采用气象导航机构的推荐航线或中途脱离推荐航线。那种认为采用气象导航就可以减轻船长的工作和责任的看法是完全错误的。

2.推荐航线上并非风平浪静,国外一些定线机构以9级风力作为定线标准

采用气象导航的船舶仍有可能遇到大风浪,国外一些定线机构认为9级风对一般远洋船而言不会造成什么危险。还应当指出,气象导航机构从全程着眼,有时为了能使船舶进入大范围风浪较小的海域,而让船舶在短时间内穿过一个狭窄的大风浪区,船长应理解战略决策,尽量坚持配合,不要轻举妄动,以免船舶进入更大范围的狂风恶浪区中。

3.采用气象导航要有雾航的准备

气象导航机构认为,对于全年多雾的北大西洋或北太平洋中高纬度海域来说,完全避开雾是不可能的。因此,船长应有足够的思想准备,采取必要的雾航措施。为了保证雾中航行安全和有效的避碰,应装备两部导航雷达,最好装备自动避碰雷达。当然,根据实际情况,在有必要时也可以绕航。

4.采用气象航线要有高纬度冰区航行的准备

气象导航机构推荐的航线有时纬度较高,特别是西航的跨洋航线,冬季在高纬度海域可能会遇到海冰,船舶应有充分的思想准备并采取必要的安全措施,不然是有危险的。

5.气象导航机构对热带气旋的预报仅供参考

实践表明,气象导航机构对热带气旋路径的预报并不是完全准确的。船舶应密切注意热带气旋的动向,根据实际情况,做好多种准备。应使船舶保持在顺风顺浪等有利的位置上,并留有足够的活动余地。

6.船舶应装备现代化定位和通信设备

被导船舶应装备GPS和卫通设备,以保证在任何情况下的全天候精度较高的定位和被导船舶与气象导航机构之间及时有效的通信联系。当然,采用气象导航的船舶还应装备气象传真接收机。

 思考题

1.什么叫船舶气象导航? 简述其优点。
2.申请气象导航的基本程序是什么?

1.世界气候图(WORLD CLIMATIC CHART)

英版世界气候图图号为 5301、5302,分为 2 张,1 张是 1 月气候图,另 1 张是 7 月气候图。图中给出气压、风、大风区、涌和热带风暴介绍、赤道低压带、海流、表层海温、雾、冰况和雨量分布等资料。

2.航路设计图(ROUTING CHARTS)

英版每月《航路设计图》(Routing charts)共分为北大西洋、南大西洋、印度洋、北太平洋、南太平洋等 5 个海区,每个海区每月 1 张,计 60 张。其图号分别为 5124(1)~(12)、5125(1)~(12)、5126(1)~(12)、5127(1)~(12)、5128(1)~(12)。图中给出大洋海流、风、冰况等资料,并附有平均气温气压图、雾与低能见度图、露点与平均海温图、大风频率与热带风暴路径图等 4 组附图。

1)洋流(Current):用蓝色箭头表示该月及前后一个月内的表层洋流流向,并以不同形状的箭头表示该方向上洋流的稳定度,其后的数字表示洋流的流速。例如:

——→表示该方向上表层洋流在本月及其前后各一个月的 3 个月内的稳定度大于 75%。

- - →表示该方向上表层洋流在本月及其前后各一个月的 3 个月内的稳定度为 51%~74%。

····→表示该方向上表层洋流在本月及其前后各一个月的 3 个月内的稳定度为 25%~50%。

…→表示该方向上表层洋流的观测资料不足。

2)风花(Wind roses):用红色圆圈和许多不同形状的红色箭头组成风花,表示当地盛行风在该月份的可能方向、风级及出现的百分率。箭头的长度表示该方向上的风出现的百分率。箭杆越长,百分率越高。箭头的方向为风向。箭杆的形状不同,表示的风级不同。风花中间有 3 个数字,最上面的数字表示多年来在该月份对该地区风的总的观测次数;中间数字表示不定风占全部观测次数的百分率;最下面的数字表示无风的百分率。

3)冰区界限(Maximum limits of pack ice):用不同的红色点线表示不同的冰区界限,如流冰群、小冰、小冰山、冰山等的界限。

4)四个附图:

（1）平均气温气压图:图上绿线为以华氏度(℉)为单位的海面月平均气温等温线。红线为以百帕(hPa)或毫巴(mbar)为单位的海面月平均气压等压线。

（2）雾与低能见度图:图中绿线为能见度低于 5 n mile 的情况出现的百分率等值线;红线为能见度低于 0.5 n mile 的情况出现的百分率等值线。

（3）露点与平均海温图:图中红线为以华氏度(℉)为单位的露点等温线;绿线为以华氏度(℉)为单位的本月平均海温等温线。

（4）大风频率与热带风暴路径图:图中绿线是指出现 7 级或 7 级以上大风的百分率等值线;红线是指多年来产生于本月份的热带气旋路径。

3.气候和表层海流图(CLIMATOLOGICAL AND SEA-SURFACE CURRENT CHART)

英版气候和表层海流图按月份分大洋给出气候和表层海流资料,所载内容与航路设计图类似。

4.世界大洋航路(OCEAN PASSAGES FOR THE WORLD)

《世界大洋航路》(Admiralty ocean passages for the world)由英国海道测量局出版,它主要介绍了世界主要大洋航线,影响航线设计的风、涌、洋流、冰等因素的情况,以及各海区航行的注意事项,供船舶拟定大洋航线时参考,该书的书号为 NP136。

《世界大洋航路》由十章组成,第一章为航线设计,包括:本书的细节介绍(Details of the book)、英版海图及航海出版物(Admiralty charts & publications)、自然条件的概述(Nature conditions)、航线设计(Planning a passages)、气象要素换算表(Meteorological conversion table)。第二至第七章依次为北大西洋水域、南大西洋水域、加勒比海和墨西哥湾水域、地中海、印度洋、太平洋及其毗邻水域的覆盖范围(Coverage)、风及天气(Wind &weather)、涌(Swell)、洋流(Current)、冰(Ice)、航行注意事项(Notes & cautions)及该区域内的主要航点之间的推荐航线及航程。第八至第十章的内容与前六章有所不同,其主要介绍大西洋和地中海帆船航路,印度洋、红海和东印度群岛帆船航路,以及太平洋帆船航路。另外,本书中还列有一些图表。

1)世界气候图:第一章的"自然条件的概述"部分,给出了 1 月份和 7 月份的世界气候图,主要介绍了气压、风、涌、热带风暴、洋流、海温、雾、海冰、降水等统计信息。

2)波高图:第一章的"自然条件的概述"部分,给出了 1 月份、4 月份、7 月份和 10 月份的波高图。在波高图中,用红、绿线的形式给出了上述 4 个月份的不同的浪高出现的频率。红线及其上数字表示该地浪高大于 6 m(20 ft)的波浪出现的百分率等值线;绿线及其上数字表示该地浪高大于 3.5 m(12 ft)的波浪出现的百分率等值线。

3)蒲氏风级表:分别介绍了蒲福风级的平均风速、浪高及风级的标准说明。

4)西太平洋和印度洋季节风/季风表:介绍了通常季风发生的月份和影响的地区。

5)热带风暴表:介绍了通常热带风暴发生的月份和影响的地区。

5.航海员手册(THE MARINER'S HANDBOOK)

英版《航海员手册》(The marine's handbook)由英国海道测量局不定期出版,书号为NP100。《航海员手册》一般分为 9 章,并另有部分附录。其中:第四章为海洋知识,主要介绍潮汐、潮流、洋流、海浪、水下火山与地震、海水密度与盐度、海水颜色、海水生物发光现象、海底喷涌、珊瑚、海底流沙、地磁异常等知识;第五章为气象,主要介绍一般性海洋气象、船舶气象导航、异常折射、极光、磁暴、云等知识;第六章为冰,主要介绍海冰种类、冰山及有关冰的名词解释等;第七章为极区航行,主要介绍极区知识、接近海冰的注意事项、冰区航行时船长的职责、

冰情报告、船舶积冰情况下的注意事项、冰区作业、破冰船协助作业等知识。

6.航路指南(SAILING DIRECTION)

《中国航路指南》共有三卷,分别为《中国航路指南 黄、渤海海区》《中国航路指南 东海海区》《中国航路指南 南海海区》,其编号分别为 A101、A102、A103,由中国人民解放军海军司令部航海保证部不定期出版。

《中国航路指南》各卷正文的第一章第二节为"气象概述"部分,主要介绍该卷覆盖地区的气候特点、气压、风、热带气旋、温带气旋、寒潮、云、雾、降水、气温、湿度和雷暴等;第三节为"水文概述"部分,主要介绍潮汐、潮流、海流、海浪和冰情等。在内容中配有大量的插图,如水深分布示意图、地质分布图、海面风图(1、4、7、10 月各 1 张)、台风移动路径图、潮汐性质分布图、平均最大潮差曲线图、表层海流图、风浪图、涌浪图、冰区及冰厚示意图、本海区主要港口分布图等。

英版《航路指南》(Admiralty sailing directions)由英国海道测量局不定期出版,书号为 NP1~NP72,共 70 余卷。英版《航路指南》每卷的第一章都有三方面内容,其第三方面内容为自然条件(Nature conditions),包括:洋流、海浪与涌、海水特征、气候与气象、冰情、气象表、气象换算表和风级等。在内容中配有大量的插图,如表面洋流图(按月份或季节)、涌浪分布图(按月份)、海冰分布图(按月份)、平均海面温度图(按月份)、平均气压图(按月份)、各种风分布图(按月份)、雾百分比频率图(按月份)、气候站分布图等。

7.天气手册(WEATHER HANDBOOK)

8.英版《无线电信号表》(ADMIRALTY LIST OF RADIO SIGNALS,ALRS)

英版《无线电信号表》共六卷十二册,每年的卷数及册数都可能发生变化。英版《无线电信号表》各卷出版的时间间隔不等,第一、二、三、五、六卷为每年出版一次,第四卷为每 18 个月出版一次。其中第四卷(Volume 4)为"气象观测站"(Meteorological observation stations,NP284),该卷主要包括全球气象观测站的有关信息。

9.中国港口指南(GUIDE TO PORT)

《中国港口指南》共有三卷,分别为《中国港口指南》(黄、渤海海区)、《中国港口指南》(东海海区)、《中国港口指南》(南海海区),其书号分别为 C103、C104、C105,由中国人民解放军海军司令部航海保证部不定期出版。

该书的正文部分共分为三章,其中第二章按港口介绍了相关港口的水文气象资料,包括港口的潮汐、潮流、风、浪、冰、雾等资料,为船舶进出港提供水文气象支持。

参考文献

[1] 张永宁,黄磊,王艳玲.航海学——航海气象与海洋学篇(船长/大副).大连:大连海事大学出版社,2022.

[2] 张永宁,黄磊,王艳玲.航海学——航海气象与海洋学篇.大连:大连海事大学出版社,2018.

[3] 张永宁,黄磊.航海气象与海洋学.北京:人民交通出版社,2012.

[4] 张永宁.航海气象学与海洋学.大连:大连海事大学出版社,2008.

[5] 黄磊.航海气象学与海洋学.大连:大连海事大学出版社,2016.

[6] 陈家辉,张吉平.航海气象学与海洋学.大连:大连海事大学出版社,2001.

[7] 李栖筠,张永宁,江吉喜.中国主要远洋航线危险天气预报.大连:大连海事大学出版社,2005.

[8] 李志华,王辉.海洋船舶气象导航.大连:大连海事大学出版社,2002.

[9] 杨亚新.航海气象与海洋学.大连:大连海事大学出版社,2013.

[10] 高玉德.航海学.大连:大连海事大学出版社,2007.

[11] 中华人民共和国海事局.北极航行指南(东北航道).北京:人民交通出版社,2014.

[12] 林元弼.天气学.南京:南京大学出版社,1988.

[13] 杨殿荣.海洋学.北京:高等教育出版社,1986.

[14] 冯士筰,李凤歧,李少菁.海洋科学导论.北京:高等教育出版社,1999.

[15] 陈宗镛等.海洋科学概论.青岛:青岛海洋大学出版社,1992.

[16] 王衍明.大气物理学.青岛:青岛海洋大学出版社,1993.

[17] 朱谦阳,沈四林,孙将平,等.航海气象与海洋学.大连:大连海事大学出版社,1999.

[18] 吴永芬,刘中云.航海气象.北京:人民交通出版社,1984.

[19]《海洋大辞典》编辑委员会.海洋大辞典.沈阳:辽宁人民出版社,1998.